高职院校工学结合专班培养模式创新实践

陈长伟 著

北京理工大学出版社
BEIJING INSTITUTE OF TECHNOLOGY PRESS

版权专有　侵权必究

图书在版编目（CIP）数据

高职院校工学结合专班培养模式创新实践 / 陈长伟著 . —北京：北京理工大学出版社，2019.4
　ISBN 978 – 7 – 5682 – 6728 – 1

　Ⅰ. ①高…　Ⅱ. ①陈…　Ⅲ. ①高等职业教育 – 产学合作 – 教学模式 – 研究 – 中国　Ⅳ. ①G718.5

中国版本图书馆 CIP 数据核字（2019）第 025421 号

出版发行 / 北京理工大学出版社有限责任公司	
社　　址 / 北京市海淀区中关村南大街 5 号	
邮　　编 / 100081	
电　　话 /（010）68914775（总编室）	
（010）82562903（教材售后服务热线）	
（010）68948351（其他图书服务热线）	
网　　址 / http：//www.bitpress.com.cn	
经　　销 / 全国各地新华书店	
印　　刷 / 河北盛世彩捷印刷有限公司	
开　　本 / 787 毫米 × 1092 毫米　1/16	责任编辑 / 李志敏
印　　张 / 13	文案编辑 / 李志敏
字　　数 / 295 千字	责任校对 / 周瑞红
版　　次 / 2019 年 4 月第 1 版　2019 年 4 月第 1 次印刷	责任印制 / 施胜娟
定　　价 / 48.00 元	

图书出现印装质量问题，请拨打售后服务热线，本社负责调换

编委会

主 任：陈长伟

委 员：罗 瑜 单 明 殷耀文
　　　　刘银景 丁 亚

序 言

2001年，我们来昆山考察时，市领导说，昆山进驻了这么多的台企，需要培育大批的技术技能人才，台湾地区创办了许多好的科技大学，能否在昆山也建一所这样的学校，为台企的未来发展培养生产和管理人才？这是我们投资建立登云科技职业学院的初衷。

登云科技职业学院具有两岸文化交流平台的优势，学院董事会和院领导了解台商的人才需求，用心与在昆台商进行对接，也能适应昆山经济发展的需求。但是对于怎样开展高等职业教育，曾经有过迷惘，并一直在努力探索和实践。

2010年，我们借鉴台湾"建教合作"模式，推出了"工学结合专班"，创建了具有两岸特色的校企双主体育人模式。同年9月，专班誓师大会在校举行，首批专班学生有180余名。自此，学院发展得到实质性的推进，工学结合专班的名号由此打响。2011年，《以"工学结合专班"为载体，深化高职人才培养体制改革》教改项目被列为国家教育体制改革试点项目。

工学结合专班创建以来，学院坚持不断扩大工学结合专班招生，稳定合作企业，实施科学管理，从2010年至今，已经培养专班学生7000余人。有多家国家级、省市级媒体对工学专班模式进行了报道，省内外高职院校来我院参访学习工学结合专班做法的已达30多批次。实际上，工学结合专班已经成为名副其实的高职教育人才培养的"登云模式"。

从结果论来讲，工学结合专班的毕业生在企业发展甚至比公办院校、本科院校的毕业生更有优势，我们的学生很快就能适应企业的环境，清楚企业的发展方向。近几年，登云科技职业学院毕业生的专业对口率已经达到80%以上，这些学生都觉得在工学结合专班学习受益匪浅。我们还希望将来能有5%以上的毕业生成为老板，因为老板越多也就是说民营经济越强，所以必须鼓励学生创业。

虽然登云科技职业学院对区域经济GDP的贡献不是有形的，但是无形的人才链的贡献是不可忽略的，我们还将继续努力，为在昆台企和昆山产业发展培养更多优秀人才。

昆山登云科技职业学院董事会执行董事　李先立
2018年12月10日

前　言

《国家中长期教育改革和发展规划纲要（2010—2020年）》和《国家中长期人才发展规划纲要（2010—2020年）》中明确指出，要"加快发展现代职业教育"。昆山登云科技职业学院借鉴台湾在20世纪90年代迈入"亚洲四小龙"的关键因素——着重高技能人才培养的"建教合作模式"的经验，融合两岸职教理念创建了"工学结合专班"，贯彻落实《国务院关于加快发展现代职业教育的决定》、《省政府办公厅关于深化产教融合的实施意见》（苏政办发〔2018〕48号）的精神，学院近十年来以"工学结合，校企双主体育人"为载体，推进教育教学体制改革的做法、经验与阶段性成果，形成了民办高职院校做实工学结合、做深校企合作，迈向做透产教融合的路径，特编此书，供广大职业教育院校领导、教师及有育人理念的企业主管参阅。

本书共分为六个章节，分别是第一章工学结合专班概述，第二、三、四、五章分别从校企互动、教学实施与管理、师资管理以及学生管理三个方面予以介绍，最后一章主要阐述近十年工学结合专班运行成效。

虽然"工学结合专班"已实行多年，但任何模式都难免有其局限之处，欢迎读者、兄弟院校批评指正，促进交流。

目 录

第一章 工学结合专班概述 （1）
第一节 工学结合专班的性质 （1）
第二节 工学结合专班的建构 （10）
第三节 工学结合专班实施的原则 （11）
第四节 工学结合专班的功能及成功要素 （13）

第二章 工学结合专班的校企互动 （16）
第一节 工学结合专班企业引进 （16）
第二节 工学结合专班企业维护 （22）
第三节 工学结合专班企业评价 （26）
第四节 工学结合专班企业深化 （27）

第三章 工学结合专班的教学管理 （31）
第一节 工学结合专班人才培养模式设计的思路与规划 （31）
第二节 专班模式与既有教学模式的异同分析 （38）
第三节 工学结合专班人才培养模式实现的条件与举措 （39）
第四节 一载体、三阶段、三课程人才培养模式的深化 （56）
第五节 专班教学管理主要成效 （60）

第四章 工学结合专班的师资建设 （64）
第一节 工学结合专班师资建设现状 （64）
第二节 工学结合专班师资的准入 （69）
第三节 工学结合专班师资的培养 （71）
第四节 工学结合专班师资的专业发展建设 （74）
第五节 工学结合专班师资的管理 （78）
第六节 工学结合专班师资成效及建设展望 （81）

第五章 工学结合专班的学生管理 （83）
第一节 概述 （83）

第二节　专班的学生管理的现状及问题 ………………………………… (86)
　　第三节　工学结合专班学生管理的组织 ………………………………… (88)
　　第四节　专班学生管理的实施 …………………………………………… (90)
　　第五节　专班管理的成效 ………………………………………………… (97)

第六章　工学结合专班的成效 …………………………………………… (99)
　　第一节　探索了混合所有制办学的体制 ………………………………… (99)
　　第二节　创建了一套校企合作共赢的机制 ……………………………… (102)
　　第三节　促进了学院内涵发展 …………………………………………… (107)
　　第四节　助推了学院迈向产教深度融合 ………………………………… (110)
　　第五节　建立了丰富多样的校内外实训体系 …………………………… (114)
　　第六节　提高了学生的综合竞争力 ……………………………………… (116)
　　第七节　获得了各界的关注及认同 ……………………………………… (121)

附　录 …………………………………………………………………………… (143)
　　国务院关于推行终身职业技能培训制度的意见 ………………………… (143)
　　教育部等六部门关于印发《职业学校校企合作促进办法》的通知 …… (148)
　　国务院办公厅关于深化产教融合的若干意见 …………………………… (153)
　　国务院关于加快发展现代职业教育的决定 ……………………………… (158)
　　现代职业教育体系建设规划（2014—2020年）………………………… (164)
　　中共中央办公厅　国务院办公厅印发
　　《关于分类推进人才评价机制改革的指导意见》………………………… (176)
　　中共中央国务院关于全面深化新时代教师队伍建设改革的意见 ……… (182)

参考文献 ………………………………………………………………………… (191)

第一章 工学结合专班概述

第一节 工学结合专班的性质

2011年《国家中长期教育改革和发展规划纲要（2018—2020年）》提出：到2020年，形成适应经济发展方式转变和产业结构调整要求、体现终身教育理念、中等和高等职业教育协调发展的现代职业教育体系。它具有三大特征：外部适应性是逻辑起点，学生发展是根本目的，中高职系统协调发展是基本路径。其中学生发展是核心。工学结合专班正是构建现代职业教育体系的重要载体。

一、工学结合专班的性质

工学结合的概念最早起源于1880年苏格兰的三明治课程（Sandwich Courses），学生每半年轮流在工厂从事技术实习与学校接受知识道德教育，是让学生在学校学习基础的理论知识与操作技能，然后再至企业学习实用的职业技能，如此周而复始地进行，历经长时间的发展与改良，逐渐形成周延、完整且成效卓著的工学结合教育制度。1906年美国辛辛那提大学（University of Cincinnati）的Hermon Scheider教授首先提出工学结合（cooperative education）的名称，1931年Hermon Scheider创立美国工学结合协会，1962年筹组成立"全国工学结合教育委员会"，于是美国工学结合广为盛行（康自立，1985年）。由于工学结合教育在美国实施成效显著，于是1995年以后英国将其三明治教学加强推广实施。

我国实施工学结合教育始于清同治五年（1866年），由左宗棠创立福建船政学堂，可以视作工学结合的渊源。1917年5月6日，黄炎培先生联络教育界、实业界知名人士在上海发起中华职业教育社。次年，创建中华职业学校，被视为中国职业教育的起源。1919年3月开始的中国青年知识分子分批赴法勤工俭学是今天"工学结合"的萌芽。留法勤工俭学运动的发起者们希望把西方文明，主要是欧洲先进的科学技术和文化知识输入中国。他们试图让中国青年通过勤工俭学来掌握这些知识和技术，以便将来归国后用"科学救国""实业救国""教育救国"的办法使中国富强起来，他们矢志勤工，含辛茹苦，埋头攻读，学有所长，成为各学科、各领域的专家学者，将西方的先进科学技术带进了国内。

1964年8月7日教育部提出"两种教育制度，两种劳动制度"。从当时看，既能够办学校普及教育，又能减轻国家和家庭的负担；从长远看，能够培养既能从事脑力劳动又能从事体力劳动的人。因而半工半读是依据当时生产力水平较低，为提高广大劳动群众的劳动技术水平及其社会地位而提出的，它的提出使"工"和"学"首次站在平等的地位出现，"工"为"学"做物质积累，"学"使"工"更好地发展。2002年前后，我国职业教育界提出"以服务为宗旨，以就业为导向"的改革发展思路。《国务院关于大力推进职业教育改革与发展的决定》明确提出了职业教育的"四个服务"的要求，即"职业教育为经济结构调整和技术进步服务，为促进就业和再就业服务，为农业、农村和农民服务，为推进西部大开发服务"，这在我国职业教育发展史上具有里程碑意义。2004年颁发的《教育部等七部门关于进一步加强职业教育工作的若干意见》以及2006年颁发的《教育部关于全面提高高等职业教育教学质量的若干意见（16号文）》进一步明确提出："职业院校要坚持以服务为宗旨，以就业为导向，面向社会、面向市场办学，深化办学模式和培养模式改革，努力提高职业教育的质量和效益。"进一步推动了职业教育的改革发展。强调职业教育模式转型，推行工学结合，勤工俭学的培养模式，探索适应经济社会快速发展的具有中国特色的职业教育发展思路。职业院校要与企业建立紧密联系，改革课堂为中心的传统培养模式，大力推行工学结合、勤工俭学的培养模式。中等职业学校要做到学生实习实训时间不少于半年。有条件的职业院校要试行半工半读制度，并在总结经验的基础上逐步推广。各级教育行政部门要将工学结合作为职业教育改革创新的突出重点，加快工学结合的推进步伐。鼓励行业企业从自身发展的需要出发，积极参与职业教育，为工学结合的开展提供必要的支持。教育研究机构要加强对工学结合的理论研究和探索。2006年天津市人民政府、教育部关于共建国家职业教育改革试验区方案出台，高职院校工学结合教学模式正在试验探索。职业教育模式出现悄然转型。

登云科技职业学院作为一所具有台湾投资背景的民办高职院校，建校初期便受到独生子女政策影响，生源量与质均受到严峻挑战，特色办学，提升人才培养质量是唯一出路。校内检讨毕业生顶岗实习为何被企业称之为"放散羊"式管理，学生在频繁跳槽中抱怨连连的现象；社会上我们检讨为何学生"就业难与招工难"并存现象愈演愈烈，为解决用人问题，多数企业只好采用自主学徒制方式培养技术人力，而培育的技术人力又缺乏素养，易染上恶习，或任意跳槽，形成工厂生产与技术人力的失衡现象即为"工学不结合"。因此学院为解决"生存危机"，吸收台湾建教合作模式中"轮调式建教合作"方式，减轻学生学费负担，吸引生源；在"打工班"的质疑声中，学院全员参与，创建工学结合专班，院系共同拓展行业代表性企业，校企共建与共实施"三阶段岗位、三课程体系"，学生、专业教师及企业多元评价专班运行效果，提升人才培养的"质"与"量"。

因此，学院于2010年创建工学结合专班，即依据区域经济产业分布及发展趋势，设置与调整学院专业及专业方向，校企将专业学习规律与岗位技能标准结合，设定基本素质培养阶段、专业技能训练阶段和综合能力提升的"三阶段培养模式"，并结合企业内训体系设置"三课程体系"，校企共同对学生实践学习情况进行考核，颁发除毕业证及职业技能证书外的"专班学生三年技术技能资历证明"，达到"做中学"与"学中做"的融合，科学、系统地实现"一专多元"技能型人才的培养模式。

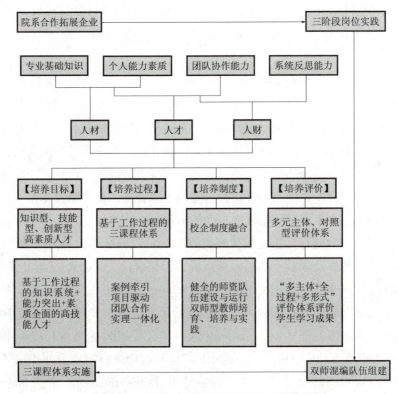

"工学结合，校企双主体育人"的人才培养模式

二、工学结合专班创建基础

（一）工学结合专班的理论基础

工学结合专班是一种校企双主体育人的人才培养模式，人才培养模式的推行，需要各种学术理论做基础，以明确其目的、引导其方法，因此在教材的选择及课程的安排方面，才有所依据。改革的推行得到与否，学术理论基础极为重要。

与工学结合专班关系密切的学术理论有教育哲学、经济学、社会学、心理学等，此四学科各有其理论范畴，且相当广阔，以下将工学结合有关的论点分别说明如下。

1. 工学结合专班的教育哲学基础

1）教育本质论

从教育本质方面，相关的哲学家所提的理论有成长说、自我实现说及社会化说三种。主张教育的本质为生长的学说者为美国著名的教育学家杜威（杜威，John Dewey，1859—1952年），杜威在其《民主主义与教育》一书中认为人性是可变的，在此种观点下，教育的活动即在随人的成长而作为。因此提出教育即生活、教育即成长，教育经验的改造诸理论。杜威的教育生长说着重经验，离开了经验即无从谈教育，主张教育即生长（education as growth），认为教育乃生活所必需，而生活为教育的内容（John Dewey，1938年）。因此，教育的内涵除了"言教""身教"之外，尚需注重"境教"的重要性。因此提供一个良好的学习环境,营造环境的良好气氛,能够使学生勤学、乐学,促进师生教学与学习效果。由此可见,学习环境不仅对学生的学习成效有影响,也可以影响一个人的行为,并可以塑造一个人的个性。此论点正是工学结合专班建构提供工厂实际环境,给予学生获得现场经验的理论基础。

自我实现说强调自我是一种发展的、成长的、变动的、趋向于一完整而统一自我的过程。要达到此一理想,基本条件是个体应具有发展潜能,而且有着意识自由,意识决定人格独立及运动能力,如此个体才能去掌握并确定出自己行为的方向与目的。教育在此方面是一种辅助工具,谋求配合,提供适宜的环境,使个体能表现出其完美性。因此教育单位应与企业合作,对于具有某方面潜能的学生,使其在适合本身发展潜能、实现自我的环境中接受教育,发展自己。工学结合专班的三阶段岗位进阶的实践安排,正是激发学生学习潜能,最终在适合其自身自我实现的工作环境中发展自己的体现。

有关于环境对于个人的行为影响的研究首推 Lewin,Lewin(1936 年)提出了个人的行为表现会受到个人的特性及环境互动的因素影响,因而引出公式:$B = f(P, E)$,B 代表行为表现,P 代表人(person),而 E 是环境(environment)。Murray(1938 年)根据 Lewin 的研究,提出人的需求(包括目标和驱力)和环境的压力(包括刺激物、态度等)两者相关的概念,因而发展出需求-压力(needs-pressure)模式借以表述教室环境会影响学生在课堂的行为表现。Bull & Solity(1987 年)也针对环境与行为进行研究,并提出了环境与行为相互影响的模式:情境事件(环境)-行为-结果(consequence)。根据 Murray 与 Bull & Solity 的研究,可以推论出学习环境对学生在课堂的表现结果具有一定程度的影响,而且学习环境对于学生的学习发展是相当具有影响力的。

社会化说学者认为个人不是孤立的存在,个人在社会生活中与别人接触往来,不断接受语言、观念、习俗、情感、态度、道德及生活方式的陶冶,逐渐被社会所同化,而采取共同的观点。基于此种理论,教育必须选择社会环境因素,提供给学生符合于社会化的条件,这又成为工学结合专班实践的理论依据。

2)教育目的论

目的是预定动作的结束,而决定行为与实施方针的指针。教育的目的是教育设想的理想。它决定教育发展的方向,指引教育活动趋势,使教育成为有意义而循序渐进的活动。工学结合专班同时是一种教育措施,应接受教育目的的导引。由于学校与学生必须与商业化的环境接触,因此在教育过程中要有目的地实施工学结合,才不至于在实施过程中偏颇,丧失教育的原则。

2. 工学结合专班的经济学基础

依据对工学结合专班的经济基础从经济发展论及教育投资论两方面加以论述。

1)经济结构的改变

石中英等编写的《教育学原理》一书中提出教育是在一定的社会背景下,发挥促进人的社会化和社会个体化的实践活动。经济结构改变,人才培养模式就必须与其适应。形成教育经济功能的一种原因,是教育能够传授职业技能,使社会中的个体从事各类生产活动。人才培养模式成为培养职业人才的主要工具之后，便不能不随经济结构的改变而调整。

正如班克（Q. Banks，1968 年）所指出，就教育与职业结构的关系而言，教育是因变数，而不是自变数。职业结构影响人才培养模式，而不是人才培养模式影响职业结构。同时，教育扩展是经济发展的结果，而不是其原因。经济结构的调整，无论是行业或职业结构的改变，都反映了社会与工业变迁的主要趋势。这种趋势影响社会经济的各领域。教育领域也不例外。因此，人才培养模式必须具有适应经济发展方向的功能。工学结合专班的推动，在本质上是可以协调人才培养模式与经济结构现况相一致的一种工具。工业 4.0 以后，以工学结合的各种措施，来适应人力发展的需求，有其必要性。

2）教育投资论

它是近二十多年来特别受到重视的理论，其最重要的内容是，教育支出不仅可以视为消费，同时也可以视为投资。作为投资，就有利润。无论就个人所得增加或对经济发展的促进而言，教育投资均有其利润，而且此利润绝不少于其他重要物资的利润。在一个国家经济建设过程中，除了重视其他物质投资的利润之外，还特别注重教育投资的利润，这正是工学结合专班所推行的理论基础。世界各国的经济建设过程，无不依据此种理论，协调经济建设措施与教育改革措施。就教育投资趋势而言，它已肯定教育对经济增长的贡献，也肯定工学结合专班对社会及个体的功能性。

3. 工学结合专班的社会学基础

与工学结合专班最相关的社会学理论有社会流动理论及社会变迁理论两种，分别说明如下。

1）社会流动理论

按照马克思主义理论，除非到共产主义社会，不然在各种社会之中，都有社会阶级（social classes），这是一种普遍存在的社会现象。同时，传统及现代社会中，社会阶级与社会阶层的距离较大，且较严密与固定，处于某一阶级地位者很难流动至其他阶级地位。到了现代社会，情况有所改变：社会阶级与社会阶层的距离缩小，各阶级之间的流动机会也增多。社会组成分子可能由较低的社会阶级晋升至较高的社会阶级，也可能由较高的社会阶级降低至较低的社会阶级，这种现象统称为社会流动（social mobility）现象。

在社会流动机会渐佳的环境中，个人赖以进阶其地位者，已非旧日的技能，纯粹非正式教育技能学习，已经无法满足促成个人向上层社会流动的需要，正式的教育已经成为此种晋升的主要条件。工学结合专班的实施，使学生除了可在职场学习到专业技能外，同时能获得学历，而且在工作职场中能直接受到工作环境的刺激，以激发其向上流动的意愿，因此社会流动理论可作为工学结合专班的理论基础。

2）适应社会变迁理论

在社会现象中，任何经由相互关系而产生的相互行动，其基本形态为接近或远离，缩小与扩大，或者是全部退化的。社会学家把这种情形视为社会变迁。因此，社会变迁可以说是社会事物的本相，经过运动后，成为不同的景象，而失去本来面目的变化过程。工学结合专班的推动，主要是因目前的社会由农业转为工业，又由工业转为工业与服务业并存，不但在实际的社会现象上面让人有变迁的真切感，也因此造成社会一般人士心理上的改变，往日士大夫为上的观念，如今已或多或少遭到摒弃，取而代之的是行行出状元的说法，尤其科学进步带来的工商业的繁荣，使人民认为工商业从业者身份并不亚于读书人士。教育为了配合这种事实上的变迁，就要与产业界密切合作，以培养各行业所需要的专职人员。工学结合专班的实施，可以说不论在学校的课程方面或是企业的实做方面，最适应社会的变迁。

4. 工学结合专班的心理学基础

现代心理学理论大概分为两学派，一为学习乃是一种刺激－反应之间的联结所建立的行为习惯，称为联结论（association theories），以桑代克（E. L. Thornaike）的尝试错误说，巴甫洛夫（I. P. Pavlov）的古典制约反应说和史金纳（B. F. Kinner）的工具或操作制约反应说等为代表。

另一派认为学习乃对情境的知觉系统的组织，如柯勒（W. Kohlet）和卡夫卡（K. Koffka）的领悟说，以及杜尔门（E. C. Tolman）的符号完形论。两派理论对工学结合专班的贡献不可磨灭。付诸实际，尝试错误与领悟常常相互配合运用，不论人或动物的学习，在尝试错误之后，必继而领悟；在领悟之前，必先尝试错误。尝试错误的学习是盲目活动，领悟与付诸实际的学习为理智认知，制约反应则介于盲目活动与理智认知之间。概括起来，人类的学习情境中四种不同的学习方式交互运用，相辅相成。就职业教育而言，四种学习方式均有其重要性，通过工学结合专班的实施，更能有效运用。

工学结合专班的实施的价值性即在充分运用上述各种理论：哲学理论为基础，根据工学结合专班的实施目的，以现场经验刺激学生潜能的开发，经过社会化有利于其生存；经济学理论基础，根据经济结构变化，工学结合专班发挥其调整的功能，教育的支出同时带动经济的发展；社会学的流动理论，提供工学结合促使学生技能学习与获得学历从而实现社会阶层流动的理论基础，课程或技能的学习可以使学生适应社会的变迁；心理学的理论基础强调了工学结合专班做中学的重要性。工学结合专班拥有上述的理论基础，确实是职业教育中重要的一种人才培养模式。

知识经济时代，知识代替了劳动、资本和自然资源，成为企业最重要的资源，管理也不再停留于对资源合理且高效率的配置运用上，而是侧重于对知识有效的识别、获取、开发、分解、使用、存储和共享。Mowery & Oxley（1995 年）、Kim（1998 年）强调引进新知识的重要性，Cohen & Levinthal（1990 年）指出组织的吸收能力（即同化外来知识的能力）为创新能力的来源，Kim 建议解决问题的能力来自修正的知识，Zahra & Gerard（2002 年）提出动态吸收能力的观点，即学生从学校与实习单位获得有关本专业的知识或技术能力之后，能够结合所学到的新知识与现有的知识转化成为自己所需要的相关知识与技能的能力，再通过分析、处理的过程，能够运用、执行及创造知识与技能的能力。

而影响学生有效学习的因素非常多，除了学生的智力、性格、人格、动机（学习与成就动机）、认知以及年龄等因素外，学校的环境、课程、师资、教学方法，以及家庭的环境、气氛、父母管教态度、社会地位，乃至社会的风气、价值等环境特质都是影响学习的因素（洪宝莲，1996年）。学习环境不仅可以影响一个人的行为，并可以陶冶、塑造一个人的个性，西方教育家John Dewey曾说："想改变一个人，必先改变他的环境，环境改变了，他自然也就跟着改变。"由此可见，学习环境不仅仅只影响到学生的学习成效而已，它可以影响一个人使其产生不同的价值取向，而这个价值取向经由社会化的传递，会影响到学生未来对子女的教育态度，形成阶级的再制。

（二）工学结合专班的实践基础

工学结合专班是由台湾建教合作与大陆顶岗实习、订单班等校企合作模式而衍生出来的，其中以顶岗实习、订单班等校企合作模式较为普及，在此只就台湾建教合作予以说明。

1. 台湾建教合作的定义

台湾建教合作是配合台湾经济建设的整体需要，教育单位通过与企业的合作，进行人才培育与训练的合作计划。学生得以同时接受校内的课堂教学与企业内实际的工作技能训练，使理论与实务相互结合，成为学生职业准备的一种教育制度。

2. 台湾建教合作的方式

参与建教合作的学生，在建教合作机构成为技术生；建教合作的事业机构称之为事业单位。各职业院校推行的建教合作教育方式有如下几种：

（1）轮调式：每隔一段时间（每三个月或每六个月）轮流在学校上理论课或在工厂接受技能训练，为目前人数最多、教育影响最大、实施的时间最久的方式。

在轮调式学制教学模式中，学生要在学中做，在做中学，教、学、做合一，手脑并用，使理论教学与技能训练密切结合在一起，学生所学习的理论和掌握的技能融为一体。同时，此一学制最能兼顾学生学术知识与实际经验的累积，较之过去短期的建教合作或实习参访更有效果。同时，此一学制将学校与企业的合作关系，视为一种"策略联盟"的合作形态。学校提供了教育资源，如教师、教学设备、行政配合给企业，而另一方面企业则提供实习资源，如实习机会、教育训练给学校，双方都为学生提供了"互补资源"。

（2）阶梯式：一、二年级在学校上课，三年级到合作工厂实习。

（3）委托式：合作工厂或公司需要某类特定技术人员时，委托学校代训，费用由工厂负担，上课方式不受限制。

（4）走读式：工厂生产时间到工厂工作，并从事技能学习，其他时间则在学校上课。

（5）进修式：日间在工厂工作，夜间返校或至工会上课。

（6）奖学金式：企业给在校生奖学金，学生毕业后再依约前往企业服务。

（7）建教训式：由教育机构、训练机构及事业单位合办的建教合作方式。

（8）合一式：学校与企业的负责人同为一人，学校的学生，即为企业或工厂的员工。

（9）代工式：学校承办合作工厂委托加工的产品，让学生从做中学。

（10）研究式：企业以委托或合作方式与学校从事相关专题的研究。

登云科技职业学院所创设的工学结合专班主要以轮调式起点，随着工学结合专班的深化发展融合了如上几种模式，实施了多元化的校企合作。

三、工学结合专班的分类

若以学生参与实践过程的完整程度来划分,可以将工学结合培养模式分为工学交替型和工学并进型两种类型。若以一个月作为一个完全实践时间单元,工学交替型是学校理论学习与包含1个及1个以上完全实践时间单元的实践工作交替进行的方式,如"X+Y""X+Y+Z""三明治式",与英国"工读交替制"相似。此种类型是分阶段学习,教学安排较容易,岗位针对性较强,学校和企业的合作程度可紧密也可松散,结合的广度(人财物上的结合)可强可弱。工学并进型是学校理论学习与包含由不完整实践时间单元的实践工作交替进行的方式,即边学习边实践,以现场学习为主,学校学习和实际工作岗位的实践同时进行,与德国"双元制"相似。此种类型多是在企业进行,由于是边学习边实践,教学安排难度较大,岗位针对性强,学校和企业的合作(或配合)程度紧密,结合的广度较强,结合的深度强。

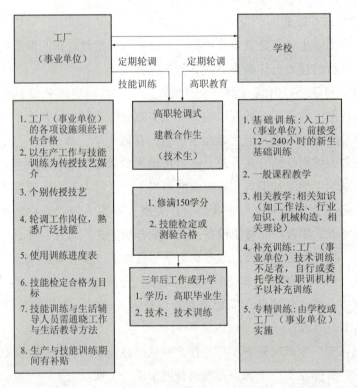

因此,本节所介绍的工学结合的人才培养模式,主要是在本学校积极探索与实践的基础上,总结归纳出的如下较典型的几种模式。

1."2+1"工学结合模式

该模式共分为两个阶段:第一阶段(第1、2学年,以学校为主)主要以理论课程为主,并配合相应的实验、实训等实践性教学环节;第二阶段(第3学年,以企业为主)主要以学生在企业的顶岗实习为主,兼学部分专业课程(有的学校设置小学期,即在暑假中完成部分专业课程的学习),并在学校和企业指导老师的共同指导下完成企业实习报告、毕业论文、毕业设计等毕业实践环节。这种模式类似于工学交替型，其重点和难点在第二阶段的顶岗实习，通过真实的企业和岗位锻炼，培养和提高学生的技术应用能力、岗位能力、就业能力。"2+1"不仅仅是时间上的概念，而是通过学校和企业两种不同环境的结合，培养学生的综合素质，提高综合应用能力和解决实际问题的能力。根据专业性质不同也可以采用柔性的"2+1"，如："2+0.5+0.5"（2年校内学习+0.5年校内生产性实践+0.5年企业顶岗），"2.5+0.5"（2.5年校内学习+0.5年企业顶岗实习）等。

2. "2+1+2+1" 工学结合模式

该模式共分为四个阶段：第一阶段（第1、2学期，学校为主）主要培养学生的职业通识能力和职业岗位基本技能；第二阶段（第3学期，企业为主）学生进入企业进行顶岗实习，通过实习将理论知识与生产实际相结合，为下一阶段继续学习打好基础，同时培养学生对职业岗位的适应能力、敬业精神和综合职业素质；第三阶段（第4、5学期，学校为主）以多个理论教学、实践教学模块构成，依托具有真实工作环境的校内生产性实训基地进行综合实训，主要培养职业岗位综合核心技能；第四阶段（第6学期，企业为主）依托校外实习基地，学生结合就业需要在企业相应的岗位带薪工作，实现顶岗与就业合一，主要培养学生的综合实践应用能力，适应企业的职业岗位要求。这种模式的特点可归纳为"工学交替，两轮顶岗"，即为典型的工学交替型。

3. "校企合一" 工学结合模式

此种模式可分为三种形式：一种是学生进厂式，理论课在企业的专用教室进行，实践课则全部在车间进行，企业与学校两种不同的环境、资源结合，企业的教师与学校的教师交替授课，是一种理论学习和实践训练均在企业进行的工学结合形式。另一种是企业进校式，企业的设备、技师、文化、管理等进入学校，企业环境、资源与学校环境、资源结合，学校及时与企业教师交替授课，学生在校企共建的教室、实训基地学习知识、培养技能，是一种理论学习和实践训练均在学校进行的工学结合形式。还有一种是校企合一式，即以上两种形式的有机结合，学校与企业双方联合组建专门的管理机构，根据需要灵活适时地安排学生进厂、企业进校，特点是进厂进校有机结合、实习与顶岗实训有机结合。这种模式类似于工学并进型，学校与企业结合广度、深度较强。

4. "订单式" 工学结合模式

订单式培养模式是指学校与用人企业针对社会与市场需求，签订用人订单，通过"工学交替"的方式分别在学校和用人单位进行理论和实践教学，学生毕业后直接到用人单位就业的一种工学结合人才培养模式。该模式的特点是学校与企业共同进行人才培养方案的制定，校企合作进行课程开发、课程教学以及教学管理，实现了学校与用人单位之间高度、密切的合作，从根本上解决了职业岗位针对性、技术应用性、学生就业等高职教育专业教学的问题，有效地为地方经济建设服务。因此，"订单式"工学结合人才培养模式就业导向明确，企业参与程度深，能极大地调动企业、学校、学生的积极性，并实现三方共赢。这种模式是典型的工学交替型，且学校与企业结合的广度、深度较强，是一种工学结合的高级模式。

第二节 工学结合专班的建构

工学结合专班的建构，主要分为如下10个部分，这里只做概括论述，具体操作实施细则后续几章予以分别论述。

一、合作意向洽谈

针对有校企合作意向的校企双方，根据需求，学校提出校企合作模式供企业选择；与有工学结合专班意向的企业，共同对双主体育人理念、合作模式等关键要素进行洽谈，达成一致后，提出工学结合专班合作计划、合约书及有关表格。

二、工学结合专班企业评估

为确保企业能提供学生适宜的工作环境，由学院产学合作发展处和对口专业系部教师对企业进行考察评估，企业就学校专业设置、课程规划及实训条件等进行评估，以了解是否符合专班实施条件。（具体标准见第二章。）

三、招生

根据企业人力资源规划及岗位技能需求，校企共同制定招生简章，确定招生方法，予以实施。以招收双数班为原则。

四、技能训练

1. 基础训练

在进入企业前由学校实施岗前训练，使学生具有该科之基本技能、安全卫生及职业伦理道德等相关知识技能。

2. 专业训练

企业训练人员应在工作中传授技能，确定轮调工作岗位以达到训练多能技工的目标，并会同学校制定"技能训练进度表"，将各技术生所学习的技能逐项记载。企业技能训练未能达到实习课程标准时，企业应负责委托学校、职训机构补充训练。

3. 综合训练

企业应配合技能鉴定或就业的需要加强技能训练。

五、实践安排

具体实践安排在遵守相关法律规定前提下，结合实际合约内容而执行，按阶段岗位专业技能递进原则进行安排，原则上三个阶段实践岗位，总实践周期 12 ~ 14 个月不等。每阶段实践时间长短各有不同，原则上第一阶段实践岗位不得早于新入校第二学期，阶段实践不超过三个月。但因管理类专业受企业的建议，以 3 ~ 6 个月轮调方式实施。

六、教学课程内容

结合企业实际内训课程体系，校企双方共同设置三课程体系，学校负责教授基本课程、专业及相关知识、基础训练，企业负责技能及补充训练。

七、生活辅导与管理

（1）学校应每班设导师 1 人，并兼企业的辅导工作，由该科系专业教师担任。学生在事业单位期间，导师应到事业单位进行技术生工作训练辅导、工作岗位轮调安排、生活辅导与查核训练周记，返校提出报告。

（2）企业应设置生活辅导人员，负责技术生的生活辅导工作。

八、成绩考核

（1）学籍管理及考核应依据学校相关学籍管理规定办理。

（2）训练的考核应按工作知识与技能、工作品质与效率、职业道德等项评定训练成绩，连同操作成绩及技能训练进度记录手册随技术生的轮调而转送学校。

九、福利

（1）薪资：在企业训练期间的津贴应按月直接发给技术生，其津贴不得低于劳动法规定的最低基本工资。

（2）住宿与轮调往返的交通费，应由合作企业负担。

（3）企业在技术生接受训练期间，应为该生办理相应保险；返校上课期间应为其办理团体保险，并依规定负担保险费。

十、责任

（1）应遵守企业规定及训练契约，努力学习技能，如有志趣不和或违反规定且情节重大者，企业应向学校书面提出提议，经决定后，需停止该生训练，解除契约，或予以退学处分。

（2）擅自解约离开企业时，应赔偿企业为其训练技能所支付个人部分的费用。

第三节　工学结合专班实施的原则

工学结合专班的基本原理是做中学（learning by doing）以及将课堂中所学的理论应用到

实际工作场景中。工学结合专班的实施必须遵循下列 7 个原则。

一、完成教学及职业生涯辅导的目标

工学结合专班必须依据教育培养目标，通过与企业的合作，把实践企业当作学校的延伸，由工作岗位的训练，使学生能掌握从事专业相关行业所需技能、知识与态度，以利于其职业生涯的发展。

二、实践岗位与学生专业相关联

在企业实践岗位所学习的知识必须与在校学习的专业课程相关联，且能有效补充学校课程学习所欠缺之处，并有助于学生专业学习的完整性。

三、完善的人才培养方案

工学结合专班应具有完善的人才培养方案，包括基础技能学习、补充训练的学习及综合能力提升学习，学校应与企业对如何规划、衔接做充分的讨论与协商，以达到教育与训练的目的。

四、要有完善的合作协议，兼顾三方的权利义务

工学结合专班协议应包括学校与企业合作协议和学生的《加入工学结合专班学生申请书》《加入工学结合专班学生告知书》，对有关实践期限、阶段实践岗位、企业负责的培训责任及课程、学生的奖助学金等，企业、学校与学生三方面的权利义务应明定清楚，以作为遵循的依据。

五、遵守教育及劳动相关法规

工学结合专班学生在学校为学生，在企业为技术储备干部，工学结合专班必须遵守教育原则及劳动法相关规定实施。

六、企业实践记入学分

企业是学校的延伸，校外实践经验必须与学校教学相配合，因此学生在企业实践期间，应以企业考核结果，按照相应的标准给予学分。

七、阶段评价确保工学结合专班合作品质

工学结合专班实施前，对有关实践环境、技能项目、企业内训体系及企业对工学结合专班合作理念等，需要严谨地评估；实施中，对实践教学的计划实施情况进行阶段评估，以确保专班合作品质。

第四节　工学结合专班的功能及成功要素

以培育高素质技术技能型人才为宗旨，高职院校作为职业教育体系的一环，为社会培育大批的基层人才，投入生产的行列，适时提供产业需要的人力资源，奠定经济发展的基础，功不可没。美国职业教育学家 Evans 对职业教育基本目标看法依序为：一、提供社会的人力需求；二、增加学生职业选择的机会；三、促进学生更多的学习的欲望。而其中提供社会的人力需求更是国内外学者一致认为最主要的教育目标之一。

一、工学结合专班的功能

工学结合专班注重实务上实做的经验成长和发展，强调工具性价值功能与进步，注意强调以个人为中心的成长历程，重视实际由"做中学"的经验原则，经由知识和经验的获得，与培养人类谋生的工具能力相一致。主要目标是在缩短学校与企业工作间的差距（包括培养质量差、管理差和时间差），使学校与工作实践相辅相成，使学生获得良好的教育并成为符合社会所需的高素质技术技能人才，以增进其就业竞争力。除此之外，工学结合专班还有如下功能。

1. 职业辅导的功能

通过企业实践现场的训练与实地工作经验，学生能对所选择的职业生涯目标加以了解，以判断自己所选择的专业职业与自己的兴趣、能力是否符合，因此，将有助于学生日后的职业生涯发展。

2. 养成正确的工作态度

在日趋激烈的技术竞争的工作实践环境下，学生容易养成积极、进取、精确、快速的工作态度，同时在学校联络教师及企业辅导人员的辅导下，学生能提早适应工作的要求，培养出良好的工作习惯、责任感、团队合作、自律性及勤劳节俭的美德，获得良好的人际关系、问题处理能力、成本效益概念及独立自主的个性。

3. 增强经济效益的功能

学生能以助学金的形式完成高职教育，减轻家长负担的同时，在学校方面，由于学生在工作实践现场工作学习，减少了学校购置设备成本，因此可节约学校不必要的投资；其次，学生在企业和学校之间轮调，一班的教学设备可以同期教育两班的学生，增进投资效益。

4. 减少社会问题的功能

由于工学结合专班的教育实施，增加青少年的就学与就业率，有效减少青少年游荡街头的机会，间接减少青少年犯罪问题，并提高整体人员素质，促进社会安定及繁荣。

学校教育传授理论的专业知识，加上合作企业提供实务经验的工作机会，工学结合在教育上的价值，有学习的价值：学校教学属于模拟系统，其教学设备、技术、方法与材料往往与企业所使用的有一段落差，且有许多知识与技能是无法在教室中学到的，这些知识与技能却可在工作中直接由有专业经验的人指导而获得。在学生学习过程中，若能安排职业现场工作学习，除了能使学生接触到新的设备与实习到新的技能，降低学校与企业间的落差外，更能达成职业教育的目的。

除此之外，更有有利于学生生涯发展的价值：为了配合学生未来的发展，在职业教育的历程中，必须提供充分机会让学生学习体验，以利其职业生涯良好的发展。而学生的职业试探与准备，通过实际的接触，可以进一步了解自我，有利于其对职业生涯发展的抉择。且具有经济上的价值：学生在职业现场参与工作获得酬劳以完成学业，更培养其经济独立及自力更生的健全人格。工学结合专班以职业现场作为施教的场所，在学期间，学生即进行社会接触，在教师的辅导下，使学生对身份的转变适应更良好，有效地培养其工作态度、人际关系、团队合作等观念，使学生的人格发展更加成熟。

工学结合专班在教育上的价值相当大，许多有关工学结合专班的研究发现，借由校企合作教育加强了学生的学习经验，增进了人际关系及提早进行自我职业生涯规划。很多学生认为参与工学结合专班的主要收获在于："学到很多学校学不到的知识与技术""交到朋友增进人际关系"及"提早体验工作环境、清楚企业运作模式"等。有些学者研究中发现：一、学校校内职前基础训练有助于学生的工作学习；二、学校安排补充训练有助于学生职场学习；三、职场管理人员的敬业精神有示范作用；四、企业主管乐于优先雇佣曾参与职场学习的毕业学生。

工学结合在职业教育上的价值深厚，学校实施工学结合专班，应遵循相关的管理规定来达到教育目标，并应确保工学结合专班的品质，如落实相关的项目课程与实践课程、加强学生在企业的生活管理与工作环境、依法给学生合理的待遇等。在许多研究中不难发现在工学结合过程中学校良莠不齐，关键在于合作企业是否用心在培养人才，并落实工学结合专班的原则，否则容易空有其表，败絮其中。

二、影响工学结合专班成败的要素

（1）专业及服务热忱的教师。

（2）书面的合作协议和学生的人才培养方案，必须经过严密的规划、研讨与执行，并取得企业、企业兼职教师、学生、家长和驻厂教师等的多方认同。

（3）企业在线主管与工学结合专班驻厂老师及相关人员应充分地协调与准备，以便提供良好的企业实践训练知识给予专班学生。

（4）周密规划与严格执行相关教学并存。

（5）给予学生良好的岗前培训与职业辅导服务。

（6）定期举办工学结合专班学生家长访谈或学生座谈会，以取得学生家长的多方支持。

（7）给专班学生提供完备的岗前基础技能训练。

（8）定期举办专班毕业生追踪调查，借以改进工学结合专班合作方案。

（9）有健全的工学结合专班管理团队及协调小组的设置与运作。

（10）实践岗位的工作环境应符合相关法令的规定，尤其是岗位安全、岗位进阶安排等。

（11）给予专班学生公平合理的助学金及相应的补助金、奖学金。

（12）驻厂教师应有适当的时间实施校内教学及企业实践岗位的访问与联系。

（13）企业应聘请专班管理人员辅导专班学生的生活适应问题。

驻厂教师应有具体详细的合作企业访视记录，以作为专班管理团队的评估考核依据。

第二章　工学结合专班的校企互动

第一节　工学结合专班企业引进

一、树立校企"双主体"育人理念

（一）企业的核心竞争力是人才

企业作为以实现投资人、客户、员工、社会大众的利益最大化为使命，通过提供产品或服务换取收入的经济实体，其本质的竞争就是人才的竞争，人才是企业生存与发展的根本，是企业最宝贵的资源。经济全球化时代，企业竞争日趋激烈，促进企业健康有序发展最重要的因素不是自动化程度高、技术先进的设备，而是有着丰富理论知识和较强实践能力的高素质人才。所以提高劳动力的质量，充分发挥人才的潜力才是企业生存和发展的法宝。一个企业要能立足于开放的国际市场，在激烈的行业竞争中获胜，就必须形成自己的核心竞争力，而形成这种竞争力的关键就在于拥有一批充满激情、富有创新意识和引进精神，在实现个人职业目标的同时，不断为企业创造新的财富增长点的优秀员工。2014 年，《国务院关于加快发展现代职业教育的决定》中指出，要深化产教融合、校企合作，培养数以亿计的高素质劳动者和技术技能人才。可见，企业和职业院校共同培养优秀的技术技能型人才，既是企业提升核心竞争力的需要，也是推动职业教育健康发展的需要。专业化的人才培养和企业的人才需求达成一致，才能更好地发挥现代职业教育在企业发展、社会进步中的作用。

（二）校企协同育人的迫切性

充分认识企业的职业教育责任是树立校企"双主体"育人理念的前提和基础。企业的职业教育责任属于企业的社会责任，主要体现在协助职业院校共同完成技术技能型人才的培养方面。宏观上，行业专业指导委员会、行业协会和企业应参与到职业教育发展规划的制定中，包括专业标准的制定、各专业领域市场人才的需求预测、人才培养规模的研究等方面；微观上，行业企业应参与到职业院校人才培养方案的制定过程中，包括专业的设置、课程体系的构建、教学内容的设置、学生职业素养的培养等方面，在参与教育教学过程中真正实现校企合作，共同培养企业所需要的高素质技术技能型人才。而实现职业教育企业责任的主要途径就是工学结合、校企合作、产教融合，使学校教育功能与企业生产经营需求有机结合起来。企业在实现职业教育责任的同时，从职业院校得到企业发展的原动力，包括从深度合作的职业院校优先招聘专业技术人才；借助合作院校的师资力量，系统培训企业员工，提高员工队伍的整体素质；还可以邀请职业院校师资力量深度参与企业技术攻关和科技研发工作。

在庞大的教育系统中，职业教育与经济发展的关系最为紧密。要从根本上解决人才培养供给侧和产业需求侧在结构、质量、水平上还不能完全适应的"两张皮"问题，深化产教融合，促进教育链、人才链与产业链、创新链有机衔接，是当前推进人力资源供给侧结构性改革的迫切要求。职业教育只有主动作为，积极回应制造业转型升级诉求，加快推进职业教育的转型与升级，才能为我国制造业强国战略提供人力支撑。同时，仅仅依靠传统的职业教育所培养出来的"技术技能型"人才，已无法满足我国制造业急速发展的需求，这也要求企业作为重要的办学主体，必须深度参与职业教育办学，深化与职业院校的合作育人。

（三）国家政策推动企业参与职业教育

从20世纪90年代以来，我国不断以立法的形式推动企业参与职业教育，对职业教育中企业的地位、承担的责任和发挥的作用等方面，都做出了明确的规定和要求。1996年，《中华人民共和国职业教育法》第二十条规定："企业应当根据本单位的实际，有计划地对本单位的职工和准备录用的人员实施职业教育。企业可以单独举办或者联合举办职业学校、职业培训机构，也可以委托学校、职业培训机构对本单位的职工和准备录用的人员实施职业教育，从事技术工种的职工上岗前必须经过培训；从事特种作业的职工必须经过培训并取得特种作业资格。"第三十七条规定："企业、事业组织应当接纳职业学校和职业培训机构的学生和教师实习；对上岗实习的，应当给予适当的劳动报酬。"2005年，《国务院关于大力发展职业教育的决定》（国发〔2005〕35号）规定，"企业要强化职工培训，提高职工素质，要继续办好已有职业院校，企业可以联合举办职业院校，也可以与职业院校合作办学。企业有责任接受职业院校学生实习和教师实践，对支付实习学生报酬的企业，给予相应税收优惠。"2014年，《国务院关于加快发展现代职业教育的决定》（国发〔2014〕19号）中对企业参与职业教育方面做出如下规定："健全企业参与制度。研究制定促进校企合作办学有关法规和激励政策，深化产教融合，鼓励行业和企业举办或参与举办职业教育，发挥企业重要办学主体作用。"这一系列的政策法规，为企业深度参与职业教育，指明了方向和路径。

二、登云科技职业学院工学结合专班培养模式

登云科技职业学院在借鉴台湾产业升级时的"三明治"式技职人才培养模式成功经验的基础上，结合大陆经济转型期技职人才培养的需求现状，于2010年在江苏省首推工学结合专班，以培养"企业用得上、用得好"的高端技能型专门人才为目标，9年来形成了独具特色的"工学结合专班、校企双主体育人"的人才培养模式。先后与300多家企业建立了合作关系，连续稳定合作三年以上的企业达87家，为企业输送了一大批高技能应用型人才。专班学生专业对口就业率达83%，就业半年后岗位晋升率达54%，毕业生对就业工作满意

度达96.65%。2014年，登云科技职业学院《以"工学结合专班"为载体，深化高职人才培养体制改革》项目通过专家验收，并被评为江苏省教育教学体制改革成效显著院校。

建立稳定的校企合作长效机制，是登云科技职业学院工学结合专班探索获得成功的保障。"工学结合，校企双主体育人"推行的关键在于调动企业"育才"的积极性，加强校企合作，引进一批优质企业作为工学结合的重要支撑。

（一）确定合作企业来源

1. 设置产学合作部门

"工学结合，校企双主体育人"的有效推行，必须基于企业拓展和实施的可持续性。为了更有效率地推进工学结合专班合作企业的引进和维护工作，学院设置了专职校企合作部门。

学院成立产学合作发展处，专门负责与系部专业老师共同进行企业引进、考察与评价。责任共担，共同引进、考察与评价机制的建立，有效地保证了拓展效率。产学合作发展处与系部教学部门在"分工基础上进行合作"，保障产学合作的持续运行；两者在"合作基础上进行分工"，确保学院教育教学改革实现专业方向设置、课程改革、教学管理模式等多方面的协同创新。

产学合作发展处的主要职责在于：

（1）以工学结合为主体、推广实行校企"双主体"育人机制；

（2）协同系部或其他部门进行校企合作企业主体的引进与维护；

（3）加强企业需求与学校教学管理的交流与沟通，为校企合作的推进提供合理化的建议和引导企业在工学结合专班的合作模式上建立标准化的管理流程；

（4）完善产学合作的项目资料，建立档案予以备案；

（5）跟进产学合作的进展情况，及时与领导、系部等相关人员沟通，寻求团队合作，积极推进企业引进的进展，完成企业引进任务的合作协议签约。

2. 多渠道引进合作企业

企业的引进主要由产学合作发展处协同本学院就业创业办公室、系部或其他部门与企业进行接洽，来源主要包括网络资讯、政府部门推荐、企业推荐等。

一般而言，企业引进的渠道分为企业对学院、学院对企业两种。所谓企业对学院，即企业结合自身发展需要，希望引进高素质技能型人才而主动寻求与学院的合作；所谓学院对企业，即学院为更好地促进工学结合、产教融合而主动寻求与专业对口的企业进行合作。

（二）制定合作企业标准

1. 标准的制定依据

高职院校对于工学结合专班合作企业的遴选，遵循一定的原则。以国家政策为导向，依据国家的法律、法规，结合学院自身的专业角度、办学理念与合作模式，并顺应区域经济发展趋势制定合作企业标准。

工学结合专班合作企业的标准，由产学合作发展处和系部共同制定。两个主体基于不同的角度，各有侧重。产学合作发展处主要从办学理念与合作模式的角度设定合作企业标准，系部主要从专业的角度设定合作企业标准。

2. 标准的具体内容

开展工学结合专班合作的企业必须是持有执业资格的法人单位或合法机构，与学院人才培养和专业建设对接，有着良好业绩和可持续发展能力，具有良好的合作诚信度。工学结合企业遴选主要基于六大标准：

（1）合作企业具备"育人理念"标准：分析企业人力资源结构，企业中层主管大都为自主培养，且工龄在三年以上，稳定性高；

（2）合作企业具有"行业代表性"标准：从专业角度，企业生产产品及技术工艺、设施设备等在行业中具有一定的代表性；

（3）合作企业具有"对口的阶段岗位工种"标准：透过实地考察企业岗位，具备基础岗位工种、专业技术工种以及技术管理类工种，且各阶段工种岗位人数比例合理，根据教学计划要求保证实习生的岗位调整或晋升；

（4）合作企业"内训及管理体系完善"标准：合作企业必须具有完善的管理制度类培训、专业技术类培训，具有内部培训体系和外部培训体系，以及具有与之相对应的完善的培训资料、专业与管理类培训人员；

（5）合作企业"社会责任"标准：合作企业在遵纪守法的前提下，按时发放企业员工薪资，实施人性化管理，对学院困难学生给予奖学金、专班补助金等相应福利。

（6）合作企业"产业优势的成长型"企业标准：合作企业在行业具有代表性的同时，确定企业厂房等固定资产为自有资产，且具有不断发展计划的成长型企业。

综上所述，工学结合专班的合作企业不能仅仅从用工需求出发，而是要有培育人才的理念，在结合其完备的内训机制和管理制度的基础上，加强学生对企业文化的学习，从而有助于完成从学生到社会人角色的转变；合作企业具备育人理念的同时，还要有与专班专业相匹配的先进设备、工艺技术及行业资讯，从而有助于学院专业老师以及专班学生在企业实践过程中所教所学知识能够与行业企业发展零距离接轨；合作企业要有一批经验丰富的现场技术人才，从而有助于形成专班实践教学重要的师资力量的同时，也有助于企业内训水平的提升。此外，工学结合专班学生在企业实践学习过程中，企业需要提供一定的助学金用于帮助专班学生减轻家庭负担来完成学业，合作企业亦借此体现社会责任与帮助推进受教育的公平性。

（三）开展合作企业考察

产学合作发展处在与企业进行初次接洽并达成初步合作意向后，与企业进行进一步对接，并邀请相关系部老师按照合作企业遴选标准对企业进行全方位考察。

1. 考察目的和内容

企业考察的主要目的包括：

（1）确认企业是否符合合作六大标准；

（2）确认可合作专业及合作方向；

（3）明确企业的专班时间岗位与职责。

企业考察的内容主要有：与合作企业标准设定一致，产学合作发展处与系部各自承担考察职责，产学合作发展处侧重考察企业校企合作办学理念及实践相关内容，系部主要考察与专业相关内容。

具体而言，产学合作发展处考察内容应当包括：

（1）工学结合专班校企办学理念；

（2）实践工作环境；

（3）每周实践时间安排情况；

（4）专班奖学金和企业助学金待遇；

（5）住宿及伙食情况；

（6）保险情况等。

系部考察内容应当包括：

（1）企业设施设备、技术条件；

（2）工学结合专班校企办学理念；

（3）企业岗位的专业对口度；

（4）企业岗位安全性；

（5）企业自有培训体系状况：企业管理文化培训、专业技能培训、培训考核体系等。

针对每一项考察内容，分别设定4个等级：优秀、合格、基本合格、不合格。在此基础上，产学合作发展处和系部分别就各自考察的内容给出最终评定意见。

2. 考察流程

1）资料准备

赴企业考察前资料的准备有助于更好地掌握企业基本情况，提高考察效率并确保考察质量。资料具体需涉及两方面：

一是企业资料，主要包括企业基本介绍，主营业务，基本需求情况，企业联系人信息；

二是学院资料，主要包括学院基本介绍、校企合作模式介绍、《企业考察评定表》。

2）现场考察

• 学院校企合作模式洽谈

产学合作发展处负责向企业介绍学院基本概况：办学背景和优势，所设专业及生源情况；负责就学院顶岗实习、工学结合专班、企业人员管理及技能培训以及企业技术创新、改造等需求政策平台的搭建等校企合作模式进行洽谈。

• 企业岗位需求考察

系部专业老师负责企业的需求专业对口度判定；三阶段岗位内容、岗位任职标准及安全性认定；内训课程机制的完善性判定。

• 填写《企业考察评定表》

产学合作发展处和专业老师结合对合作企业标准及现场考察实际进行对照，对《企业考察评定表》进行初步判定与填写。

(四)确定专班合作企业

1. 确定合作企业依据

产学合作发展处和系部对意向合作企业的现场考察结果分为:优秀、合格、基本合格、不合格。对于考察结果为不合格的企业,不予以考虑合作;对于考察结果为优秀、合格、基本合格的企业,优先考虑优秀和合格企业进行合作,对于基本合格企业将进行进一步的考察和确认。

2. 确定企业合作方案

1)基于企业需求构建"三阶段岗位"

"工学结合,校企双主体育人"的关键在于调动企业"育人"的积极性。在深入剖析企业人才结构需求的基础上,构建出"三阶段岗位"需求。所谓"三阶段岗位",即基础技能操作、专业技能训练和专业技术或管理岗位需求,结合企业岗位需求数量与时间,有计划、有系统地确定专业、班级及实践时间段,做出满足企业需求的校企合作方案来调动企业"育人"积极性,是促进产学合作的最佳切入口,也是校企"双向"互动融入的基础。

以设备先进、具有行业代表性的从事精密机械加工的合作企业为例,了解企业技术阶段岗位工种全年固定人员需求的情况后,某实践合作方案举例说明如表2-1所示。

表2-1 学生在企实践"三阶段岗位"培养表

年份	2016年												2017年												2018年					
月份	2	3	4	5	6	7	8	9	10	11	12		1	2	3	4	5	6	7	8	9	10	11	12	1	2	3	4	5	6
14级A	专业技能训练					综合能力提升																								
14级B				专业技能训练									综合能力提升																	
15级A	基础技能操作				专业技能训练											综合能力提升														
15级B				基础技能操作									专业技能训练									综合能力提升								
← 满足基础岗位与专业岗位需求 →													← 基础岗位的需求由14级新生满足 →																	

从上表可知:剖析企业人才结构需求,满足企业"基础人才需求"与"技能人才需求"的同时,也能让企业深刻领悟到学院用心以企业的所需为根本,构建教学与产业企业需求相结合的"三阶段岗位",极大地调动企业与学院共同"育人"的积极性。

2)基于"三阶段岗位"需求构建"三课程体系"

"工学结合,校企双主体育人"的根本目的在于实现学生的终身成长,调动学生"手脑并用"的学习积极性。在结合"三阶段岗位"技能要求以及对"传统知识技能课程体系"的深入剖析与反思的基础上,依据企业岗位技能需求而建立以"技能"为主线的"三课程体系",服务于专业人才培养目标。"三课程体系"按阶段依次为:核心课程、实践课程、项目课程。

核心课程是指在本专业岗位群所必备的知识与技能"够用为度"的基础上,兼顾产业发展趋势所需的新技能知识编制出的课程。"核心课程"是支撑实践课程与项目课程的基础。

实践课程目的是学习与掌握本专业实践岗位所需要的基本技能与操作能力,其关键在于教师要做到引领与辅导,学生要通过"做中学"达到学习较高技能的目标。

项目课程是通过剖析企业的工序、工艺、流程与产品,把本专业理论与主要实践技能相结合而创建的课程。项目课程是核心课程与实践课程的衔接,通过教师对项目课程的建构与编排,将"做中学"提升到一个新的高度,又为"学中做"提出了新的方向,两者的辩证补充,形成了教学的良性循环。

3) 基于"三阶段岗位"和"三课程体系"构建"双师队伍"

企业技术及管理人员是"工学结合,校企双主体育人"的另一个重要主体。在确立企业"三阶段岗位"和学生"三阶段课程体系"基础上,调动企业技术与管理人员的积极性成为产学合作的关键落脚点。在实施工学结合专班过程中,学院方积极聘用企业主管承担"三课程体系"教育教学,充分利用学院专业教师理论技能,以及企业方承担实践指导的实践经验,聘请专业老师担任技能指导与研发职务,通过"双职双薪"构建出的"双师队伍",推动校企"共同育人"可持续性。

第二节 工学结合专班企业维护

工学结合,学院是组织者,企业是技术岗位提供者,是工学结合中"工"的承担者,没有企业的有力配合,工学结合就无从组织实施。校企合作,学校、企业、学生是相互联系、相互制约的利益整体,多方共赢是校企合作的基础。只有充分、有机地平衡好三者之间的关系,才能更有效地将校企共同培养人才落到实处。

工学结合专班企业的维护分为广义和狭义之分,广义的维护应该是指基于初定的合作方案,按照"三阶段岗位"和"三课程体系"排定专班学生下企实践的排程,校、企、生按照既定排程展开三年的职业教育生涯,并在此基础上形成校企合作长效机制。狭义的维护则是指学院在与企业共同实施人才培养方案的同时,贯彻服务企业的思想,有效维护企业利益,进而保证与企业形成长期、稳定的合作。

一、专班排程落实合作方案

制定专班排程的目的是为了合理安排专班学生实践排程,使专班学习规律与企业实际需求相匹配。合理的时间排程,能将"三阶段岗位"和"三课程体系"融入具体实践中去,因此在排程制定过程中应当基于一定的原则，遵循既定的程序。考虑到教学计划，在排程排定后原则上不应有变更，如需变更，也应考虑多方面因素。

（一）排程的制定原则

专班排程的制定涉及多方面因素，制定排程的过程应当基于四大原则。

1. 三方确认原则

专班学生实践排程由系部、企业、产学合作发展处三方共同认可后予以确定。

2. 排程月数原则

专班学生三年期间赴企实践总月数，原则上为12~16个月，连续赴企时间一般不超过6个月。

3. 时间安排原则

（1）规避首学期：原则上新生入学第一学期内不安排赴企实践。

（2）规避毕业月：为了保证专班学生顺利毕业，方便学生做好毕业前的论文答辩、学费收缴等毕业各事项的准备，专班学生实践排程应当规避毕业月，即实践排程要在毕业当年度5月底之前结束。

（3）均衡寒暑假：专班学生原则上不考虑寒暑假，但排程设置要尽量保证专班平均每学年至少有一次寒暑假期。如有多个班级在一个企业轮替实践，应注意保证假期平衡。

（4）新生入学前下企：在可调节的实践排程范围内，安排专班在每年7、8、9月赴企实践，以有效应对新生入学宿舍安排问题，提升学院宿舍利用率。

4. 连接有序原则

在设置原有合作企业的新专班实践排程时，应注重前期阶段排程的时间及岗位连接性。依据企业计划的用人时段需求及可容纳的岗位空缺情况进行设置。

（二）排程的制定程序

专班排程的制定依照一定的程序：

（1）产学合作发展处与系部专业老师在完成企业考察并确定合作企业后，根据企业实际确定分出"三阶段岗位"需求及需求时间。

（2）系部专业老师结合专业核心课程与实践课程学习规律，初步排定实践排程。

（3）产学合作发展处结合助学金扣缴额度对以上信息进行审核，将建议调整内容与系部沟通。

（4）产学合作发展处和系部在确定阶段排程后，与企业进行再次确认。

（5）针对相关排程信息拟定《专班校企合作协议》内容，最后由产学合作发展处与企业进行协议签订工作。

（三）排程的变更程序

《专班校企合作协议》中实践排程是专班学生实践安排的最终依据，一旦确定不可随意变更。若需变更，应提出变更申请，在不影响教学计划和企业生产的情况下进行排程的变更。

1. 企业提出变更

如企业有排程变更需求,需明确原因,由企业以书面形式通知校方。接到企业书面通知后,在不影响学院正常教学秩序下由产学合作发展处与企业共同协商,变更后应以补充协议形式描述变更原因及变更结果。

2. 校方提出变更

如校方有变更需求,在不影响校企合作关系的情况下,须由需求部门提出书面申请,为避免学院现金流的异动,在先征得财务处审批同意后提交至产学合作发展处最终审核。审核通过的由产学合作发展处同企业协商一致后变更,并以书面形式描述变更原因及变更结果告知企业;如审核不通过或未能协商一致的不予变更。

二、专班协议保障合作运行

专班协议有效地保障了"三阶段岗位,三课程体系"的实施,一方面打破课堂传授为主的教学,以理论+实践阶段渐进的安排让学生自己找到知识与技能的差距,调动学习的主动性;另一方面在充分掌握企业人才结构需求的基础上,有计划、有系统地确定专业、班级及实践时间段,做出满足企业需求的校企合作方案来调动企业"育才"积极性。专班协议内容由企业、学院共同商定。

(一) 协议签订主体

专班合作协议由学院委托产学合作发展处与对应专业合作企业进行签订。

(二) 专班协议内容

协议主要涉及合作目的,合作专业,班级及人数,合作期限,合作模式,教学合作,福利待遇,权益保障7个方面内容:

1. 合作目的

主要是为了落实工学结合、实施校企双主体育人理念,加强专业知识学习与岗位技能要求的整合,突出学生实践能力和就业能力的培养,培养企业所需之高端技能型专门人才。

2. 合作专业、班级及人数

明确学院与对应企业合作的专业、班级和人数,人数一般以实际下企人数为准。

3. 合作期限

一般合作期限为三年,即自所合作专业和班级的学生入学年起至其毕业时止。

4. 合作模式

合作模式统一为工学结合专班模式——专班学生在为期三年的学习周期内,按照企业实际岗位需求,以"工学结合"精神进行三阶段岗位安排。

5. 教学合作

在校企"双主体"育人模式下,依托"三阶段岗位"实践内容,设定"三课程体系"。主要合作项目包括:课程安排、实践岗位、实践周期、师资资源等。

6. 福利待遇

主要涉及学生入企实习的工资构成和金额,食宿和保险,校企合作经费,师资经费。学生工资由底薪、专班补助金、"专班之星"奖学金及加班工资构成，此外企业为专班学生免费提供食宿，并免费为专班学生提供一份商业性保险；校企合作经费是指企业愿意为学院顺利开展专班各项工作而给予的经费支持，建立在合作企业自愿基础上；师资经费主要是指企业授课人员经费和学院专班教师的授课费用等。

7. 权益保障

权益保障的对象是专班学生，主要对专班学生在实践周期内的工作时间、工作环境、加班时间、学生在企管理等内容达成一致意见。

（三）安排学生下企

为确保专班学生顺利赴企实习，专班排程排定后，学生赴企之前需要进行相关准备工作，包括企业来校宣讲，学院对学生进行岗前教育。

1. 企业宣讲

企业宣讲是指企业针对专班学生，在其正式进入企业之前，组织学生对企业的基本情况、企业文化、规章制度、岗位需求、福利待遇等进行说明，让专班学生对企业及所实习岗位有更为直观的了解。

2. 岗前教育

实施岗前教育的主体是学院，由产学合作发展处主要负责。岗前教育主要内容包括：

（1）说明"三阶段岗位"安排，明确学生不同阶段下企的时间和岗位安排；

（2）告知学生在企食宿、福利待遇等安排；

（3）规范学生在企行为，确保其入企后遵守的规章制度等。

三、校企互动促进合作稳定

（一）不定期访企

学生下企进行阶段实习后，产学合作发展处和系部专业老师或辅导员要及时掌握学生在企实践和学习情况。一方面，把控学生在企实习情况。向企业和学生分别了解学生在企适应性，解决学生在企遇到的困难和问题，确保学生顺利完成阶段实习任务，有效降低专班学生流失率。另一方面，增进校企互动。进一步了解企业需求、在学生管理方面存在的困难和问题，协助企业解决相应难题，促进企业与学院保持长期稳定的合作。

（二）企业满意度调查

对企业进行满意度调查是为及时掌握企业对工学结合专班模式下专班学生在企实践、学习过程中总体表现情况的满意度；同时为推动校企深度合作提供现实依据及政策建议，加强校企之间的联系与沟通，完善校企间合作机制，提升校企合作质量。

学院在进行企业满意度调查时，规定调查主体的职责和调查内容：

（1）产学合作发展处进行工学结合专班合作企业的满意度调查，并对调查表结果进行分析与问题汇总；

（2）系部审阅产学合作发展处汇总的企业满意度调查结果，了解企业对学生的满意度。

在进行企业满意度调查过程中：

（1）由产学合作发展处负责根据专班合作企业情况，于每年年底开始以企业为单位进行企业满意度调查表收集，并对调查表结果进行分析与问题汇总；

（2）产学合作发展处负责对企业满意度调查表及报告进行汇整，针对不同问题及时与企业及相关系部进行沟通与协调；企业满意度调查表及报告送交系部审阅；

（3）各系主任负责对产学合作发展处收集的调查表及结果分析与问题汇总报告进行审阅。

第三节　工学结合专班企业评价

为了了解学生在企阶段学习实践当中遇到的问题与困难，及时掌握企业在学生各阶段实践学习期间政策落实与执行情况及校企合作配合度，并做出准确判断与处理方式，在学生结束某一阶段岗位实习后，学院将对合作企业进行阶段性评价。登云科技职业学院针对专班企业阶段评价专门制定《工学结合专班企业评价规定》，对实施企业阶段评价的主体、职责和评价程序进行了相应规定。

一、建立专班企业评价机制

对专班合作企业进行阶段评价过程，与制定合作企业标准一脉相承。产学合作发展处与系部基于不同维度进行评价：系部侧重于项目课程开展情况以及学生岗位安排情况等；产学合作发展处针对企业合作理念贯彻、合约执行、助学金发放、重大问题沟通等情况进行评价；此外考察主体增加教务处，主要是为考核企业合作育人计划制订及执行情况、教学材料反馈情况等。考察人员涉及专业教研主任、相关系主任、教务处及产学合作发展处相关人员。

1. 专业教研主任

针对合作企业，通过收集返校学生反馈信息，汇整在此实践阶段学生岗位安排及项目课程开展等情况，填写《工学结合专班合作企业阶段评价表》。

2. 系主任

对专业教研主任填写的《工学结合专班合作企业阶段评价表》进行补充与确认。

3. 教务处

（1）根据企业合作育人计划制订及执行情况、教学材料反馈情况等，如实填写《工学结合专班合作企业阶段评价表》；

（2）对评价级别为"差"的合作企业，由相关负责人提出建议处理方式并签字确认。

4. 产学合作发展处

（1）针对企业合作理念贯彻、合约执行、助学金发放、重大问题沟通等情况，通过此阶段企业反应结果，如实填写《工学结合专班合作企业阶段评价表》；

（2）对评价级别为"差"的合作企业，提出建议处理方式并签字确认；

（3）以学期为周期对评价表进行汇总分析；

（4）对最终确定终止合作的企业发送终止合作函。

二、实施企业阶段评价的程序

学院在企业阶段的评价具体实施参照以下程序：

（1）各系专业教研主任在专班学生下企实践返校后三个工作日内针对收集到的阶段企业信息填写《工学结合专班合作企业阶段评价表》；

（2）各系主任对《工学结合专班合作企业阶段评价表》填写情况进行补充与确认，对评价级别为"差"的合作企业，提出建议处理方式后转交至产学合作发展处；

（3）产学合作发展处针对企业合作理念贯彻、合约执行、助学金发放、重大问题沟通等情况，填写《工学结合专班合作企业阶段评价表》。对评价级别为"差"的合作企业，提出建议处理方式，确认后按顺序分别转交至分管院长、院长处，并以学期为周期对评价表进行汇总分析；

（4）分管院长针对评价级别为"差"的合作企业提出处理意见；

（5）院长针对评价级别为"差"的合作企业提出处理意见；

（6）对最终确定终止合作的企业发送终止合作函；

（7）产学合作发展处将《工学结合专班合作企业阶段评价表》进行归档备案。

第四节　工学结合专班企业深化

一、共建实训基地培养高技能人才

校企共建实训基地（见表2-2），共同培养适应现代企业所需要的应用型技术人才，结合高职教育丰富的教学内容推动专业建设和课程改革。在校企共建实训基地的过程中，校企联系紧密，共同探索合作模式，加强教育教学改革，提升教师的科研能力和解决实际生产问题的能力，进而反馈到教育教学中，促进学生专业能力和职业能力的提升，最终为企业输送更多、更好的高技能人才。

在校企共建实训基地方面，登云科技职业学院积极建设与企业（行业）发展前沿相适应的不同专业方向、将部分优秀的工专班合作企业升级建设为校外实训基地，并聘请企业技术高管设计、规划、建设校内实训基地，共同将丰富的高职教学内容形成以"校内实训基地与校外实训基地链接"为特色的先进制造技术共享型实训基地（见表2-2），首先获批为省级"十二五"规划实训基地建设项目。随着工学结合专班的深化，根据《江苏省教育

厅 江苏省财政厅关于进一步加强高等职业教育实训基地建设的通知》（苏教高〔2012〕17号）的精神，该基地成功获批为中央财政支持建设的"机电一体化技术国家级实训基地"。

表 2-2 校内实训基地与校外实训基地链接表

技能链接点	校内实训基地	校外实训基地	
		合作企业代表	岗位
液气动传动技术、PLC 技术、多轴加工技术	自动化生产实训中心	橡技工业（苏州）有限公司	普通设备的自动化改造，产品多轴加工
维修电工中高级技能	电气控制实训中心	昆山合济机械有限公司、昆山佰奥自动化设备有限公司	机床的电气线路的安装、调试及故障诊断和排除，PLC 控制，变频器调试等典型工作任务

1. 服务区域经济发展，培养高技能人才

登云科技职业学院实训基地在校企共构的过程中始终秉持"服务区域经济发展"的宗旨，培养昆山地区乃至长三角地区紧缺型高技能人才，截至目前，每年为昆山地区培养高级工及以上人才 600 余人。

2. 建设共享型公共服务平台

"机电一体化技术国家级实训基地"的建设，使得"工学结合"的教育教学体系趋于完整，也是教育教学改革成果的最佳展示平台和"试金石"。通过全面引入企业化的经营策略与架构，并建立起一整套类似企业并富有执行力和凝聚力的管理团队和管理手段，"用员工的水准要求学生，用主管的水准要求教师"，对内培养学生及双师型教师，对外面向企业及社会培养高技能人才，并在不久的将来，通过 ISO 9001 质量体系和 ISO 14001 环境体系等认证，努力使基地成为具备"辅助教学、考工、对外培训、项目开发及成果展示"等功能的共享型公共服务平台。

二、成立产业学院提升企业育人积极性

（一）继续教育暨培训中心

基于学院多年来的校企合作基础及经验，针对产业人才需求，建立继续教育暨培训中心。多年来，中心构建较为完善继续教育培训体系，为校内外人员提供技能培训和学历提升服务，加快推动了人才供给侧结构性改革。

中心设置数十种针对企业需求的职业证照。如通过对机械加工类企业进行调研后发现，工具钳工、模具设计师、计算机维修工、汽车维修工、模具设计规范等工种人才缺乏，针对如上工种设置了对应职业证照并展开培训；在对电子信息类产业进行调研后发现，有必要设置 PLC、计算机操作员、无线电调试工等工种相关的职业证照。除此之外，针对服务业等行业企业的需求都有设置相应职业证照，如中式面点师、育婴员等职业证照。

此外，立足服务区域产业需求，建立多元化的学历提升路径，从校内到校外，选择满足

区域经济发展的专业要求，学历层次从大专到本科。如针对校内学生部分，与扬州大学、苏州大学、南京财经大学、南京工业大学等建立了专接本机制；针对校外人员即社会人员部分，与北京理工大学合作建立远程网络教育学习中心、与江南大学合作建立成人教育企业专班，最大限度地帮助、服务企业和社会进行继续教育学习。我院于2016年立项江苏省现代职教体系建设试点项目4项。其中，"3+3"中职与高职分段培养试点2项，登云科技职业学院为牵头学校，泰州机电高等职业技术学校、江苏省射阳中等专业学校为合作学校，前段专业是机电技术应用、后继专业是机电一体化技术；"3+2"高职与本科分段培养试点2项，东南大学为牵头学校，登云科技职业学院为合作学校，前段专业是汽车维修与检测技术、机电一体化技术，后继专业是机械设计制造及其自动化。

继续教育体系的建立，为推动区域产业发展人才供给侧结构性改革，加快区域经济发展提供了强有力的支撑。

(二) 企业学院

学院基于"工学结合专班、校企双主体育人"的人才培养模式，先后与350多家企业建立了合作关系，其中深度合作企业达78家。始终坚持走校企合作、产教融合之路，充分利用台湾地区优势教育资源，以及海峡两岸高校、产业、科研院所专家资源，共同培养高素质创新人才和技术技能型人才。

基于深厚的工学结合专班企业基础，学院与企业也在不断探索和创新校企合作模式，共同成立企业学院，校企双方共同开发课程，编写教材，共建实验室、创业孵化基地、企业技术研发中心，帮助开展技术改造、产品研发和科技攻关，加快成果转移转化，从而推进教学改革，提升人才培养质量，使得企业真正成为人才培养主体。我院企业学院建设成效显著，与多家企业合作，先后共建了登云·福伊特机电学院、纬创·登云企业学院、西门子智能制造产业学院等。其中，2018年6月份苏州市教育局组织的"苏州市职业院校优秀企业学院遴选工作"中，我校与纬创共建的"纬创·登云企业学院"被评为优秀企业学院，并获10万元建设经费。此项遴选工作面向苏州市全体高职院校（17所）和职业学校（26所），43所学校仅10所企业学院获此殊荣。学院与纬创合作的"A+雏鹰"计划项目有诸多值得推广和借鉴的宝贵经验，为进一步深化校企合作，产教融合，持续推进"工学结合专班"提供了良好的模板，也为学院与纬创形成良性互动，建立长期稳定合作关系奠定了基石。

三、构建协同创新平台　服务企业转型升级

多年来的产学合作经验表明，单凭校企间力量已无法满足经济结构调整和产业转型升级对技术技能型人才的要求。学院于2015年6月，依托两岸高校、行业（企业）、行业协会、科研院所等资源共建两岸产学研协同创新服务平台。平台借助昆山市科技局服务创新平台，与昆山工业技术研究院进行合作，利用学院工学结合专班企业渠道优势将其技术发展需要，对接工研院研发成果，协同进行双向转化；利用学院台湾地区的资源优势，将台湾地区研究单位与行业企业互动机制、科技人才共享机制与昆山地区技术移转机制相融合，由学院与昆

山工研院共同构建筹备设立"产业学院",使其朝精英人才培养方向发展;同时借助昆山工研院设备资源优势,参与共构我院中央财政支持实训基地,打造开放共享模式服务平台,面向社会,着眼产业,创新合作机制,拓展服务领域。

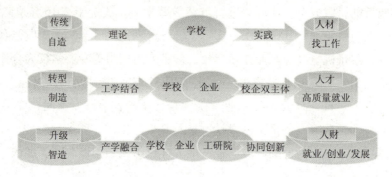

协同创新推动产业转型升级发展,实现人材－人才－人财转变

2016 年 1 月,我院与昆山市工业技术研究院共建昆山阳澄湖(两岸)产学研协同创新中心(以下简称"创新中心")。创新中心成立三年以来,发展两岸合作科研机构 20 家,建立了包含两岸 195 位产业界、教育界专家学者的专家资源库,组织开展两岸交流活动 22 场。利用"互联网＋社会服务",通过建设企业调研需求小程序,带动学院老师进行企业调研、走访,共计调研企业 1305 家,挖掘企业转型升级需求 46 项。政府、行业、企业、院校之间互相沟通,发挥各自优势,积极为"人才培养""企业改造""技术服务"等项目发挥作用。以技术创新为突破,以自主创新为核心,以推进区域经济发展和产业转型升级为方向,优化配置平台内的各种资源,增强平台中各方的积极性和责任感,最大限度提升平台的运行效率,形成互利共赢、共同发展的良性局面。

为贯彻落实国务院办公厅《关于深化产教融合的若干意见》(国办发〔2017〕95 号)、教育部等六部门《关于印发〈职业学校校企合作促进办法〉的通知》(教职成〔2018〕1 号)等文件精神,加强"政行企校"合作和两岸科教文化交流,深化产教融合,形成"目标共商、资源共建、人才共育、成果共享"的产学合作机制,提高人才培养质量和办学水平,促进两岸教育链、人才链与产业链、创新链的衔接,2018 年 5 月学院成立"登云两岸产学合作联盟",承接"首届海峡(两岸)江苏技能邀请赛",大赛聚焦地区产业发展,围绕台资企业转型升级,为两岸产学合作资源融合,为产业发展培养更多更优质的应用型人才提供良好契机。大赛期间,邀请两岸高校领导、产业界、学术界代表共同参加"登云两岸产教融合协同育人研讨会"共同探索两岸职教经验和理念,共同探讨两岸职业教育人才培养的新思路、新路径,促进两岸教育文化融通,提升科教与创新能力,助推登云产学合作创新平台做深做实,为昆山深化两岸产业合作试验区建设培养更多高素质创新人才和技术技能人才。

第三章 工学结合专班的教学管理

第一节 工学结合专班人才培养模式设计的思路与规划

"人才培养模式"是指在一定的现代教育理论、教育思想指导下,按照特定的培养目标和人才规格,以相对稳定的教学内容和课程体系,管理制度和评估方式,实施人才教育的过程的总和。1998年在教育部召开的第一次全国普通高校教学工作会议上,时任教育部副部长的周远清认为所谓的人才培养模式,就是人才的培养目标和培养规格以及实现这些培养目标的方法或手段。

要建立符合职业教育使命的人才培养模式,首先应明确职业教育人才培养的目标。

一、职业教育的培养目标

目前对高等职业教育人才培养目标不管是技术型人才还是技能型人才的定位,都充斥着"工具主义"的价值倾向。这是工业革命对现代教育人才培育的影响,成规模的人力资源养成,强调服从于领导。但随着工业2.0、3.0直至4.0的不断推进,人才培养越来越多地强调组织的协调与创新。因此根据现代社会对职业教育的功能需求与价值导向看,职业教育既要满足和促进经济社会发展,还要兼顾学生综合素质的提升;满足学生一次就业能力的同时,还要满足学生再就业能力的发展。

因此,在追求普适化的人的全面发展的普通教育与追求完成岗位任务、满足企业需求的职业培训之间,职业教育的培养目标逐渐清晰明朗,即促进本职业领域内的生涯发展。各类培训教育的异同见表3-1。

表3-1 各类培训教育的异同分析

	职业培训	职业教育	普通教育
培养目标	完成岗位任务	促进本职业领域内的生涯发展	人的全面发展
学习内容	岗位能力/职业资格	综合职业能力/职业素质	普通文化和科学教育

续表

	职业培训	职业教育	普通教育
学生参与方式	作为可替换的功能单元	参与工作过程和生产流程	综合性的全面参与
课程开发方法	DACUM 岗位任务分析法	工作过程系统化的"典型工作任务分析"	教学简化
适用范围	岗位培训	职业学校教育 高技能人才培养	普通教育
课程模式	培训模块	学习领域	学科课程

二、"一载体、三阶段岗位、三课程体系"人才培养模式的设计

围绕职业教育人才培养目标的核心，昆山登云科技职业学院不断探索，逐步形成并完善"一载体、三阶段岗位、三课程体系"的人才培养模式设计与实施。

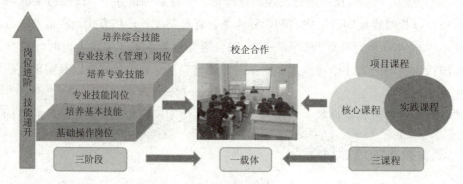

"一载体、三阶段岗位、三课程体系"人才培养模式

（一）以"工学结合专班"作为情境学习的载体

情境学习理论及认知学徒制主张学习必须从实际工作环境的社会情境中产生。学习者浸润在专家实践的真实环境中，参与专家实践共同体的活动和社会交互，通过专家思维可视化的教学活动组织，进行某一领域的学习，培养学生解决问题和处理复杂任务的能力。

为实现学生参与所学专业领域的真实工作环境，在人才培养模式设计与实施中需构建其路径与平台。学院分析了原有培养模式的不足，如表 3-2 所示。

表 3-2　学院原培养计划及不足

	第一学期	第二学期	第三学期	第四学期	第五学期	第六学期
学校		教学脱离实践情境				
企业					学生自主实习，地点分散，缺乏教学活动组织代入，专家思维不可视	

为克服原有班级建制下教学、实习两段制的缺点，考虑要达成认知学徒制的要求，就要创建以下两个条件：

（1）学生要深入企业，顶岗作业，完整地完成实际发生的工作任务（有真实的情境）；

（2）在完成工作任务的过程中，要有认知活动、互动讨论、小组问题求解等教学活动的方法运用其中，将完成工作任务的认知过程外显，以形成学生的自我认知与隐性知识的学习（有教学的互动）。

从教学组织的角度考虑，即：

（1）下企实习能有一定的计划性，且能达成一定的规模；

（2）学生在企阶段，企业愿意组织开展相应的教学活动。

因此，昆山登云科技职业学院自2010年起，借助昆山台资企业密集的区域条件，利用台资办学背景优势，以及台湾地区在20世纪90年代"建教合作"的社会文化背景，因势利导，积极寻求具有"校企共育职业人才"理念的合作企业，共同组建"工学结合专班"，校企双方共同协定人才培养方案，构建课程体系，制订教学计划，以作为实现上述培养模式与教学组织的平台与载体。

初步达成学校、企业两地教学；教师、工程师双师授课。因此，培养模式中以"工学结合专班为载体"，为职业教育目标的达成营造了适合的教育环境，创造了基本条件。

（二）以发展性任务理论设计"三阶段岗位"

专班的建立，解决了学生在真实情景中对实际工作的认知，但是职业教育的目标有别于职业培训之处在于除了能够完成岗位任务，满足企业需求外，更应能促进学生在本职业领域内的生涯发展。

赞可夫的发展性教学理论继承并发展了维果茨基的"最近发展区理论"学说。对于某一岗位的现有技术的掌握与问题的解决可以让学生在情境学习的当下阶段得到相应的成就感，其获得感及延续性与任务的复杂程度正相关。但随着学习周期的延展，如果缺乏下一阶段的特定任务为目标，就背离了职业教育的培养目标，也会让学生在此过程中缺乏继续学习的内在动因。基于上述原理及考量，在以"工学结合专班为载体"基础上进一步设计了人才培养模式"三阶段岗位"的安排。根据学习任务的层次，逐步导引其由"封闭型学习任务"向"设计导向型"学习任务发展。

（三）以职业能力发展的逻辑规律架构"三课程体系"

职业教育作为一种教育类型，其课程设计绝不仅仅是反映企业的岗位需要，而且还要遵循学习规律、遵循人的职业成长和职业生涯发展规律。

根据前期发展性任务理论所构建的三阶段岗位实践，完成了对于学生成长的任务引领及规划。然而阶段向上的台阶有了，如何在此期间帮助学生完成每一步的跨越，则需要有适合职业能力发展规律的课程来支撑。

对此，赵志群教授将职业教育的课程分为四个层次：

第一层次：目的是提供职业入门教育，核心是让学生学习本职业（专业）的基本工作内容，了解职业轮廓，完成从职业选择向职业工作世界的过渡并初步建立职业认同感。该层次的学习任务是日常或周期性的工作，目的是帮助学生了解本职业的基本概念、标准化要求和典型工作过程。学生完成该任务须遵循特定的规则和标准，能逐步建立质量意识并有学习反思的机会。

第二层次：目的是提供职业关联性教育，其核心是让学生对工作系统、综合性任务和复杂设备建立整体性的认识，掌握与职业相关联的知识，了解生产流程和设备运作、思考人与人之间的关系以及技术与劳动组织间的关系、获取初步的工作经验并开始建立职业责任感。其特征是：在职业情境中完成有一定难度的专业任务，利用专业规律系统化地解决问题，针对部分任务和环节独立制订计划、选择工艺和工具并进行质量控制，在此过程中注意与他人合作，体验任务的系统性并发展相应的合作能力，养成反思的习惯。

第三层次：目的是提供职业功能性的教育，其核心是让学生掌握与复杂工作任务相对应的功能性知识，完成非规律性的任务并促进合作能力的进一步发展，成长为初步的专业人员并形成较高的职业责任感。要完成这一层次的学习任务，学生无法简单按照现有规则或程序进行，需要学习课本之外的拓展知识，并综合运用理论知识和工作经验，需要按照自己确定的标准、流程和进度独立或合作完成任务，具备一定的质量和效益意识以及反思能力。

第四层次：目的是提供知识系统化的专业教育，其核心是培养学生完成结果不可预见的工作任务的能力、建立学科知识与工作实践的联系，并发展组织能力和研究性学习的能力，即培养"实践专家"。从第三层次到实践专家的过程是漫长的，需要不断实践和高度的敬业精神。其特征是：在一般技术文献中没有记录或相关信息不全面，学生需要自己确定问题情境和设计工作方法，甚至制作部分工具（如软件等），对完成任务的过程全面负责，具备高度的质量意识并关注环保和产品成本，具备较强的反思和革新能力。

以上理论如下图：

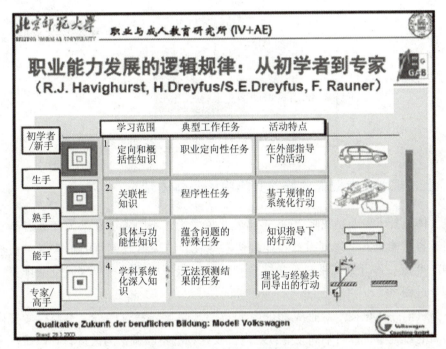

职业能力发展的逻辑规律

依据上述理论，结合高职教育培养定位，以及学院招生层次的实际情况，突破了原有公共基础课、专业基础课、专业课程、专业实习这一学科架构下课程逻辑顺序，提出了"核心课程""项目课程"和"实践课程"的三课程体系建设。

三者的构成并非按时间顺序依次在不同学年进行，专业实习也不再是各门课程学习后一个看似综合独立，实则孤立脱节的教学环节。

每一阶段，以实践课程为基础，先了解在职业生涯的各个阶段要干什么；以项目课程为传导，让学生明确怎么干，或者说怎么干可以干得更好；再以核心课程作为补充，以触发其深入思索为什么（即原理）。

当然根据不同阶段其任务的复杂程度不尽相同，各课程所占比重亦有不同侧重。

（四）"一载体、三阶段岗位、三课程体系"的内在联结

工学结合专班作为人才培育的载体，为三阶段岗位安排提供了基础，让学生在真实工作环境中学习，并让设计不同阶段的发展性任务成为可能。而三课程体系在三阶段岗位安排中

提供了教学活动的导引，帮助学生实现各阶段不同复杂程度的发展性任务得以完成，获得个人发展而带来的幸福感，为后续的职业生涯发展奠定了基础。从而实现"促进本职业领域内的生涯发展"的目标。

三、上述规划在专业人才培养实施中的具体体现

机电一体化技术专业是我院 2006 年起成立招生的，不断发展壮大为江苏省高水平骨干专业、江苏省"十二五"规划重点专业群核心专业、中央财政支持的国家级实训基地依托专业，2011 年起，即开始实践"工学结合专班"试点，探索了三阶段岗位安排及三课程体系建设的全过程。

以下为机电一体化技术专业从 2011 年设立专班伊始，在设计每个专班教学安排、与企业沟通洽商的过程中，针对不同企业，对岗位及课程的不断调整与改进，并以每一个专班实际为基础，逐步归纳总结，形成机电一体化专班课程体系，完成人才培养模式从设计到落地的全过程（见表 3-3 和表 3-4）。

表 3-3 2011 级机电一体化技术橡技专班教学安排

阶段	岗位	岗位目标	实践课程	项目课程	核心课程
第一阶段	钻床、铣床、磨床、橡胶成型、组装线	（1）能看懂理解作业标准书之要求，熟悉原材料颜色管制之规定 （2）能正确使用日常量具 （3）对加工的工件出现的常见不良现象，能正确识别	了解企业生产的产品		机械制图
			正确使用日常量具	检测技术与量具使用	电工电子
			了解操作设备的结构和工作原理	设备技能实训	互换性与检测技术
			掌握设备的基本操作	5S 基础与实践	工程材料及热处理

续表

阶段	岗位	岗位目标	实践课程	项目课程	核心课程
第二阶段	(1) 针对上述岗位轮岗 (2) 新增CNC车床、CNC加工中心、CNC简易数控设备或其他自动化（半自动化）生产岗位	(1) 能熟练使用各种量具；对形位公差有所认知 (2) 能独立进行日常维护和保养 (3) 能独立操作机床加工，达到产品质量要求 (4) 有较强的品质意识	熟练使用各种量具；认知形位公差	形位公差与测量技术	PLC实用技术
			独立进行日常维护和保养	设备维修与保养（1）	机床电气控制技术
			独立操作设备，掌握一定的设备操作技能	设备技能实训	液压与气动技术
				质量管理	现代品质管理
第三阶段	选拔培养设备维修调试及开发等技术员，品控、现场管理人员	(1) 对机电设备有一定的了解 (2) 能独立进行设备的维护与保养 (3) 能独立进行日常设备的安装调试 (4) 对机电设备的常见故障能独立检修	独立进行设备的维护与保养	设备维修与保养（2）	机械加工工艺
			独立进行日常设备的安装调试	生产过程控制	现代生产管理
			独立检修机电设备的常见故障	责任胜于能力、赢在执行	机械加工技术及工艺
				企业文化与职场礼仪	

表3-4 2013级机电一体化技术佰奥专班教学安排

阶段	岗位	岗位目标	实践课程	项目课程	核心课程
第一阶段	备料、仓库管理	(1) 具备企业员工的基本素质 (2) 能读懂备料单，能识别电子元器件、相关机构及材料 (3) 能看懂产品型号及来料检验	看懂相关机构图纸	机构简介	机械制图
			识别电子元器件	电子元器件识别	电工电子
			了解相关材料特性	企业文化与职场礼仪	工业材料及热处理
第二阶段	电控、装配、调试	(1) 了解设备常见机构的特性 (2) 掌握机构装配的要点 (3) 了解PLC电路设计的思路 (4) 了解常见的电路故障的解决方法	了解设备常见机构的特性	机构设计	机床电气控制技术
			掌握机构装配的要点	电控实用技术1	机械设计基础
			了解PLC电路设计的思路	气动实用技术1	PLC实用技术
			了解常见的电路故障的解决方法	设备安装与调试	液压与气动技术

续表

阶段	岗位	岗位目标	实践课程	项目课程	核心课程
第三阶段	选拔培养机构设计及电气控制技术员等	（1）能独立进行设备的基本安装调试 （2）能独立设计较为简单的机构零部件、夹具 （3）能进行简单设备的 PLC 电路、气路设计	独立进行设备的安装调试	设备故障维修与检测技术	电控实用技术2
			独立设计较为简单的机构零部件、夹具	机械制造工艺	气动实用技术2
			进行简单设备的 PLC 电路、气路设计	生产过程控制与全面质量管理	

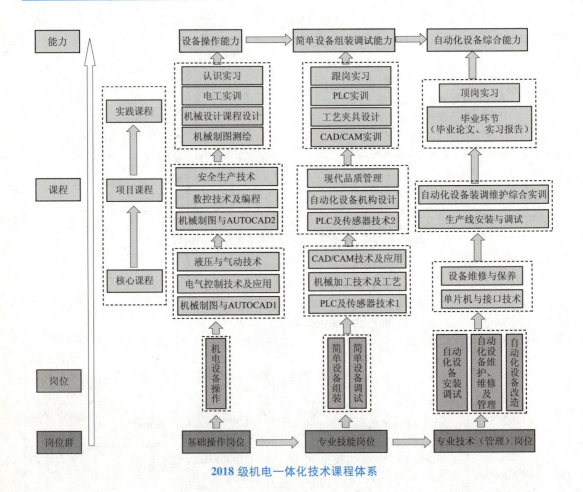

2018 级机电一体化技术课程体系

第二节　专班模式与既有教学模式的异同分析

针对上述"专班模式"的思考、设计与实践，在探索与改进的道路上，也不乏会有教学对象（学生、家长）以及业界同行对此存有疑虑。疑虑主要集中指向：

（1）这一人才培养模式及教学模式的改革与原有教育模式除了形式的改变，实质上究竟有多少调整与突破？

（2）这与改革开放初期职业教育早已试点的订单班有什么区别？

由表3-5可知，目前职业教育下的普通班，更接近传统本科教育，是本科教育向高职较为粗放的转型，以学科体系为基础，以教师授课为教学活动的主要形式，更类似于学生全面参与学习普通文化和科学的普通教育，或类普通高等教育。

表3-5 专班模式与既有教学模式的异同分析

异同点	普通班	订单班	工学结合专班
教学计划形式	二年在校课堂教学 一年在企实践教学		阶段下企情境教学 阶段返校理论补充
实践安排	自主寻找企业	学校确定合作单位安排 入企实践	学校确定合作单位 安排入企实践
课程开发	以学校为主体 学科体系的理论教学为主	校企共同开发 以企业内训为基础，为合作企业客制化定制课程	校企共同开发 根据不同企业需求，提炼具备行业或岗位群典型性工作任务开发课程，形成体系
授课人员	学院教师为主	校企共同授课	校企共同授课
就业面向	自主就业	留任合作企业并服务一定年限	双向选择多元就业渠道

而早期订单班的培养模式，基于其课程定制化和就业定向性等鲜明的特性，则更类似于完成岗位任务，满足企业需求的职业培训。学生学习内容与合作企业生产实际高度相关，而忽略了不同企业产品的不同、设备的不同、管理的不同等因素以及学生毕业后的职业环境和所接触的工作任务的复杂性，一定程度限制了其职业生涯发展的多种可能，背离了职业教育"促进本职业领域内的生涯发展"的培养目标。

第三节 工学结合专班人才培养模式实现的条件与举措

由于任何一种培养模式都围绕着一定的培养目标所设计，而且每种培养模式的有效运用也需要一定的条件支撑，并与其所在的教育环境相适应，因此不存在普适性的人才培养模式，也谈不上哪一种培养模式是最好的。评价一种培养模式好坏的标准是其是否为在一定的情况下达到特定目标的最有效的培养模式。

我们在人才培养模式的设计和应用中，一定要注意培养模式的指向性，及其所处的社会环境、所面向的培养对象等多重因素。

针对"校企合作""合作教育"等工学结合教育模式的探索国际上许多发达国家都已形成了既能彰显本国职业教育特色又值得他国学习借鉴的工学结合教育模式，例如：德国双元制职业教育模式、英国现代学徒制改革、澳大利亚 TAFE 模式、加拿大产学合作教育 Co-op 制度。但在这些模式在我国进行本土化推展的进程中，都或多或少出现了一些"水土不服"的情况。

例如，德国的双元制是在德国《职业教育法》及各州立学校法框架下开展，是以企业为主导的。这些职业在培训过程中，企业依照《职业培训条例》开展培训，学校依照《框架教学计划》开展教学。澳大利亚 TAFE 模式严格执行三方培训，澳大利亚为此建立了完善的国家职业资格框架（NAQF）体系，推广覆盖了 90% 以上职业岗位和 101 个专业的职业教育培训包。加拿大产学合作教育 Co-op 制度实行以其特殊的三学期制学习方式为前提，学校有与此架构相应的服务保障体系，成立有 Co-op、Co-op 教育与职业服务中心、Co-op 研究中心和顾问机构，建设 Co-op 课程，实施"全员参与计划"。

以上可谓社会对职业教育的体制架构、法治保障、实施标准和组织机构都建设得十分完备。

在我国尚未形成成熟的架构体系、政策保障、法律条文规范及相应实施标准的前提下，以学院一方之力，想完全借鉴任一此类成熟的人才培养模式，都仍然存在着一定的难度。在教学管理的过程中也确实面临了非常多的挑战。

根据华南师范大学公共管理学院教育管理系黄崴通过对国内教育管理学科体系的比较辨析，将教育管理学的研究对象基本分为六部分，详见表 3-6：

表 3-6 我国教育管理基本框架

	结构	内容
教育管理学	教育管理基础	教育管理学的对象、方法、基础、发展等
	教育组织管理	教育管理体制、组织结构、人员、权力等
	教育管理过程	决策、领导、沟通、激励、控制等
	教育资源管理	人、财、物、信息、时间等
	教育活动管理	德育、智育、体育、美育、劳动技术教育、专业教学等
	教育管理环境	政策、社会、家庭、社区等

在学校内我们可以看到教育管理与教学管理呈现出高度的统一，学校内部的教学管理主要以下述管理内容为基本模块：教师管理、学生管理、教学目标管理、教学计划管理、教学活动管理、教学组织管理、教学质量管理、教学档案管理、教学工具管理等，通过组织、资源的调配以保障教学目标的达成。

在工学结合专班实施的过程中，教学单位及教学管理单位主要面临来自教学活动管理、教学组织管理、教学质量管理三方面的压力尤为突出。

一、教学管理所面临的问题

(一) 教学活动管理

1. 存在问题

主要呈现企业、学生双方接受度不高的现象。

其冲突主要体现在：

(1) 学生赴企实习计划的制订与执行依赖于企业的生产周期、人员需求量等客观因素，难以完全契合国内现行三年六学期的学制安排教学实习，对以班级为最小教学单位的建制也提出了挑战。

(2) 学生在企业实习过程中出现回避、放弃等中断实习计划的行为，影响人才培养方案和教学计划的有序执行。

(3) 学生的中途退出反作用于企业，进一步降低企业参与人才培育的积极性。

2. 原因分析

总体上看，教学活动管理问题的出现主要基于两方面的原因：一方面原有教学活动主要在学校与学生双方之间开展，作为教学主导和教学主体，双方作业的模式及标准是建立在统一目标的基础之上的。实施工学结合后，教学活动内加入了企业这一第三方，鉴于我国实施工学结合是由教育部牵头，以职业院校为突破口来切入的，相比于发达国家，工学结合的外部环境仍然不成熟，企业的嵌入比较生硬，打破了原有两者间输出与输入的平衡。另一方面，受限于社会对"工学结合"的认知以及我国沿袭千年"学而优则仕"的传统文化影响，人们对职业教育，特别是对在学期间深入职业一线实习的认同感不高。

1) 外部政策环境的影响

目前实施"工学结合"双元或三元教学比较成熟的国家在推进过程中其政策导向呈现如下共性：

- 专门立法

如德国的《职业教育法》（2005年修订）、奥地利的《职业教育法》（2006年修订）、英国的《学徒制、技能、儿童和学习法案》（2009年）、意大利的《学徒制巩固法》（2011年）等，法案确立并保障了职业教育与培训的开展条件、开展方式、资金来源等内容要求。

- 利益相对均衡的合作机制

以德国为例，建立了包含政府、行业、工会和学校四方的利益相对均衡的合作机制，如下图：

激励措施包括：

(1) 征税-拨款制度：向未完成培训任务的企业征收培训税，由专门的基金委员会管理，再按比例拨款给额外完成了培训任务的企业。如法国、丹麦、爱尔兰。

(2) 培训奖励：政府向提供了特定学徒培训的企业支付的直接经济奖励，如首次招聘学徒，招聘残疾人、长期失业者、破产企业原学徒等。

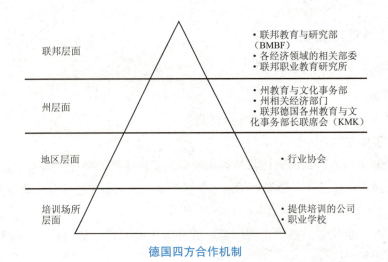

德国四方合作机制

(3) 税费减免: 如荷兰,可以减免部分税收及学徒的社会保险金。

我国"工学结合"双元教学迄今仍然缺乏国家政策,特别是引导企业参与的政策的指导,学校是校企合作的积极方,政府主要以"行政行为"干预校企合作,校企合作的达成依靠的往往是非市场性因素。因此企业与院校合作,特别是与职业院校的合作,市场性因素主要还在于"用员需求"。企业重利学校重教,在外部机制尚未健全完善的前提下,为了在盈利与育人间取得相对的平衡甚或于向育人做出一定的倾斜,目前在高校校企合作实施过程中更多地依赖于企业文化理念与社会责任感。

2) 学习动机及过程认知的影响

(1) 从学习动机来看,正确的、远景的、内部自发的动机少。

根据学习动机的种类,从学习过程的持久性来看,"高尚的、正确的动机""远景的间接性动机""内部学习动机"相比于"低级的、错误的动机""近景的直接性动机""外部学习动机",其作用比较稳定与持久。

对此,昆山登云科技职业学院在2011年曾组织教师及辅导员,通过学生访谈、班会座谈以及家长电话沟通等形式,对617名学生(其中工学结合341名)选择职业教育、选择工学结合的动机做了调研,将其调研结果进行分类,可以看到学生选择职业教育、选择工学结合的真正自发的、带远景性的动机占比非常少。

(2) 对"工学结合"的认知受外部与内在的局限。

一方面,我国历经2000多年封建制度影响,"学而优则仕"的传统深入人心,职业教育长期以来一直以一种低层次的教育、断头教育、别无选择的教育存在。国家花了相当大的力气打造现代职业教育体系,也是力求将职业教育从层次教育扭转为体系教育,改变社会对职业教育的普遍认知,但尚未完全实现。因此学生在入学及入工学结合专班的开始,其认同感、认可度就不高。

另一方面,学生个体在不同阶段(入学前后、入职前后)不断发生变化。

现代认知理论认为,个体对来自外界的信息经过编码、存储、提取和输出等加工过程,在头脑中形成了各种不同的观念。这些观念在刺激和行为间起中介作用,它既能引起行为,又能改变行为,在这个意义上,认知具有动机的功能。

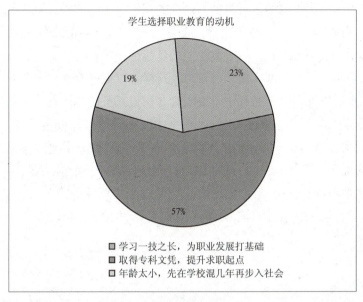

学生选择职业教育的动机分析

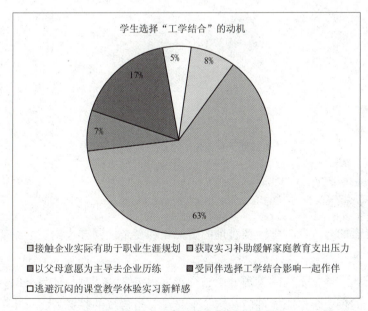

学生选择"工学结合"的动机分析

布鲁纳在学生学习的动机方面的论述特别注意和强调认知需要和内部动机的作用。布鲁纳认为,在教学过程中,学生是一个积极的探究者,他认为知识的获得不管其形式如何,都是一种积极的过程。这种积极的学习过程显然是受学生强烈的认知需求的驱使的。

因此,不同阶段,学生对"工学结合"的认知是向积极方向发展还是向消极的方向发展,一定程度也依赖于其选择此学习方式的动机。很显然,在缺乏外部诱因及强烈的内在需求的条件下容易使其出现回避、放弃等行为。

3）企业与学生双方需求的矛盾

以学生的学习动机为正确的、远景的、内在的积极因素为前提，基于上述外部环境和内在需求的分析，在缺乏政策导引的环境下，企业因为"用员"的市场因素导向，期望最大限度的稳定，其中包含两重因素：一是岗位上的延续性；二是时间上的连续性，即学生到岗后可以确保在某一固定岗位长期实施顶岗实习，这样可以保障企业生产线不会因为阶段的缺员而影响产量，也可以保障生产过程中不会因为各岗位人员的熟练程度而影响产品品质。

而学生实习是以学习为前提的，在学习的过程更渴望且需要参与工艺的全过程、接触工作过程中的典型工作任务，通过典型工作任务的实践来归纳、总结并运用理论知识，形成内化的知识体系与架构，从而结合个人的性格与优势，形成未来职业生涯的发展规划，这在单一岗位上是无法实现的，在此过程中学生渴望的是"变"：一是对于实习岗位的阶段调整；二是可以实施日释或期释形式阶段返校进行理论知识的归纳、总结与补充。

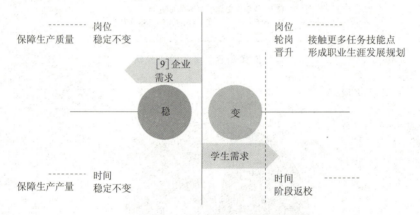

工学结合下企业与学生双方需求的矛盾

（二）教学组织管理

1. 存在问题

随着企业元素的介入，教学活动管理的多元化和复杂性同样也给教学组织管理带来新的问题。

传统教学条线、学生条线的管理分工已经难以很清晰地切割具体事务的归属范畴与责任部门，应运而生的校企合作职能部门在定位上又没有与传统的教务处、学生处有非常明晰的职责界定，因而形成了管理重叠或真空地带。

同时，系部作为教学实施的主体单位，对校企合作的参与程度参差不齐，在以"工学结合"为主导的教学环境下，其教学改革、教学实施和学生管理等一系列工作的思考深度和措施力度不一，带来各教学系（或二级学院）与高校行政职能部门间职责边界的模糊，形成管理重叠或真空地带。为此，很多高校面对如下问题：

（1）横向职能部门组织管理的交叉表现在"工学结合"过程中：校外实训基地建设应由校企合作处发起或仍由教务处统辖？因企业因素引起的教学质量问题是否由教务处干预？

学生企业实习期间发生工伤事故应由学生处负责处理还是由校企合作处代表学院与企业沟通？

（2）纵向院系二级组织管理的交叉表现在"工学结合"背景下：合作企业拓展及选择决定权隶属系部业务范畴还是学院决策范畴？两类不同的决定权下，各职能部门在后续合作事宜中所扮演的角色为何？

（3）因为不同于在校期间的集中管理，教学实施过程中还有这样的问题：学生在企实习期间的具体执行岗位管理究竟由辅导员、专业教师还是企业所配备的实习指导教师负责？

管理职责的不清晰，容易使过程实施中的问题的解决与完善浮于表面，反过来影响教学活动的有序执行与质量提升。

（三）教学质量管理

1. 存在的问题

从"学校教育"逐步切换为"工学结合"，但教学评价仍然基本维持在评教、评学两个维度。这就造成了两个问题：

（1）从评价范围来讲，评教仅针对在校专业教师，作为重要育人主体之一的"企业"既不参与评价，也不在接受评价的范围，教学评价没有对影响教学质量的全部重要因素进行评价。

（2）从评价过程来讲，"评学"的范围仍主要集中在课堂教学，学生在企实习过程中，缺乏明确的教学目标、考核要求，造成职业教育下学生整个学习链中的质量过程监控中断。

2. 原因分析

教学质量管理中出现的新问题反映了全面质量管理意识的薄弱，同时仍然存在企业缺乏参与教学质量监控与保障积极性的问题。此外，工学结合背景下的实习所带来的分散特点，也让质量评价增加了难度。

1）全面质量管理的意识不健全

尽管教学质量管理是指对学校整个教学活动所进行的质量监督和控制，具有全面性、全员性、全程性、规范性、动态性等特点，但在实际教学质量管理的工作中，更多地将关注点集中在上课的老师和听课的学生两个点上面。

以传统的三期教学检查、教学质量测评为例，侧重于检查教学资料有没有撰写及准备完善、教学进度有没有按授课计划执行、有没有迟到早退擅自调停课现象、学生出勤情况如何、学生课堂纪律如何、同行听课评价老师的上课水平如何、学生评价老师的上课水平如何。而对于教学辅助设备能否支撑教学目标的达成、生源素质与教学目标是否相匹配等影响质量达成的因素关注甚少。

在以学校教学活动为主的传统职业教育中，通过增强个体的主观能动性，鼓励教师创新教学方法因材施教，或许一定程度上可以将保障性因素所导致的质量问题转嫁到教学能力的评定过程中，但是在"工学结合"的实施过程中，企业的态度、参与的深度、管理的广度直接影响着教学过程的实施,例如,因为生产周期频繁变动实习计划、岗位安排与专业不符等问题,都将直接导致实习质量的不可控。

为此,学校必须唤醒全面质量管理意识,将影响质量的全部因素纳入考虑范畴。2015年,教育部办公厅颁布了《关于建立职业院校教学工作诊断与改进制度的通知》(教职成司〔2015〕2号)和《高等职业院校内部质量保证体系诊断与改进指导方案》(教职成司〔2015〕168号),已明确将质量诊断项目架构定位在学校、专业、课程、师资、学生五个横向层面以及决策指挥、质量生成、资源建设、支持服务、监督控制五个纵向层面,从国家层面自上而下引导全面质量观的形成。

2)企业参与质量保障体系的动因不足

从另一个角度客观来看,有的院校尽管也意识到企业因素对教学质量管理的影响,但不同于学生、教师、课程、资源保障等因素,企业元素是独立于学校之外而存在的,属于外部因素而非内控因素。在目前缺乏政策支撑的条件下,能够吸引企业参与教育教学已属不易,而对质量的控制势必难免受企业因素的干预,而企业参与教学活动的动机仍不足以推动其深入参与质量保障体系的构建,这是造成质量管理过程中企业元素缺失的另一重要原因。

3)分散实习给过程评价带来难度

"工学结合"实习过程管理有别于课堂教学的集中式管理:

(1)同一专业的学生分布在多个实习企业;

(2)同一专业同一企业实习的学生,实习的时间段不一;

(3)同专业同企业同一时间实习的学生,在企业内部所处的部门和岗位分散;

(4)期间还存在着岗位班制的轮休、轮调等因素。

因为地域分散、内部岗位分散和实习时间多元,教学指导和教学检查的介入面广量大,这就对教职人员的数量和教育信息化手段提出了更高要求和挑战。

但受人员编制或资源成本等因素限制,通过校方单一力量构建整个校外实训质量监控与保障体系的难度相当大。老师除了校外实训管理还有校内教学工作及教研任务需要完成,难以兼顾每一时间段每个企业全程实习情况;信息化系统对教学的统计监测目前尚未成熟。

由此校外实习过程成为"工学结合"教学质量管理的薄弱环节。

二、教学管理改革实践的具体举措

学院在优势与危机并存的前提下,面对"工学结合"对教学管理带来的系列难题,主要探索了以下改革实践的举措。

(一)教学活动管理

1. 革新教学计划制订与变更流程,加强教学计划管理

(1)缩短人才培养方案及教学计划进程表的更新周期。

改大部分院校"五年/三年一调整"的现况为"每年一调整"。这并不意味着无视人才培养方案的稳定性,每学年临时安排当年课程,使得每一届学生的培养处于动态中,而是每一届新生入校之前,各系各专业必须完成对专业建设与发展情况的调研,制定相应的培养目标与方案。昆山登云科技职业学院人才培养方案制定工作程序见表3-7。

表3-7 昆山登云科技职业学院人才培养方案制定工作程序

时间	工作	责任单位
10月	颁布新一届人才培养方案调整的指导意见	教务处
1~2月	完成专业调研	系部
3月	完成专业调整(新专业申报、招生专业备案)工作	教务处/系部
6月	完成下一届人才培养方案调整	系部
7~8月	完成新一届人才培养方案审核并印发合订稿	教务处

短周期的定期更新,使企业的需求能够及时地融入培养方案,培养的学生更为贴合产业发展的要求。

(2) 教学计划的制订由"两段式"调整为"三段式",使企业成为实习计划的制订主体之一。

在原有《教学计划进程表》《开课计划表》两项长期和短期教学计划制订范式的基础上,增设了《实习计划表》,并作为校企合作的协议附件双方盖章,共同遵照执行。让岗位、期程安排等不再是学校单方面的纸上谈兵,将企业的生产周期、岗位规模纳入了教学计划制订依据的范畴。昆山登云科技职业学院教学计划制订程序见表3-8。

表3-8 昆山登云科技职业学院教学计划制订程序

顺序	计划名称	制订时间	计划内容
1	教学计划进程表	每年8月	课程、实习实训、学时、学分、类型
2	实习计划表	合作企业签订校企合作协议时	实习时间、实习岗位、实习目标及实习期间企业搭配开设的项目课程
3	开课计划表	每学期第十五周之前完成下学期开课计划	具体开设的课程、实习实训的时间、合班情况、任教人员信息

(3) 确立教学计划变更机制,应对市场及企业的变动因素。

针对合作企业信息变更:包括与合作企业终止协议、开拓新企业、入职时间调整等;人员变动:承担课程的教师请假、离职等因素,允许合理变更的存在。为此,昆山登云科技职业学院设立了教学计划变更机制,对近年来备案的《教学计划变更表》进行汇总分析,对于因企业因素导致的计划变更制定了与之相对应的教学计划变更预案,如表3-9所示。

表 3-9 昆山登云科技职业学院教学计划变更预案

类型		主要措施
下企时间提前	提前结课	主要以课余、晚间补课形式完成
		部分考查课程以专题讲座为辅
		结合企业实习实际,部分课程采取教师带课入企完成
下企时间延后	两周以内	以安排单项课程设计、校内集中实训、推进"推荐证书"考证工作等为主,强化学生专业技能
	两周~一个月间	对人才培养方案计划内课程实施少量课程集中排课,一个月内完成结课方案
下企计划取消		按正常学期教学计划实施预排

2. 做好职前教育,构建准入机制,引导学生正确认知"工学结合"

以美国德雷塞尔大学和加拿大滑铁卢大学为例,国外在保障合适的学生进入产学合作教育方面也具有一定的预选措施。

1) 美国德雷赛尔大学

申请本科生合作教育项目的学生须是本校的全日制在校学生,且在合作教育项目开始前的两个学期已修满 24 个学分。

职业发展中心为全校申请参加合作教育项目的学生提供一门必修课程:Co-op 101(生涯规划及职业发展),学生拿到此课程的学分才有资格开始其合作教育项目。

学生仍需通过每学年大量的课程学习以获得足够学分,否则无法升入下一年级,不具备继续申请合作教育项目的资格。

在合作教育项目开始前两个学期,学生要参加一个预登记会议,以审核学生的申请资格及履历,若审核通过,学生即可开始搜寻适合自己的合作教育项目。

2) 加拿大滑铁卢大学

合作教育的申请时间为第二学期。

提出申请的学生需满足校方认定的"成绩优异"的条件。

由学校及合作企业联合进行面试。

学校负责 Co-op 课程的老师会对学生寻找实习单位及面试提供指导。

昆山登云科技职业学院在此方面的做法是采取分阶段递进式、由浅入深、由局部到全面地进行引导,使学生对"工学结合"形成一个相对客观和理性的认知,保障学习动机相对稳定的学生进入"工学结合",使其在学习过程中,学习动机不至受到前后认知的差异影响形成太大的波动,如表 3-10 所示。

表 3-10 昆山登云科技职业学院"工学结合"认知引导

阶段		认知内容	主要工作
1		招生阶段	简介工学结合教学模式
2		入学阶段	明确申请条件、退出机制、教学及实践岗位框架安排、实习薪资概况	学生加入工学结合专班告知书
3	(1)	入职前期	涵盖多方的职前教育课程介绍，详见下图	职前教育
	(2)		了解真实实习环境	现场参观

昆山登云科技职业学院职前教育课程摘要

3. 做好退出预案，构建退出机制，充分尊重学生权益及个体差异

上述的准入机制，既是对认知的积极引导，同时也是对差异的前端分流。一部分主观动机不强，或者客观条件并不适合加入工学结合专班学习的学生，在企业元素真正介入之前，即可选择中止参与专班教学，以工学结合之外的学习模式完成学业，避免个体差异对整体秩序的干扰，这既是从"以生为本"的角度出发，也是精细化管理中细分客户的要求，因此结合起来可以作为退出机制四个阶段中的第一阶段，退出机制的四个阶段即：

第一，前期提前分流。对于有退出倾向的学生尽量在第一学期通过明确要求、增强现场认知等手段，提前分流。

第二，中期个体退出健全管理制度。对于实习过程中学生个别退出的诉求，学院以弹性学分制为基础，加强学籍管理和课程考核管理的监控机制，落实学生跟班补修制度。

第三，中期群体退出实施专案专办。学生的群体性退出往往存在一定的客观原因，包括学生、学校、企业等各方面，如有较强号召力的同学因个人在实习过程中遇到的问题而发起的煽动、辅导员或专任教师等管理跟进不到位、岗位工作强度、薪资待遇等引起的，学校作为企校生三方的中间力量，针对不同问题明确责任，属于学生及校方问题的，抓好问题源头，稳定学生留企；属于企业问题的，应保障学生权益调整教学计划及实习安排。

第四，末期改变教学模式。为避免学生在学制末因就业现实需要和外部因素的影响，无法按计划完成实习计划，校企洽商过程中第六学期原则上对接学生就业准备工作，减少学生外部原因引发的退出。

4. 构建企业考察机制，精细化管理视角细分合作企业

根据精细化管理细分市场、细分客户，并非所有的企业都适合参与工学结合，不合适的企业，对学生的稳定性和教学计划的有序执行也存在着相当的隐患。合格的合作企业是培育合格人才的第一步。

2016年，教育部、财政部、人力资源和社会保障部、安全监管总局、中国保监会五部门印发《职业学校学生实习管理规定》（教职成〔2016〕3号），要求职业学校应当选择合法经营、管理规范、实习设备完备、符合安全生产法律法规要求的实习单位安排学生实习。在确定实习单位前，职业学校应进行实地考察评估并形成书面报告，考察内容应包括：单位资质、诚信状况、管理水平、实习岗位性质和内容、工作时间、工作环境、生活环境以及健康保障、安全防护等方面。

昆山登云科技职业学院以产学合作发展处联合系部为考察单位，以不同的角度考察。产学合作发展处主要考察企业办学理念、单位资质、管理规范、薪资待遇、工作生活环境和安全保障以及学生权益维护，系部则从专业要求和发展前景的角度考察合作企业的设施设备技术条件、岗位专业对口度、岗位安全性、企业内部培训体系等。

同时在前期考察的基础上增设了过程评价，全过程对企业实施分层分类。

1. 前期考察 → 2. 短期阶段评价 → 3. 中期综合评优

昆山登云科技职业学院企业分层评价内容

评定主体	前期考察内容	阶段评价内容	评价主体	基本条件	评优大项（教务、学生、科技）
产学合作发展处	办学理念	对学校/教师的配合度	产学合作发展处	前期评价良好，合作达两届以上	（1）育人理念及成效 （2）教学实训条件 （3）保障体系 （4）综合评价 （5）加分项
	单位资质				
	保险购买				
	薪资待遇	薪资发放及时性与准确率			
		企业奖学金实施情况			
	管理规范	重大问题沟通效果			
		学生问题处理反馈速度			
		学生对直接主管满意度			
	工作环境	学生对食宿满意度			
系部	设施技术条件		系部		
	岗位对口度	专业对口的岗位安排率			
		轮岗实施覆盖率			
	岗位安全性	学生在岗安全情况			
	内部培训体系	协议项目课程执行情况			
		企业兼职教师授课情况			

评价结果对于能否争取下一届的继续合作,以及能否获得优质的实习学生有很大的影响,分类的实施具有一定的影响力和有效性。

与适合开展工学结合的企业开展合作,对于不适合工学结合的企业,可以作为"就业基地""认识实习"单位等来稳固企业资源。

(二)教学组织管理

1. 大力推进二级管理,扩大系部自主权

试行工学结合人才培养模式后,为应对施行过程中存在的上述问题,昆山登云科技职业学院作为民办高职,自2014年起提出二级管理的构想,系部不再是单纯的教学单位,被动地分配学生,被动地接受教职员工的分配,被动地对接企业,而是对应各职能处室的功能,从全角度各方位,整体考量各系部(二级学院)的发展与规划。

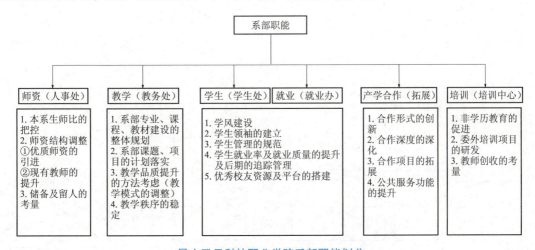

昆山登云科技职业学院系部职能划分

伴随职能下放,学院搭配了人权、财权等系列配套政策的下移,包括:

(1)定编不定岗:即核定系部的人员编制数,具体岗位比例、人员所属岗位安排以及系部根据实际工作需求新设岗位等由系部自行确定。

(2)教研室主任及以下的人事任免权:根据教职工表现情况,系部对优秀教职工有一定的晋升、奖励权限。

(3)教学经费下放:包含专兼职教师课时费、实习指导费、教研项目经费、教师培训经费等,按一定的计算方式下放至系部,由系部根据人员实际工作安排及执行情况实施再分配。

(4)其他等。

在此基础上,行政职能部门更多地以整改规范、服务保障、资源协调的定位配合二级学院工作的开展。

组织职能的改革与调整,变一级分配为二级分配,统一了权责。"工学结合"过程中所面临的特殊情况,系主任作为统辖全盘全过程的责任人必须及时应对,但与此同时,因为享有二级分配权限也便于协调各方资源。

以学生在企的实习过程管理为例,系部希望能够安排专业老师兼具辅导员的职能常驻企业。在原有科层管理机制下,可能会涉及向学生处提出辅导员工作量的不足的说明及请示,向教务处提出减免专业教师教学工作量的申请,向人事处提出教师驻企挂职锻炼的申请等。在扁平化管理机制下,因为岗位工作内容的核定权、教职工工作任务的安排权限等都在系部,只要不超出编制总额,不超支经费预算,保障学生企业实习期间教学目标的达成,具体的实施办法系主任可以进行直接决策,一定程度上避免了管理的重叠或真空。

2. 细化岗位任务职责,全面覆盖工作内容

二级管理从一定程度上,变"漏斗型"的管理为"网罗式"的管理。

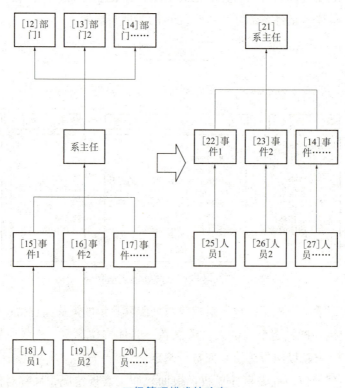

二级管理模式的改变

如图可以看到确实缩短了执行人员提出事件得到反馈的垂直距离,但有一点没有改变的是,集中了一定权限的系主任所面对的人员管理数量和事件接收数量没有改变,甚而有些可能在一级管理中只需要等待职能部门决策执行的事件,此刻都需要系主任直接决策与处理,很大程度上加大了系主任的管理幅度。在此背景下,从常规工作或者从人员管理的角度,明确每个岗位、每位职员的岗位工作内容与要求;从专项工作或者从事件管理的角度,明确每项专案的主要负责人就显得尤为重要,这将有助于在面对复杂问题时,帮助系主任快速找出引起问题的缺失点,责任归因,避免类似事件的再次发生。

以昆山登云科技职业学院机电工程系和汽车工程系在上述策略上比较典型的做法为例。

1)"四导师制"——加强工学结合学生实习管理岗位职责细分

"四导师制"架构见表 3-11。

表 3-11　昆山登云科技职业学院机电工程系"四导师制"架构

四导师	任职人员	主要职责
企业导师	企业现场管理人员或技术人员	协助专业导师和职业导师对学生进行职业、专业、岗位业务及生活指导
专业导师	实践教学的专业任课教师	承担企业实践教学的主要学业指导
职业导师	专人专职	承担系部职业指导、就业服务、基地开发、学生岗位安排
思政导师	班级政治辅导员担任	承担学生服务和管理、思想政治教育、职业品德教育

2)"专案负责制"——加强工学结合学生实习管理专项事务细分

以汽车工程系为例,深化工学结合专项工作分解如表 3-12 所示。

表 3-12　昆山登云科技职业学院汽车工程系深化"工学结合"专项工作分解

事项	中高职衔接	校内实训基地建设	校企项目课程建设
责任人	责任人 1	责任人 2	责任人 3
涵盖事项	中职生源入校前段介入与关怀,加强认同感 中高职课程及实训内容的调研与区隔……	结合校外实习企业规划校内实训基地建设 搭配后阶段实习,校内实训项目的开发……	赴企开展学生在企实习过程中的授课与指导 结合企业内训材料共同开发课程教材……

不论是从岗位的角度还是从事务的角度,精细化管理指导下的明确职责、全面覆盖是保障扁平化管理有条不紊的基础工程。

(三)教学质量管理

1. 建立企业评价机制

1)评价组织

由产学合作发展处、教务处、系部三方构成,其评价内容架构如表 3-13 所示。

表 3-13　昆山登云科技职业学院工学结合企业评价组织架构

部门	产学合作发展处	系部	教务处
评价依据	法律法规及规章制度	合作协议	教学计划
评价范畴	行业地位及权益保障	专业对口度	教学目标达成度
评价内容	单位资质、薪资待遇、工作生活环境等	专业教学的配合度、岗位安排情况(专业对口度及轮岗晋升)、内部培训开展情况	项目课程执行情况、企业兼职教师参与情况

2）评价指标

评价指标见表3-14。

表3-14 昆山登云科技职业学院"工学结合"企业评价指标

一级指标	二级指标	三级指标
育人理念及成效（35%）	课程	在企项目课程的推展
	教材	积极配合学院进行校本教材编写
	沟通渠道	学生在企管理有专设机构或人员
	合作成效	流失率
		接收毕业生就业率
教学实训条件（37%）	硬件保障	行业代表性及实训环境
		设备捐赠
	软件保障	企业兼职教师配备
		企业培训内容与材料配备
	岗位安排	阶段岗位安排
保障体系（21%）	食宿	住宿条件及工作餐
	保险及事故处理	为学生购置保险情况
	休息娱乐	休息/娱乐条件
综合评价（7%）	多元合作	科研项目
		社会培训
	服务	助学金代扣
加分项	管理体系	企业内部管理情况

3）评价等级

评价等级见表3-15。

表3-15 昆山登云科技职业学院企业评价等级及措施

等级	措施
优秀	（1）继续合作，作为优秀生源实习的首选，提供优秀生源 （2）评审遴选作为校外示范实训基地，拨给一定的建设经费 （3）提供企业员工培训及学历提升
合格&良好	继续合作，保障稳定的生源供给
不合格	终止合作

上述评价机制的建立，将企业作为影响教学质量的因素之一纳入了教学质量管理的范畴，在学校内部建立了稽核组织，设定了控制目标与评价标准，同时对评价等级设定了相应

的举措,以吸引及保障企业愿意参与到共同维护稳定质量的管理过程中来。

2. 制定学生实习评价考核方案

昆山登云科技职业学院目前对学生赴企业实习阶段所设定教学内容及要求主要如表3-16所示。

表3-16 昆山登云科技职业学院企业实习评价考核方案

	评价内容	评价依据
职业素质	实践操作	出勤到岗情况
	企业文化与规章制度	企业制度的遵循,有无违纪等情况
专业技能	项目课程	人才培养方案 & 校企合作协议附件 项目课程信息表
	实践指导手册	针对实践指导手册每一岗位/工种工作要求、 工作标准达成情况
	阶段实践报告	季度实践报告
综合能力	企业评价	直接主管阶段（月/季度）综合评价

其中,项目课程在企业集中授课,校企双方根据人才培养方案中项目课程教学目标与要求,针对适合在企业进行现场授课的章节共同协商确定开课时间、授课人员,作为人才培养方案教学计划进程表的一部分,以合作协议附件的形式与企业达成共识。其余评价内容其学分标准、评价指标、责任人员等都在实践课程实施管理细则进行约定。

实践指导手册由各专业根据行业、企业特点进行编写,每个专业/企业的实践指导手册内,根据学生实习岗位,明确学生在每个岗位实习过程中需要了解的知识点及必须掌握的技能点。指导手册具体内容以物流管理为例,详见附件《物流管理实践指导手册》。

3. 企业人员作为学生实习质量评价（评学）的重要组成部分

以物流管理为例,在整个实习评价考核方案体系内,学院为企业技术骨干及基层管理人员颁发"《物流管理实践指导手册》企业实习指导教师"聘书,邀请他们作为学生实习完成质量的评价主体,与学院辅导员、教师分别承担学生在企实习过程工作态度、专业学习以及岗位实做多元角度的评价工作。

《物流管理实践指导手册》

根据各企业实际情况,企业实习指导教师每月或每季度对学生的评价将作为实践成绩的一部分计入学生实习成绩及学分。

上述方案的确立,一方面明确了学生实习阶段的考核评价标准,让在企实习阶段的质量管理有了评价的依据;另一方面加入了企业实习指导教师的元素,弥补了因分散实习而造成的教学质量跟进人力不足的状况,保障了全面质量管理过程监控的不间断。

第四节　一载体、三阶段、三课程人才培养模式的深化

昆山登云科技职业学院基于工学结合设立的"一载体、三阶段、三课程"人才培养模式，自 2010 年设立至今，学院校企合作影响不断扩大，校内示范效应逐渐增强，由此而导引的内涵建设的提升，使得专班培养模式本身也在迭代的过程中不断的完善、优化，并根据不同的专业、行业需求，衍生出新的成果。

一、面向不同行业产业，因地制宜因材施教

虽然同为"三阶段岗位安排、三课程体系建设"，但专业教学设计不能脱离行业特点。比如装备制造业可以比较清晰地解构三阶段技术工、技术员、基础管理或技术精进的综合性岗位，工学交替的教学模式从"在校专业基础课程学习/一阶段技术工岗位实习 + 在校专业课程学习/二阶段技术员岗位实习 + 在校岗位拓展及职业规划课程学习/综合岗位实习"三个阶段设计相对显得对接合理。而服务行业其一、二阶段基础与专业工种很难切割为实体岗位，如酒店管理，很难说餐饮服务和客房服务哪个为基础工种，哪个为专业工种，因此实施 0.5 + 1 + 1 + 0.5 模式，让学生在第二、第三学期一年内，对各岗位做一次全面的轮岗，有利于其下一步基础管理岗的晋升，提升就业实习起点，提高实习及就业质量。

对此，登云科技职业学院在发展"一载体、三课程、三阶段"人才培养模式的过程中，没有墨守成规、固步自封，面对任何产业专业生搬硬套，而是进一步面向全院提出了"三阶段"的设置不能以时间为主要决定因素，专班模式的关键核心在于学生技术技能及职业发展潜力的提升。

具体模式的说明如表 3 - 17 所示。

表 3 - 17　昆山登云科技职业学院面向不同产业工学结合教学模式

行业	专业	教学模式	模式说明
装备制造业	模具设计与制造 数控技术 机电一体化技术	三阶段工学交替	企业实习共分为基础素质培育（一线生产岗位）、专业技能训练（专业对口的技术岗位）、综合能力培养（根据学生个性发展规划合适岗位）三个阶段下企实习
现代服务业	酒店管理 老年服务与管理	0.5 + 1 + 1 + 0.5	第一学期在校学习基础理论知识，第二、第三学期在企业进行为期一年的轮岗作业全面熟悉各岗位工作内容，第四、第五学期返校根据实践内容，深化学习服务行业专业课程，第六学期衔接就业工作，学生可去学校安排的企业或自主选择预就业单位完成实习

具体教学进程安排如表3-18~表3-20所示。

表3-18　昆山登云科技职业学院装备制造业工学结合教学模式范式1

时间		第一学年 9 10 11 12 1 2 3 4 5 6 7 8	第二学年 9 10 11 12 1 2 3 4 5 6 7 8	第三学年 9 10 11 12 1 2 3 4 5 6 7 8
当届新生	A班	专业岗1	专业岗2	综合性岗位
当届新生	B班	专业岗1	专业岗2	综合性岗位
下届新生	A班		专业岗1	专业岗2
下届新生	B班		专业岗1	专业岗2

表3-19　昆山登云科技职业学院装备制造业工学结合教学模式范式2

时间		第一学年 9 10 11 12 1 2 3 4 5 6 7 8	第二学年 9 10 11 12 1 2 3 4 5 6 7 8	第三学年 9 10 11 12 1 2 3 4 5 6 7 8
1届新生	A班	生产性岗位	技术性岗位	综合性岗位
1届新生	B班	生产性岗位	技术性岗位	综合性岗位
2届新生	A班		生产性岗位	技术性岗位
2届新生	B班		生产性岗位	技术性岗位
3届新生	A班			生产性岗位
3届新生	B班			

表3-20　昆山登云科技职业学院现代服务业工学结合教学模式范式

时间	第一学年 9 10 11 12 1 2 3 4 5 6 7 8	第二学年 9 10 11 12 1 2 3 4 5 6 7 8	第三学年 9 10 11 12 1 2 3 4 5 6
当届新生	酒店全面轮岗	春节	春节 就业实习
下届新生		酒店全面轮岗	

二、导入先进资源，以点带面，深化课程改革

工学结合为学生实现情境学习、打破职业院校制式化学程安排、满足职业成长规律提供了基础条件，但作为民办院校，师资及课程内涵提升（即课程教学目标的达成）是我们不可回避的薄弱环节。

本着从量变到质变的理念，学院在做大工学结合的同时，一直未曾忽视自身的不足，不忘做强工学结合。

2017 年，凭借与纬创资通（昆山）有限公司长达 6 年的合作，学院的"校企合作"办学特色与文化建制，得到了企业的高度认可，经由企业推荐，成为美国苹果公司发起的"A＋雏鹰计划"职教改革试点项目首批参与院校。

项目经由教育部备案，由全国顶级职教专家赵志群教授领衔工学一体化课程改革，弥补了学院在课程开发、课程设计、课程实施方面的不足。

锁定基层技术主管为培养目标，旨在培养既懂技术、又懂管理的企业生产组长、线长，真正以让学生学会如何以工作为导向，邀请企业担任此岗位的实践专家，共同研讨，提炼组长、线长工作过程中的典型工作任务，形成真正意义上任务引领的项目化课程，如下图所示：

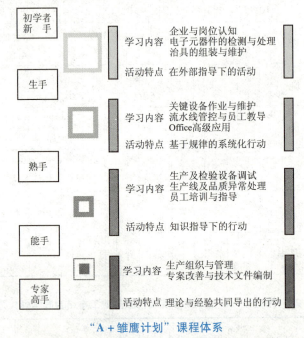

"A＋雏鹰计划"课程体系

（1）梳理了对职业教育课程建设的认知理念，作为职业教育的"实践共同体"，达成了统一的认识，即基于工作过程的课程设计。

（2）通过"实践专家研讨会"的组织（包括人员选定、规模、组织形式），以及《典型工作任务名称表》《典型工作任务描述表》《典型工作任务难易度归类》和《典型工作任务分析表》等系列范本的学习，掌握了某一岗位培养目标，学生需要掌握的典型工作任务的提取方法。

各地实践专家研讨会提炼的典型工作任务见表 3-21。

表 3-21 各地实践专家研讨会提炼的典型工作任务

序号	郑州	厦门	昆山	长沙
1	企业认识	工艺流程及岗位认知	岗位认知	镜片生产基础
2	主板基础维修	单机台操作	单岗位维修及处理	镜片检验
3	治具组装与维修	设备的日常维护		工装夹具的选用与维护
4	生产数据统计	VI 检测	物料复判及账目管理	镜片生产工艺
5	生产设备维护	自动线设备维护 设备的故障诊断		设备维护保养
6	主板维修	VI 复判 7S 制程稽核	多岗位作业及技术指导	不良品分类与处理
7	班组管理	作业与物流管理 员工教导与关怀	人员管理及过程控制 员工教导与关怀	班组管理
8	附房架设	设备安装与调试制程优化		镜片生产及检验设备调试
9	技能培训	员工培训	多岗位作业及技术指导	
10	产线异常处理	品质控制与改进		生产品质异常管理
11		自动生产线的管控		
12	新产品导入	设备优化设计	专案改善与技术	
13	现场管理	生产组织与管理	目标管理	

(3) 以典型工作任务由简到难,建制专业课程体系。

(4) 根据《典型工作任务描述表》,研讨明确"工作对象""工具材料""工作方法""劳动组织""工作要求",完成学习任务由工作领域向学习领域的转变,形成具体课程的课程标准。

(5) 设计工作情境,凝练"学习目标""学习内容""教学条件""教学方法组织形式""教学流程""学业评价",形成具体课程的课业计划。

(6) 最终教师具体设计如何让学生在动手过程中通过提示、检索,有步骤地完成学习任务的《工作页》,并由此过程总结形成自我的认知与经验。

三、对标国际规范,以生为本,全面提升整体学生竞争力

如果说"A+雏鹰计划"是工学结合在"点"的深化与突破,那么学院 2018 年启动的"IEET 工程技术教育认证"则翻开了学院以悉尼协议为蓝本,对标国际标准,全面提升专业内涵建设,成果导向,聚焦学生竞争力的新篇章。

在这一轮的深化与提升中,将着重通过对工学结合过去五年来,经由对"一载体、三

阶段、三课程"人才培养模式下成长起来的毕业生进行全面持续的追踪，其中包括对毕业学生及用人单位的调研，真实总结教育目标的达成度，分析昆山登云科技职业学院毕业学生核心能力的优势与不足，并将专班与非专班进行比较研究，来考量各专业课程设置对毕业生核心能力及人才培养目标的支撑度。

根据认证规范将从"教育目标""学生""教学成效与评量""课程""教师""设备与空间""行政支援与服务""专业领域规范"及"持续改善"九大方面检讨工学结合实施过程中的不足与待改进之处。

这是一个建章立制的新过程，因为在改革的层面存在着太多的破旧立新，除了教育理论的支撑，模式的成效更需要方法论的指导和标准的约束。专业认证使工学结合从机制建设层面更趋于规范化、合理化，是教学管理对工学结合的进一步探索。

第五节　专班教学管理主要成效

经过工学结合专班的初创试点、探索实施、改进与完善，对于工学结合教育教学改革取得了如下成果，并形成了一定的成效。

一、"一载体、三阶段、三课程"人才培养模式日趋成熟

培养模式或教学模式都存在一定的指向性，而目标的达成，往往需要所运用的模式与其所处的环境及客观条件相适应。因此，在多元创新的当下，很难说某种模式是最好的，凌驾于其他模式之上，我们对于培养模式或教学模式的评价，关键在于其在一定情况下是否为达到既定目标的最有效的模式。

之所以说将昆山登云科技职业学院基有工学结合专班所创设并提升的"一载体、三阶段、三课程"人才培养模式归为日趋成熟的模式，主要是从理论层面和实际操作层面论证的。

1. 理论层面

理论层面来讲，不管培养模式或教学模式的千变万化，从学界主流学习理论的演化趋势（即：由行为主义向认知主义到建构主义，再到目前的情境理论）来看，工学结合"一载体、三阶段、三课程"培养模式及其通过课程改革的深化而同步改革的教学模式符合模式发展的如下趋势。

1）体现了归纳型向演绎型模式的发展

归纳型模式重视从经验中总结、归纳，它的起点是经验，形成思维的过程是归纳。传统教师根据前人所归纳总结的学科知识体系，灌输给学生的过程是归纳型模式最好的重现。

而演绎型教学模式指的是从一种科学理论假设出发，推演出一种结论，然后用严密的实验来验证其效用。它的起点是假设，形成思维的过程是演绎。

工学结合专班及其相应的培养模式、教学模式设计虽然不能说完全实现了演绎型模式的假设→实证→结论形成的过程,但是突破了归纳型的单向传授,而使学生由阶段岗位的安排及递进的学习任务,不断在实践中找到理论课程的支撑,形成自己对工作过程本身的认知与经验。

2)由以"教"为主向重"学"为主的模式发展

传统教学模式都是从教师如何去教这个角度来进行阐述,忽视了学生如何学这个问题。杜威的"反传统"教学模式,使人们认识到学生应当是学习的主体,由此开始了以"学"为主的教学模式的研究。现代教学模式的发展趋势是重视教学活动中学生的主体性,重视学生对教学的参与,根据教学的需要合理设计"教"与"学"的活动。

2. 实际操作层面

从实际操作层面,昆山登云科技职业学院工学结合"一载体、三阶段、三课程"的培养模式,基于董事会的决心、地理位置及企业资源的优势,切实解决了民办高职学生的出路,让这一层次的学生也有了人生出彩的机会,一定程度上达成了其定位下对学生的培养目标。

民办高职学生有别于高考录取过程中的"提前批次""第一批次""第二批次""公办高职"院校的学生,其最大的特点在于:

(1)学习习惯差;

(2)自信心不足;

(3)对未来缺乏规划与梦想。

工学结合"一载体、三阶段、三课程"的培养模式颠覆了原来课堂讲授的传统模式,让学生走入企业,让企业成为教学过程的一部分。扬长避短,换一种学习的方式,让他们重新拾起学习的兴趣,了解了自我价值所在。

调整了笔试的单一评价方式,在企业的每一项任务中,师傅的评价都成为衡量其能力与价值的新标准,让他们在实操中提升自信。

铺垫了就业的前期准备,通过一阶段、二阶段的岗位实践,使其了解了自己的特长所在,明确了个人适合的发展方向,让学生至少初步意识到自己是擅长技术精进还是管理实务,自己是否喜欢在这一行业不断进步,还是在实践企业或行业的衍生业务中发展会有更为广阔的空间。同时经过三阶段的实践培养,毕业时累积了实务经验,不再是新手小白毕业生,至少成为企业属意的上岗就能上手的熟手,就业起点相对较高,真正使他们在实践中找到努力的方向与目标。

二、构建了可复制的、任务引领的课程体系

近些年,职业教育产教融合一直是学界研究的热点,也不断有专家提出职教改革或者模式改革改到深处是课程。

从各校人才培养方案名目众多的"课程类别""课程性质""课程属性"等名词,以及"模块课程""项目课程""任务驱动课程"等专有名词的出现,不难发现,各职业院校对于课程体系的构建以及具体课程的设计与组织,仍然处在一个不断探索、自圆其说的过程中,没有刚性标准,缺乏权威范例。

在此情况下,昆山登云科技职业学院基于"工学结合"良好基础,以"A+雏鹰计划"项目作为不断深化、优化的突破点,由职教界权威人士领衔,企业实践专家与多校"双师型"教师共同研讨,通过多次多地、多校多企共同参与的工学一体化课程研讨会,逐步制定形成如下教学材料:

(1) A+雏鹰计划专班人才培养方案;
(2) A+雏鹰计划专班工学一体化课程标准;
(3) A+雏鹰计划专班工学一体化课业计划;
(4) A+雏鹰计划专班工学一体化学习任务设计;
(5) A+雏鹰计划专班工学一体化工作页(学材)。

并在第一期执行的基础上,对第二期的课程实施进一步进行优化与完善,使登云科技职业学院工学结合专班不仅在人才培养模式实现了落地,更在"教学改革改到难处是课程"的"课程"环节实现了落地。为后期其他专业工学结合课程改革的深化与推广摸索到了一条出路,起到了引领示范作用。

三、建制了校企双元的工学结合评价机制

(一) 初步形成了职业能力为导向的人才培养质量评价标准

由于职业能力的评价必须同时满足认知规律、职业发展规律以及技术标准和社会规范的要求,与知识考试和技能考核相比其证明和鉴定非常困难,因此由内而外对学生学习效果考核评价模式进行改革是职业能力评价走向成熟的必由之路,特别是在现在大力提倡职业教育必须达成专业设置与产业需求对接、课程内容与职业标准对接、教学过程与生产过程对接、毕业证书与职业资格证书对接、职业教育与终身学习对接的大环境,以真实工作情境中的典型工作任务考核学生对信息获取、计划制订、决策、过程实施和过程控制的综合能力也是高等职业教育教学改革的客观要求。

(二) 变企业评价为内部评价,变结果评价为过程评价

用人单位满意度作为高校及政府越来越重视的反映高校人才培养及教学质量的指标,目前难以有效实施的主要原因,一方面是毕业生的流动性大,涉及企业面广,数据采集困难,企业作为用人单位,面向不同院校或第三方机构进行有效评价其参与意愿不高,自发主动分析每个员工的毕业背景可能性小;另一方面,行业企业评价的对象主要为各高校已毕业学生,评价结果反映出的问题,高校只能在下一届学生的培养过程中调整完善,评价反馈存在滞后性。

昆山登云科技职业学院自2010年推行"工学结合,校企双主体育人",根据实践经验,寻找具有育人理念的企业,进行专业对口的校企深度合作育人,是缓解上述问题的方法之一。

第一，规模化实习使评价对象相对集中，易于评价实施；第二，企业作为育人主体，由原有的外部评价转化为合作共同体的内部评价，由被动评价变为主动评价，易于评价追踪；第三，学生实习尚在学习期内，通过企业阶段给予的反馈，学校能及时调整教学内容与方法，易于评价落实，使其成为过程性指标指导教学开展，促成人才培养目标达成。

四、形成了体系完善的教学管理制度

为达成上述教学改革，必须形成一定的制度保障，在教学活动管理、教学组织管理、教学质量管理的探索过程中，针对工学结合的特点及特性，昆山登云科技职业学院修订既有教学管理制度，主要有：

(1) 昆山登云科技职业学院关于加强教学计划管理的规定（修订）；
(2) 昆山登云科技职业学院职前教育课程实施规定；
(3) 昆山登云科技职业学院"工学结合专班"企业实践教学"四导师制"工作规范；
(4) 昆山登云科技职业学院学生实习评价考核方案；
(5) 昆山登云科技职业学院专业实践指导手册。

固化了探索过程中一些好的经验与做法，使得工学结合教学管理有了持续改进的基础。

第四章 工学结合专班的师资建设

第一节 工学结合专班师资建设现状

当前国内工学结合专班从师资建设到建设理念、建设原则、解决具体问题的思路都与发达国家（德国、美国、澳大利亚等）存在较大差距，登云科技职业学院在认真客观分析的基础上，结合自身长期开展工学结合专班的实践经验，借鉴国外工学结合专班先进思想与有效做法，提出了一些行之有效的理念和策略。

一、国外工学结合专班师资建设概况

德国、美国、澳大利亚等工学结合专班发展成熟的国家，其师资建设都有各自的亮点和特色。

（一）德国的工学结合专班师资建设

在工学结合专班师资职前培养上，德国以"二元制"为基础，非常注重教师实践能力的培养：一是教学实践，主要培养教学设计与授课能力；二是生产实践，主要培养企业实践的组织与实施能力。在德国，拥有企业实际工作经历的职教教师是工学结合专班师资的主要选择。德国的主要综合性大学和理工科大学都设有工学结合专班师资培养专业，分为两个阶段：第一个阶段是理论学习阶段，所修课程分为必修专业、选修专业及教学教法三个部分，其课时比例为 2∶1∶1；第二个阶段是实践教学阶段，学员至少要进行一年半的教育实践和技能实践，教学中没有固定的课程计划，以开放式教学和研究式教学为主。在教师职后培训中，除了要参加许多考试、考核外，还必须参加定期的进修、考核和企业实践，并考取相应的技术证书。

在德国，要成为一名工学结合教育教师，必须在品行、专业技术等方面符合教育教学工作的要求，入职前还须参加所从事专业以及教育学等知识的考试。德国的工学结合教育教师除具备教师任职的一般要求（如学历等）外，还有一些特殊规定，比如"拥有至少 3 年的行业工作实践经历"。要成为一名权威的工学结合专班教师，需要具备博士以上学历、5 年以上的职业实践经验（含 3 年企业专业工作经历）。

在师资评价与管理方面,早在 1948 年,德国文化教育部就组建了教师教育委员会,委员会成员主要以教育行政官员和学科专家为主,负责对当时的德国师资进行全面的考察和评价。七十多年来,德国师资评价制度不断优化和完善。目前,德国对教师的评价一部分由评价机构或委员会进行,一部分由代表当局的独立机构进行,另一部分由所在学校教育督导进行。

(二)美国的工学结合专班师资建设

早在 1917 年,美国的《史密斯—休斯法案》就明确要求具有一定的实践工作经验才能从事工学结合专班的教育工作。与德国相比,美国在师资的建设培养上更注重职业教育教师的职后培训,经常组织职业教育教师研讨教学教法,以促进个人教学水平、组织能力的发展。培训方式有教学培训、研讨班、技能实践等,同时还有指导教师制、同事互助等丰富多样的培训方式,有力促进了职业教育教师职后专业能力的发展。

在美国,新入职的工学结合专班教师至少应具有大学学士学位,同时须拥有教师资格证书,并辅以至少一年的工作经验。如果申请者有 5 年以上的工作实践即可代替学士学位。此外,教师上岗教学,还必须持有所在州教育主管部门颁发的任教许可证。严格的入职要求保障了教师的质量。

在师资评价与管理方面,在美国,为了对教师的专业教学进行评估,组建的实施机构是"全国教学专业标准委员会",为了推动新任教师的专业发展,美国专门组建了"美国州际新教师评估与支持联合会"。针对新教师的评价体系既有形成性评价,也有终结性评价。运用形成性评价,可适时评价新教师在每一个阶段的教育教学能力,并及时反馈给新教师,促进了新教师的教学技能水平不断提高。运用终结性评价,可对新教师一学期或一学年的教学情况进行整体评价,如果终结性评价合格,新教师就可以继续任教,否则不能继续任教。

(三)澳大利亚工学结合专班师资的建设

澳大利亚在工学结合专班师资建设和培养上除了注重大学教育外,更注重兼职选聘和职后培训。在兼职选聘方面,按照标准将社会上长期从事一线专业技术工作并具有丰富实践经验的专业技术人员选聘充实到兼职职业教育师资队伍中来。这些兼职教师在开展教学的同时,还要赴高等师范大学参加 1~2 年的师范教育活动,才能获得教师职业资格证书。在职后培训方式上,针对不同的师资队伍的结构特点,采取不同的方式开展师资职后培训工作,主要方式有新教师岗前培训、企业实践培训及在职进修等,并给教师建立了培训历程档案袋。澳大利亚职业技术教育学院的每个教师每学年必须到企业工作,工作时长为两周或更长时间。到企业挂职锻炼的培训方式可以帮助教师及时了解行业最新发展动态,更新技术与知识,特别是自身实践能力和指导实践性教学环节的能力可以得到有效提高。值得一提的是,教师挂职锻炼期间享受带薪待遇。

在澳大利亚,工学结合教育模式教师资格准入制度非常严格。澳大利亚职业技术教育学院对教师的知识、技能、素质都有严格而明确的要求。一是从业者要取得教学所需专业技术的大学本科文凭，新入职的教师必须具有相应的专业硕士学位；二是从业者要拥有 3~5 年与专业教学相关的行业工作经验，或者经过培训并取得行业四级证书。对于入职年龄在 35 岁以上的教师，则要有十几年的工作经验，并取得教师资格证书。对于不同的州和不同的专业，职业技术教育学院的具体规定也会有所区别，但是实践经验、技能证书、教育学习始终是任教的重要条件。同时，澳大利亚还针对职业技术教育学院不同学科、不同类别的教师制定了相应的专业标准。比如，要求职业技术教育学院的专任教师必须符合教师的通用标准及特定的专业标准；对兼职教师和希望成为职教教师的专业技术人员进行"以能力为本位"的职业教师教育能力培训等。另外，澳大利亚政府鼓励专业技术人员到职业技术教育学院兼职授课，或开展专题技术讲座。严格的从业标准和灵活多样的教师聘用政策，使得澳大利亚职业教育教师能够及时调整、更新知识和技能，师资水平始终处于行业发展的前沿。

在工学结合专班师资评价与管理方面，除了严格的考核外，澳大利亚在评价体系中还引入了激励机制，从而能最大限度地挖掘教师的潜能，提高教师的教学积极性。在具体评价过程中，针对不同类别的教师实施分别考核。比如，对专任教师和兼职教师的绩效考核方法就是分别制定或修订的。评价内容中的考核指标和权重既有定量指标，又有定性分析。这些做法最大限度地保证了客观公正、公开公平，从而可科学、合理、准确地评价教师的各项工作表现和实绩。

（四）各发达国家工学结合师资管理过程模式体系的比较

除上文介绍的德、美、澳三国工学结合专班在师资建设与管理方面的情况外，其他发达国家，如法国、日本、韩国、新加坡在此领域内也都有着独到的见解和做法。上述三种师资管理的模式的叙述已经涉及模式的分类原则和内涵的比较。由于成功的市场经济国家的高校都是分层次的，不同层次高校的师资管理有着不同的管理目标。然而都有追求和建立"三高一优"即高水平、高质量、高效益、优结构的师资管理目标模式的内在要求，并围绕着上述目标的基本要求，根据各校不同的条件，构建不同的师资过程管理模式体系。表 4-1 是按照一般的高校师资管理活动内涵，将发达国家工学结合专班师资管理过程模式分解成各个环节模式，所列出的表格，以环节模式作为比较元，增强比较的直观性。

表 4-1 发达国家工学结合专班师资管理过程模式体系比较

模式体系	德国	美国	法国	日本	韩国	新加坡
分权模式	基本自主	学校自治	国家控制	基本自主	国控为主	国控为主
配置模式	公开招聘专兼结合	公开招聘专兼结合	竞争考试专兼结合	公开招聘专兼结合	公开招聘	高薪外聘英才与试用相结合
任用模式	教师终身制，助教期满必走	教授终身制，其他非升即走	教授终身制，其他考试晋升	定期聘用助教，非升即走	教授交流勤务制	高福利、英才保护、英才优惠

续表

模式体系	德国	美国	法国	日本	韩国	新加坡
退休模式	法定退休	法定退休鼓励提前	法定退休加延退	退休年龄因校而异	法定退休	法定退休
工资模式	教授受聘谈判工资，其他教师工资从优	职称实绩工资，每年自动增资	同国家公务员的职务工龄工资	学历、职务、年金工资加多种补贴	教师工资优厚	智能分配工资制度与英才高薪制度
培养模式	多途径	多途径	多途径	多途径	多途径	多途径

二、国内工学结合专班师资建设概况

教育界对工学模式师资队伍建设理论已经开始实践，但目前缺乏完整的定义，现阶段的观点是，工学结合专班是高等职业教育中一个重要的具体表现形式，工学结合专班师资队伍建设包括教师的选拔、任用、培养、专业建设与管理等。

（一）师资队伍建设的理念

由于我国高职教育（特别是工学结合专班）发展起步较晚，目前对师资队伍建设理念的研究主要关注点在师资建设理论，而建立合理的教师资源配置机制，教师的业务能力需要有理论和实践双重属性，并且要具备终生学历的思维。

登云科技职业学院从长期的产教融合、校企合作的机制中，总结经验，主要转变了三方面师资建设理念：

（1）转变了师资培训方式理念，改变以往传授式的"推"式培训模式，使用了项目制的新型培训模式，将工学专班的新教师直接纳入项目的运行过程中，比如，学院参加了苹果公司"A+雏鹰计划"大型职教类校企合作项目，让教师直接参与到项目中，与国际顶级企业和国内顶级专家一起进行课程开发与交流教学。通过此项目，登云科技职业学院已经培养了一大批工学结合专班的骨干教师，这些骨干教师又以老带新，形成了登云独具特色的师资建设培养新模式。对于工学结合专班辅导员的培养，还要注重其管理学方面的理论和实践。

（2）转变师资队伍的管理理念，强调在以人为本的基础上建立相对应的激励机制和鞭策机制。学校强调人文关怀，特别是对青年教师的关怀，逐步提高物质收入，重视加强其心理建设工作；在激励方面，建立了职业年金制度，同时，积极探索期权工资制度；在鞭策方面，在各院系推行末尾淘汰制，督促其不断进步。

（3）转变师资队伍评价理念，登云科技职业学院针对工学结合专班教师的评价不再唯学历、资历、职称论，而是考察其对产教融合、校企合作理念理解的程度，以及和企业对接过程中项目管理与运作的能力，对登云科技职业学院独具特色的"工学结合专班、校企双主体育人"人才培养模式的贡献程度。

（二）师资队伍建设的原则

高等职业教育工学结合专班隶属于高等教育，但是其培养目标又不是纯研究型，其培养过程需要放置于产教融合、校企合作的大背景下，整体围绕建设"双师型"优秀师资。登云科技职业学院除了践行以上主流的国内师资建设原则外，还积极探讨了建设"双师双能型"师资，以及将长三角的区位优势导入到师资建设方面。

(三) 师资队伍建设存在的问题与对策

我国高职教育工学结合专班发展不管从理论还是实际操作层面，都面临很大的机遇和挑战。国内的研究大部分是基于各个学校的发展过程中师资队伍建设所遇到的问题，具体问题具体分析，提出的相对应短期或者长期对策。

高职教育工学结合专班在师资建设过程中遇到很多的现实问题，主要是来自普通本科高等学校对于优秀师资的垄断，一些品学兼优的新教师首选研究型大学任教，高职院校师资的层次和水平普遍偏低，加上高职院校学生水平的整体落后，导致了以弱带弱，恶性循环，工学结合师资建设很难有大的起色。针对存在的问题，职业教育专家主要提出了以下对策：进一步优化人事制度的改革；着力提高工学结合专班师资教学实践水平；制定能吸引高层次人才的激励制度；建立科学的评价体系。

以上的问题登云科技职业学院在师资建设过程中，都曾遇到并且已经解决或者在逐步解决的过程中，学院在面对师资建设问题时，紧紧把握住不逃避、不退后、不畏难的原则，依靠集体决策进行问题化解。

三、国内工学结合专班师资建设对国外模式的借鉴

国外职业教育工学结合专班高度重视师资队伍建设，对我们的职业教育特别是工学结合专班教育具有许多可供借鉴的地方。当然，国外职业教育包括工学结合专班师资队伍建设的理念、制度、措施等是与其社会背景联系在一起的，"橘生淮南则为橘，橘生淮北则为枳"，许多做法不能全部照搬。

(一) 实行专兼职教师导师制度

德国职业教育教师必须有两年实习期的规定，在中国高职院校工学结合专班师资建设中照搬可能不现实，但我们完全可以借鉴德国职业教育强化教学技能培养的经验，导师制度就是新进入的专职教师和专职辅导员一般一年的助教实习期，在一名具有丰富经验的教师的带领下，熟悉规律与方法，让新教师快速成长。

在这方面，登云科技职业学院除了对工学结合专班教师进行项目制的培训外，还指定了有深厚校企背景的专业教师或者企业人员全程充当工学结合专班新教师在助教阶段的导师，导师对培养质量负责，学校设立专门的质量评估部门，对新教师的在助教阶段的培养效果进行全程跟踪。

(二) 强化工学结合专班专业教师的实践技能

参照国外职业教育高度重视教师实践动手能力的思路，高职院校工学结合专班专业教师必须强化实践动手能力。现阶段的高职院校师资大部分是从院校直接毕业的理论派新教师，几乎没有任何企业实践的经验，无法指导工学结合专班的学生实践操作。所以，提高工学结

合专班教师实践动手能力是国内高职院校的通用做法。

登云科技职业学院在这方面的具体操作中，积极借鉴了德国的经验，主要有两个途径：一是从教师的准入上提出要求，新进教师除硕士以上学位外，必须有三年以上（德国五年）的本专业实际工作经历，并取得相应的技术资格证书；二是对已经进入高职教师队伍的专业教师（未有企业履历者）三年内必须有半年全脱产到企业一线从事本专业相关实际工作，得到企业考核合格，并考取相关专业技术资格证书方可回校任教。无论哪类专业教师，为保持其能知悉社会生产的变化，每隔五年必须回企业进行锻炼。

（三）改革工学结合专班专兼职教师的评价机制

无论何种教育模式，其最微观的角度还是师生之间的教和学，教师在其中充当着矛盾聚焦的位置。如何评价工学结合专班教师的教学或者工作效果，国内的高职院校根据自己本校实际情况，都制定了对应的教学水平评价机制，但国内的工学结合专班尚未建立起科学的教师教学水平评价机制。从国外经验看，这种评价机制主要有三个方面：一是以学生评价为核心，充分尊重学生的评价；二是学院组织的教学公开课展示，让教师的教学水平在同行中公开与交流，明确自己的教学水平；三是对评价结果的恰当运用，从国外经验看，评价结果主要是提供给教师本人用于提高教学水平用，而不应掺杂其他的政治因素。

登云科技职业学院除了借鉴以上的评价机制外，进一步升华了评价的核心内涵，将对工学结合专班教师评价主旨放在了"产教融合、校企合作"的背景下，工学结合专班教师是否优秀，取决于对这个主旨的贡献程度，而不再唯学历、资历、权威论。

第二节　工学结合专班师资的准入

登云科技职业学院建立了工学结合专班师资的准入制度，并完善其聘任标准。一方面遵循宏观的政策法规标准，另一方面依据学院的实际情况，明确工学结合专班预聘教师的准入制度等方面的内容。

一、工学结合专班专兼职师资准入制度现状

国内现阶段对于工学结合专班的选拔、准入标准还比较模糊和混淆，还未有统一的参考标准。

（一）教师选拔引入标准缺失

在这方面，国内的职业教师（含工学结合专班）在选拔引入时，基本使用的是研究型大学本科教师的选拔引入标准，一方面是由于选拔者本身就是理论教育的产物，另一方面是对于高等职业教育（特别是工学结合专班）教师没有规范的选拔标准所致。由于此种的选拔标准，导致很多在行业中的专家熟手，由于学历层次低，而不能将自己的技能知识普及给

广大的学生,反而由于遵循研究型大学的招聘标准,让没有工作经验和实践的教师来讲授、指导工学结合专班的学生,从而限制了双方的长处,使师生双方在成就感上陷入"双输"的窘境。同时,在引入企业兼职师资时,更加缺乏准入标准,一般以企业推荐派遣为主要方式,缺乏科学合理的评估机制,同时对兼职师资入职后的教学效果缺乏必要的跟踪评价。

(二)缺乏完善的教师资格认证机制

我国目前没有高等职业教育教师资格(含工学结合专班)的认证制度,我国现阶段高等职业院校教师也是考取普通高等学校教师资格证。但由于高等职业学校教师,特别是工学结合专班教师,更加注重实践性、操作性、技术性,与研究型大学以学术研究为主要目标的现实和思路相差甚远,所以,两者套用相同的资格认证标准非常不合时宜。

二、工学结合专班专兼职师资准入制度的改进的探讨

登云科技职业学院在长期的产教融合、校企合作的宏观政策指导下,所形成的工学结合专班经过多年的经验积累,教训反思,结合自身实际情况,对工学结合专班教师准入制度有一些自己的见解。

(一)提高对工学结合专班的重视程度

在国外发达国家,工学结合专班从一开始就确立了在整个教育体系中不可或缺的角色。由于我国整体处在社会主义初级阶段的现实,加上职业教育发展起步晚,且由于我国传统的思维认知,觉得职业教育就是低研究学术教育一等,导致职业教育不管从物质上还是精神上都长期得不到投入与关注。所以一定要树立正确观念,重视职业教育,重视在此体系下孕育出的工学结合专班。可喜的是,由于社会生活的变化,现阶段职业化的思想已经深入人心,从社会的各个层面都愈发重视职业教育,重视工学结合专班的人才培养机制。

登云科技职业学院所在的昆山市,以先进制造业闻名全国,区域内企业林立,更加需要大批量的高级技能人才,当地的市政府非常重视职业教育发展。而工学结合专班所培养出来的理论结合实践的多面手、高技能人才更受到当地企业的欢迎,可以这样说,正是昆山这片热土催生了登云科技职业学院校企合作模式的产生。随着昆山产业升级的进行,登云科技职业学院的工学结合专班理念也逐渐在配套升级当中。

(二)明确工学结合专班教师与普通教师的区别

工学结合专班教师和普通高校的教师是不一样的,普通高等学校教师强调专业理论,学术素养能力,并且要求学历层次比较高。而工学结合专班教师则要求在扎实的专业基础上,关键还要有极强的动手能力和社会实践能力,是知识和技能的统一体,在学历上,可以适当放宽要求,更不能以学术型的评价标准衡量新入职的工学结合专班教师。

登云科技职业学院除了明确以上教师的招聘标准外,在招聘时,还特别考察教师的学习能力和管理能力,以及将此能力灌输给学生的能力和管理学生的能力。推崇教师的学习和管理能力是登云科技职业学院招聘教师一个重要的考察方面。

(三) 完善工学结合专班教师职前培训

现代社会职业体系当中，职前培训已经是一个不可或缺的内容，在很多跨国企业，职前培训已经成为一种企业的文化和规章制度，同样，在工学结合专班的师资建设过程中，教师的职前培训也尤为重要。

在这方面，登云科技职业学院尤为重视，除了每年派遣大批工学结合专班的职前教师参加省级培训和国家级培训以外，还积极派遣新教师去企业历练，熟悉企业生产过程，登云科技职业学院还为优秀的工学结合专班新教师开"小灶"，比如以登云科技职业学院西门子项目为载体，将优秀的工学结合专班新教师的职前培养纳入项目的运作当中。

(四) 持续优化兼职师资准入过程

在国外发达国家工学结合专班教育体系中，兼职教师已经形成一个特色，他们一般是企业的技术人员，通过一定短期教学培训，使其具有最基本的教学能力，然后直接将技能和实际操作经验传授给工学结合专班的学生。

在这方面，登云科技职业学院积极探索，勇于创新，利用长三角独特的区域优势，建立了优秀兼职教师数据库，并且实现"以优汰劣"更新机制，根据学院不同发展时期的具体要求，定期更新兼职教师数据库，保留优秀，淘汰落后。

第三节　工学结合专班师资的培养

目前，职业教育界极力推崇的"双师型"师资还未形成一个标准化的科学解释，一种解释是有学者概括的"双职称型"，即教师在获得教师系列职称外还需要取得另一职称；二是"双素质型"，即教师既要具备理论教学的素质，也应具备实践教学素质。

登云科技职业学院在长期的工学结合专班教师的培养过程中，逐渐总结出工学结合专班的教师应该依托校企合作这个大平台，全面培养"双师双能型"教师。所谓"双师双能型"，双师为教师和工程师，分别代表了高校教师资格证和企业的工程师专业技术资格认证，体现了教学和企业实践的两种资格认证，是体现在官方的、书面的证据；而双能是要在实际的教学过程中体现出可被观察到的、认可的、可考评的实际能力，是外在的表现出来的。

一、校企合作下的"双师双能型"师资培养的意义

校企合作，显而易见是学校与企业建立的一种双赢的合作模式。当前社会竞争激烈，包括教育行业，大中专院校等职业教育院校为谋求自身发展，更注重抓好教育质量，采取与企业合作的方式，以订单班的形式为企业培养人才，注重人才的适用性和匹配性。

校企合作是一种注重培养质量，注重在校学习与企业实践，注重学校与企业资源、信息共享的"双赢"模式。校企合作做到了应社会所需，与市场接轨，与企业合作，实践与理

论相结合的全新理念，为教育行业发展带来了一片春天。由此，工学结合专班是校企合作一个最好的实例化。

（一）培养"双师双能型"师资有益于高职院校的发展壮大

好的教师必然能带出优秀的学生，由于教学相长，这两者是辩证统一的，培养大批优秀的"双师双能型"师资，必然能带出一大批优秀的实践加专业知识扎实的学生，大批的优秀师资加上大批的优秀学生，必然提升高职院校的办学实力和软硬件实力，扩大知名度，有益于高职院校的发展壮大。

登云科技职业学院依托校企合作平台将大量的工学结合专班师资送往长三角的合作企业，积极培养"双师双能型"中的一"师"和一"能"。经过时间的沉淀，他们已经成长为校级骨干，为学院的长期发展提供了有力的支持。

（二）培养"双师双能型"师资有益于企业的长远发展

基于校企合作的"双师双能型"工学结合师资的培养，在培养的过程中，企业也是受益颇多。一方面，企业人员可以从学校学习到相关的专业理论知识，完善自己的专业体系知识和技能；另一方面，也锻炼了企业人员的沟通能力和培训能力，这对企业的人力资源建设益处颇多，也有益与企业的长远发展。

在登云科技职业学院校企合作模式下的众多企业中，纬创公司在这方面受益颇多。在以项目为中介，联合培养工学结合专班师资的过程中，纬创已经将其自身的生产理念、生产过程注入到了教师的专业认知里。双方合作开发的工学一体化课程，培养了大批适配纬创的工学一体化专班学生，极大地促进了企业自身的人才资源储备。

二、基于校企合作的"双师双能型"职教师资培养战略

登云科技职业学院基于培养"双师双能型"师资的培养目标，经过"工学专班"的实践认知，从而总结出一些行之有效的教师培养思路、目标、策略。

（一）培养思路

在登云科技职业学院，"双师双能型"工学结合专班师资力量培养的理念就是以思想教育加内部激励为主，从政策、宣传、校园文化等方面积极鼓励工学结合专班专业教师发展"双师双能型"素质。千里之行，始于足下，我们先做好自己这个内因。同时，在外因方面，登云科技职业学院还积极督促合作企业一定要发挥主观能动性，利用校企项目合作的机会，自然引导教师学习相关专业技能和知识。登云科技职业学院还鼓励企业定期指派技术人员到学院担任一些课程的教学工作，从而在教学这个层次上，实现校企融合发展，这是登云科技职业学院"双师双能型"工学结合专班师资培养的基本思路。

（二）培养目标

在对"双师双能型"师资的培养目标上，经过多年的工学结合专班沉淀与总结，结合国家总体教育政策和人文理念，学院认为应该主要达到以下四点：

（1）工学结合专班教师必须要具备良好的师德、过硬的职业素养。万事德为先，教师以德树己，又以德树人，要想成为一名合格的工学结合专班教师，师德是先决条件。同时，过硬的职业素养还要求教师应该实时关注本行业的发展动态，对行业的发展趋势具有敏锐的感知性。

（2）工学结合专班教师要具有较强的理论和实践能力，能实现理论结合实践，理论指导实践，实践反馈理论。

（3）工学结合专班教师要熟悉相关企业管理和项目管理知识，能够将项目管理知识理论加实践地传授给学生，并且让学生应用于实际的生产生活过程。

（4）工学结合专班教师要具备一定的创新能力，摒弃墨守成规、不思进取、得过且过的思想。学院将工学结合专班教师的创新能力列为一个非常重要的培养目标。

（三）培养过程

学院在长期的校企合作环境下，认识到"双师双能型"工学结合专班师资的培养工作一定是多维度、立体式的。具体有以下四点经验总结。

1. 强化教育培养的针对性与适用性

对"双师双能型"工学结合专班师资人才的培养需要因人而异，因材施教。对教师做SWOT分析，将具体教师的优势、劣势、机会、风险做综合评估，然后制定出有针对性和适用性的培养方案。通过赛课、公开课、教学课、督导课培养其教学能力；而通过校企合作这个平台，以具体项目为依托，将教师送往企业实践岗位上进行锻炼，让他们积累实践经验和企业管理经验，然后在教育工作中将其传递给在校学生，形成热导效应。

2. 借助企业的力量进行培养

在校企深度合作中，学院不断探索工学结合专班师资培养的途径，借助长三角的区域优势，联合企业进行项目开发。促使企业利用项目制的思想培养教师，让教师的培养过程处于项目的氛围和理念当中，这也是目前登云科技职业学院在工学结合模式下师资培养方面的重点，同时这一政策也全面促进了产、学、研的发展。

3. 强化理论实践结合培养

与学院合作的企业伙伴近年来已经向跨国企业转变，西门子和苹果公司都是学校的合作伙伴。与如此知名的跨国企业合作必然要求我们要有过硬的理论实践结合本领，才不会受人掣肘，别人也才会高看一眼。所以，强化师资理论实践结合培养是学院发展的必由之路。

4. 引入企业兼职高级技术人员

校企合作模式可以近水楼台，便利地短期或者长期招聘一批企业的专业技术骨干到校任教。随着外来技能师资的涌入，必然产生良好的连锁和带动效应，促使本校师资培养的层次和质量提高。登云科技职业学院依靠有台资投资办学的特点，周期性地会有台湾地区优秀的企业师资来校做短期或者长期的教学，以及对学院内部专任教师进行培训和对口交流，此种独特的人才培养模式对于"双师双能型"工学结合专班师资快速、精准、健康的成长具有十分重要的意义。

第四节　工学结合专班师资的专业发展建设

工学结合专班的师资的使用和运作过程是和师资的专业发展建设同步进行、相辅相成的，师资在使用的过程中同步进行专业发展建设。登云科技职业学院有长期的产教融合、校企合作、工学结合专班的运作经验，在这一过程中，学院逐渐形成了一批能够体现工学结合专班特色的优秀师资，积极承担了教学、科研、社会服务的功能。

一、产教融合背景下师资专业建设面临的问题

产教融合是指职业学校根据所设专业，积极开办优势专业产业，使产业与教学过程相互融合，相互支撑，相互促进，把学校办成具有人才培养功能、科学研究功能、科技服务功能的产业性综合经营实体，形成学校与企业高度融合、浑然一体的办学模式。

产教融合给工学结合专班师资的专业建设带来了新挑战、新问题、新机遇。

（一）专业发展的定义和思路不清晰

没有将高职教师专业发展（含工学结合专班）与其他高等教育教师专业建设相区别。现阶段，大部分国内高职院校以培养"双师型"教师为目标（登云科技职业学院采用"双师双能型"），由此造成专业发展很狭隘，认为"双师型"教师就是工学结合专班的师资专业建设的终极目标，专业发展定义和思路都极为不清晰。

（二）专业发展形式单一

现阶段高职教师特别是工学结合专班教师的专业发展形式主要以理论学习加培训为主，专业发展较狭窄。很多时候，专业建设的各种制度形同虚设，字面的辞藻华丽度远远大于实际内容，很多教师最后的专业发展归属既不是一个特别优秀的教师，也不是一个特别称职的工程师。相当多的教师在自己的专业发展方面产生了挫败感和低成就感。

二、产教融合背景下师资专业发展的特征与架构分析

产教融合背景下工学结合专班师资专业发展特征主要体现在长期性、跨界性、独特性。专业发展架构又分为内部架构和外部架构，两种架构辩证统一。

（一）专业发展的特征

专业发展对工学结合专班教师个体而言，主要是在自己的教学实践工作过程中，除了能主动学习专业知识理论、着力提升自己的实践能力、逐步提高自己的科研能力外，由于教育对象培养目标的职业性特性，还应能实时感知本行业发展变化，预先判断发展趋势，提前进行知识储备。需要做到"春江水暖鸭先知"，而不是行业特征已显现时候的"临时抱佛脚"。这些特点决定了工学结合教师要有预判能力和跨界分析能力。工学结合专班教师专业发展具

有鲜明的特征，我国工学结合专班教师专业发展在大的产教融合背景下应体现以下特征。

1. 专业发展建设具有长期性的特点

工学结合专班教师专业发展不是朝夕之间的事情，更不是几日的专业培训、短期的集中学习和课程研讨层面所能解决的，而是需要一个长期沉淀的过程。依托于大的产教融合的宏观背景，工学结合专班将会和社会各个产业组织深度融合和同化，工学结合专班的培养目标、课程设置、教学过程、教学内容等都要服务于社会生产组织的实际需要，而且专业建设要聚焦于预判性的能力建设，做到"你已出现时，我已经具有的能力"。所以，工学结合专班教师专业发展建设是一种能力建设，不是一蹴而就的事情。

2. 专业发展建设需要注重教师的综合能力

工学结合专班教师除了要掌握本专业或者跨专业的基本理论知识外，更重要的是实际的社会实践、企业实践、企业生产管理、人力资源管理能力，以及将这些能力传授给学生的能力。此外，在实际的工作层面，还应该具有一定的科研能力。总之，工学结合专班师资专业发展建设要求教师必须是一个多面手，从某种意义上来讲，专业建设的维度和要求要多于传统研究型高校。

3. 专业发展建设需要自成体系的理论支持

我国工学结合专班教师专业发展理论现阶段还处于萌芽阶段，各地区、各校各自为政，大部分高职院校并没有形成完整的工学结合专班教师专业发展体系，教师专业发展的理论、实践、制度都处于"零散"的状态。迫切需要统一思想认识，提出高瞻远瞩的专业建设理论来指导实践过程。

（二）专业发展建设的架构

依托于产教融合的宏观背景，工学结合专班教师专业建设的架构分为内部架构和外部架构。内部架构由一系列促成教师个体专业发展的核心元素组成，它是教师自身层面的专业发展的认知与规划；外部架构则是一系列促进教师专业建设的宏观政策、法律法规、管理机制、考核评价机制、激励机制等。

1. 专业发展建设的内部架构

工学结合专班教师专业发展建设的内部架构由专业认可、专业理论扩展、专业技能提升和职业规划四个方面构成。

专业认可是工学结合专班教师对自身身份的接受和理解。总体来说，现阶段国内职业学院教师在社会地位认知、薪资待遇、职业发展前景方面都要低于传统研究型大学的教师。所以职业学院工学结合专班教师在心理层面要做自我的调节，不局限于短期的社会认知偏差，能真心认可和接受自己的专业和工作状态，保持一颗强大淡定的心脏，只有这样，才能在自我内驱力的层面促进专业的建设发展。

专业理论则主要包括教材上的基本知识理论、本行业专业的基本理论、本行业企业管理理论和实践理论。在以上三个理论域中，教材上的基本知识理论是基石，是专业素养中最基本的要求；本行业专业的基本理论是对教材基本知识理论的扩展，放之于整个行业领域下的认知，是专业素养中的基础扩展；本行业企业管理理论和实践理论是工学结合专班教师的特色，也是工学结合专班教师专业发展的必备要素。

工学结合专班教师的专业技能主要包括实际的教学水平、社会实践水平、科研攻关水平和沟通协调水平。教学水平、科研水平为全体高等教育教学类工作者的共性的、基础的专业技能，而工学结合专班教师在基本教学过程之外，职业教育属性要求其要有更优秀的社会实践水平，于嘴上功夫要强，手上功夫更要强。受制于社会对高等教育的共性需求，工学结合专班教师还要有适度的科研能力，而从各个职业院校的考核权重来看，这一过程有逐步强化的趋势，所以在科研水平方面，对工学结合专班教师的要求是愈发高的。此外，由于工学结合专班具有较明显的交际性需求以及可能会从事专业的工学结合专班辅导员工作，社会层面和团队层面的沟通能力也是不可或缺的。

职业规划指工学结合专班教师对职业生涯乃至人生进行持续的、系统的计划的过程，它包括职业定位、目标设定和通道设计三个要素，是现代社会职场人员必修功课之一，对教师的自我发展影响越来越大。

2. 专业发展建设的外部结构

在产教融合的宏观背景下，工学结合专班教师专业发展建设的外部架构主要包括以下内容。

1）引导专业发展建设的政策与法律体系

习近平总书记关于加快职业教育发展的一系列讲话、国务院印发《关于加快发展现代职业教育的决定》（以下简称《决定》），都强调全面部署加快发展现代职业教育。明确了今后一个时期加快发展现代职业教育的指导思想、基本原则、目标任务和政策措施，提出"到2020年，形成适应发展需求、产教深度融合、中职高职衔接、职业教育与普通教育相互沟通，体现终身教育理念，具有中国特色、世界水平的现代职业教育体系。"具体到实际的做法，包括优秀职业教育（含工学结合专班）教师的国家级培训、优秀职业教育教师（含工学结合专班）省级培训，骨干教师（含工学结合专班）出国进修、职业教育师资基地的建设等。

2）优化专业发展建设的治理机制

现阶段高职院校的管理治理体制还是自上而下，行政主导原则。普通的教师基本受制于行政命令，没有参与到学校的实际管理中，没有体现出高校民主管理的属性。教师个人的职称评定、升迁、外出培训在很大程度上都受行政领导影响，这种影响势必会影响到教师进行专业建设时候的心态和行为。所以，应该在治理体制上进行放权，让工学结合专班教师在专业建设方面有更大的选择权和自主权。理顺盘活专业发展建设的治理体制，从长期来看，也有益于实现高校民主管理的要求。

3）建立科学的专业发展建设水平考核与评估机制

需要在产教融合宏观背景下来确定教师专业发展的管理制度是否适用，开支是否合理、教师的专业发展是否有效。在具体考核指标上，重点考察教师的专业功底、专业技能、企业实践能力等方面的周期提升程度。在高级层面，突出考核对于产教融合、校企合作实质的理解和贡献度。考核的操作层面要参考教师本人的职业规划，采取多元、民主的考核，同时要积极引入第三方评价机制。

4）行业企业参与的专业发展建设的合作机制

高职院校的特色决定了工学结合专班教师专业发展建设必须依托于相关行业企业的有效合作，教师的专业发展建设过程必须和产业发展的过程紧密相连，专业发展过程也反映出产业升级的过程。所以，工学结合专班师资专业发展建设的现实要求高职院校和行业企业建立密切的联系。

三、产教融合背景下工学结合专班教师专业发展的策略

在产教融合的社会背景下，登云科技职业学院从本校的实际情况出发，为促进工学结合专班教师专业发展采取了多种积极有效的措施，监控过程、强调成效。

登云科技职业学院提出了工学结合专班教师成为"三强"教师的观点，三强具体是指：（1）强理论知识，能胜任工学结合专班学生的理论教学；（2）强动手能力，能指导工学结合专班学生实训、实践；（3）强科研能力，能联合企业进行科研开发，开展应用研究。学院积极围绕以上三点进行工学结合专班师资专业建设。

（一）建立科研机构–企业–高职院校三位一体专业建设体系

登云科技职业学院提出和践行了工学结合专班教师应该具备教学能力、科研能力和社会服务（实践）能力这三种能力。学院积极联系昆山的研发机构，以项目为媒介，让其积极参与到教师专业建设的过程中来；主动联系跨国企业、行业协会为教师专业建设出谋划策；登云科技职业学院还通过四企八校联合参与的"苹果A+雏鹰计划"项目，利用实践情境教学等多种方式促进自身的专业发展。采用"百名教师下企"政策，实质性提升了师资专业建设的效果。

（二）改革和完善工学结合专班教师培训体系

在工学结合专班教师培训方面，登云科技职业学院已有的政策比较完善且能顺畅运行，能够基本满足教师理论知识、专业实践能力、科研能力、学生管理能力的专业建设发展，但是在工学结合专班教师专业实践能力与不同社会实体之间的调整、适应、匹配能力的培养上还存在着较大的差距。因此，学院借助了拓展处、质量处、培训中心，建成以促进教师专业建设为目标的纽带机制。通过组织研讨、行业培训、企业项目实习、课程进修、教师学习共同体等多层次培训理念和方式，有利地支持了教师的专业建设过程。

（三）践行产教融合的学校办学理念

在产学融合的背景下，登云科技职业学院"主要是加强校园文化和企业文化的融合，促进彼此间沟通和理解，形成共同发展愿景，并在合作中吸收企业在管理、技术、企业文化等方面的优点和长处，"在相互融通的过程中促进工学结合专班教师的专业发展。在登云科技职业学院整个产教融合的实施过程中，学院为教师提供了实践的平台。我们的专业教师在生产一线进行见习和实践，获得了良好的理论联系实际、提高专业素质的机会。教师们得到了锻炼和成长，教师专业水平也得到了很大的提高。一批真才实干的专业教师队伍逐步成长

起来，这为学校将来的可持续发展奠定了坚实的人才基础，成为学校的一笔巨大财富。

第五节　工学结合专班师资的管理

登云科技职业学院作为一所民办院校，在师资管理方面特别是在工学结合专班师资管理方面相比于国内的公办院校面临着更大的挑战。在面临挑战的同时，登云科技职业学院也有机制灵活，运行高效的特点，在长年的校企合作、产教融合的实践中，工学结合专班本身也形成了以战略人力资源管理为理念的管理模式。

一、当前民办高职教育师资管理面临的问题

国内当前民办高职院校在师资方面遇到的问题比较统一，主要是队伍的稳定性差、结构不合理、管理失策等问题。

（一）师资队伍流动性大

师资队伍是否稳定对民办院校的发展起到了关键作用。一个民办院校要长期稳定快速地发展，教学质量是生命线，而师资队伍如果不稳定，势必影响学校的教学质量，进而影响到学生的整体素质和水平。因此，师资队伍的稳定是保证教学质量和提升民办院校科研水平的关键，是提高学校声誉、推动学校可持续发展的力量。

民办高职院校不同于公办院校，首先，民办院校在薪酬体制上不够规范，工资薪酬起点较低，福利待遇不完善。教师职业本就特殊，教师所耗费的体力脑力绝不仅仅只是课堂的那段时间，而是一种个人情绪资源的持续性付出，本应得到回报的教师情绪劳动没有得到回报，是造成教师离职的关键因素。其次，师资管理机制不够健全，在招聘和人事考核方面缺乏科学合理的管理机制。再次，没有有效的激励制度，对教师能力提升的措施较少，对教师各方面评价不规范，是导致民办高职教师人才流失的又一个因素。

（二）师资队伍结构不合理

目前与公办院校相比，我国民办高职院校师资队伍总体素质良莠不齐，人员结构不合理。首先，民办高职院校的教师分为兼职教师和专职教师两部分。专职教师主要来源于学校招聘，而兼职教师大多是其他高校离退休教师、返聘教师，或其他高校的在读研究生，还有一部分是来自企业的技师。其中，高校离退休教师具有一定的教学经验、专业知识扎实、专业水平高，但是老教师相较于年轻教师而言，接受新知识和新技术的能力更弱，再加上返聘教师一般有一份退休工资，使其在教学活动方面以及科研活动中相对缺乏激情。然而那些在读研究生，虽然他们年轻，思维活跃，容易和学生交流沟通，但是相比那些老教师，他们仍然存在缺乏教学经验、教学能力不足等问题。在专职教师队伍中，刚毕业的大学生是主力军，但教师年龄年轻化，职称结构不合理，大多为初级职称，中级职称较少，而高级职称则少之又少。那些年轻教师，工资普遍不高，面对生活带来的压力，他们能想到的就是通过赚

取课时费提高工资，于是他们经常通过承担多门课程的教学来提高课时量，课程任务繁重，因此没有花费过多的时间对课程进行深化研究，也没有过多的精力去了解如何与学生相处。而与此同时，有些青年教师由于社会经验不足，缺乏一定的沟通和减压能力，面对挫折和压力无法进行很好的调节，时常会轻率地离职。因此教师结构呈两个极端化，老中青教师比例严重不协调，中坚力量不足，缺乏优秀的教学团队。此外，由于社会对民办教育、民办教育师资认可度不高，在择业上存在一定的偏见，民办院校缺乏一定的师资政策扶持，因此导致许多优秀教师不愿意加入民办院校，而原本在民办院校中培养起来的优秀教师也留不住。

（三）师资管理不够科学合理

很多民办高职院校都是由个人从一个培训机构或者职业中专发展起来的，缺乏高校管理经验，且采用的管理机制不够科学合理，不能适应民办高校的发展速度。很多民办高校还在采用企业的管理模式，考评体系简单，原因不外乎领导素质不够以及培训学校自身利益驱使，学校的管理者没有受过专业的管理培训，学校管理体制具有个人倾向化。很多民办高校，甚至将师资管理与招生数量相挂钩，没有对教师进行系统、合理的考核，激励制度和奖励制度不够完善。大多数的民办高校中，教师与学校通过合同达成契约关系，归属感较弱，在发展机会更好和福利待遇更高的招聘条件下，有离职心理的教师更容易提出离职。因此，民办高校专职教师的稳定性受到了严重的影响。

在民办院校中，由于教师承担的课程量较多，教师在完成教学工作后没有更多的精力深入科研，且民办高校在科研经费的投入也相对较少。因此，民办高校的教师在科研与教学上较弱，他们往往为了评职称需要，应付评审，才会想着去发表论文，做学术研究。在这样的考评机制下，教师的自身素质受到严重的影响，严重制约了教师的发展空间，极大影响了教师的教学热情，最终导致教师对岗位的厌倦心理，从而轻易离职。

二、采用战略人力资源管理理念的必要性及可行性分析

工学结合专班师资管理是高职院校师资管理的一个子集，高职院校引进战略人力资源管理理念在经过必要性和可行性分析之后，必然会对工学结合专班的师资管理理念产生影响。

（一）采用战略人力资源管理理念的必要性

在高职院校工学结合专班师资管理中采用战略人力资源管理理念是非常有必要的，也是高职院校下一步师资管理改革的必然趋势。战略人力资源管理的对象是高职院校全体人员，但重点对象是教师。战略人力资源管理是一个随时变化的过程，必须遵循学校的战略目标进行动态调整，具体的人力资源管理制度必须高度匹配学校的战略目标，这就需要对学校的战略目标有非常深刻的认识和解读，围绕学校战略目标制订的战略人力资源管理机制计划是非常务实和有前瞻性的，经得起理论推敲和实践验证。

（二）采用战略人力资源管理方式的可行性

现阶段的高等职业院校从国家层面的定义来看，虽然一般属于非营利性组织，但其运作过程和企业有很多相似之处，都具备战略人力资源管理所定义的人员招聘、培养、晋升、考

核、激励、惩处等相关环节，可见在可行性方面，可以平行移植。如果以战略人力资源管理理论管理包括工学结合专班在内的师资，其高效性必然会有益于整个学校的管理过程，师资发展主动性更加强烈。实现战略人力资源管理是实现学校总体战略目标的必要条件。

三、战略人力资源管理角度下工学结合专班师资队伍管理策略

登云科技职业学院以战略人力资源管理策略为管理理念，对工学结合专班师资管理的科学化水平逐年提高，在此过程中，制定了一系列行之有效的措施。

（一）用战略目标引导师资队伍建设

战略愿景管理就是以学校的发展战略目标来提升工学结合专班教师的积极性与凝聚力，师资都以实现高效的战略目标为最高追求。高职院校的战略目标不能搞一言堂、更不能是头脑发热时的仓促决定，必须在分析客观形势、政策、舆情的基础上，密切联系广大教职工，共同规划高职院校雄伟的发展蓝图，只有这样，高职院校的战略目标才有群众基础，有了群众路线思想，目标才是可以期望实现的，在实现的过程中，由于先期代入了广大教职工的意见建议，大家有了参与感才能尽最大努力地实现这个目标。

登云科技职业学院一直以"创建应用型本科"这个战略愿景引导工学专班师资队伍建设，学院上上下下一直以这个战略目标为现阶段最高追求，实践证明，全体师生对这个战略愿景认知是高度一致的，用战略目标引导师资管理这个策略被证明是非常成功的。

（二）规划适用的战略性人力资源管理机制

战略性人力资源规划与传统人力资源规划是不同的。传统人力资源规划重视的是教师的数量，主要是研究人力资源的需求与供给是否平衡。教师资源数量的平衡是传统人力资源管理的重要特征，战略性人力资源管理在包括这一特征的同时，还建立了科学评价内外部环境的机制，要求明确师资队伍的目标及配套的系列制度。登云科技职业学院在规划工学结合专班师资队伍时，依据自身实际情况，确定师资队伍的规模，优化师资队伍结构，提升师资队伍的综合素质，提升教师的团队合作能力，这也是规划师资队伍的主要目的。为此，登云科技职业学院不仅将教师的个人素质与师资队伍的结构结合起来，还依据教师岗位的需求提升教师的知识水平与教学能力，为教师提供个性发展的空间。

（三）优化科学评价机制

登云科技职业学院建立了针对工学结合专班教师科学的评价制度，主要包含了：考核内容的合理性、考核机制的公平性、考核数据的有效性、评价制度的客观性等多个方面。在建立评价机制时，要考虑到一些客观因素，比如工作年限，学历履历，进行分层次考核，坚决不搞一锅粥似的评价机制，每个层次的人员设立一个参考标准，进行参照比对。考核结果直接与教师的收入、晋升挂钩。学院强调鼓励进步的人，对于每周期的考核，不管从哪个维度，只要有所进步，都会给予鼓励奖励。对于工学结合专班的辅导员群体，在评价时给予政策方面的倾斜，激发其工作热情。

学院还引入第三方理念评价机制，比如 IEET 对教师的评价理念，作为综合评价机制的

有益补充。

(四) 建立多种专兼职教师激励机制

作为民办高职院校的管理者,掌握科学的教师激励理论和方法,对促进学校的发展有着极其重要的作用。为了调动工学结合专班教师的积极性与创造性,登云科技职业学院建立出一套完善的、科学的管理方法和规章制度,对教师产生了强烈的激励效应。教师竞争机制是师资管理的重要环节,具体到工学专班模式,在具体的做法上,我们在以下五个方面做了努力。

(1) 物质激励上逐年地提高教师的工资收入和福利待遇,让教师能够安心工作,同时增加职业年金等激励方式。

(2) 创造性地建立了"期权工资"的激励制度。"期权工资"的原则可以简单地概括为"按月支付、延期发放、动态调整"。具体做法是为每个教职工建立一个期权工资账户,学院选择支付周期为三年,三年后的第一个月支付当前该月的期权工资,以此类推。直到教师在学校退休后,一次性全额发放最近一个周期的期权工资。如果教职工中途离职,则回收最近一个周期的期权工资账户。这种体制必将能积极促进教职工的稳定性,有效降低其离职率。对广大教师而言,在校工作时间越长,收益越大。期权工资的支付额度每年根据学校整体的收支情况,做动态调整。学校发展良好,期权工资每月支付额度上调;学校发展不畅,则支付额度下调。此种政策主动性在学校,受益性在广大诚心愿长期为学院服务的教职工。

(3) 坚持以人为本,将业务能力作为考核内容和评价标准,正确处理好教师工作量与教学质量的关系,不能忽视教学质量,完全以工作量来考核一个教师是否合格。

(4) 根据学校的具体情况,制定相关的考核细则,让考核具有可操作性,而不是浮于表面的考核制度,考核结果最终公开透明,并且与教师的职称、晋升、奖金挂钩,达到靠激励进步的效果。

(5) 同时基于 X 理论,为教师设置一定的发展限定期,比如作为工学结合专班模式的专任教师,以三年为一个考核迭代周期。在考核周期内进行第三方的客观评估,如在各个考核方面没有明显的提高,不思进取,则解除劳动关系,达到非升即走的约束理念。

(6) 对于兼职教师的激励,在强调物质激励的基础上,还要加强责任心教育,同时,在兼职过程中,进行里程碑式的考核,重奖先进,淘汰落后。

第六节 工学结合专班师资成效及建设展望

登云科技职业学院经过多年的产教融合、校企合作发展实践创新,在工学结合专班师资建设的领域至少在三个层次上有极大的成效:一是培养了数以万计的工学结合专班的高技能人才,同时汇聚了一大批优秀的工学结合专班师资,全院符合工学结合专班要求的师资比例逐年上升,优秀的工学结合专班师资占全院总师资的百分之二十;二是在工学结合专班师资建设理论上有开拓和创新,从前文提到的师资准入、培养、管理、使用及专业建设各过程都有一套完善的建设理论和规章制度;三是产教融合、校企合作背景下的工学结合专班模式的思想已深深地植入到学院全体教师的思想中,学院以"产教融合、校企一体"作为新时代学院发展的章程。

学院深知工学结合专班师资建设任重道远,永远在路上,我们有信心披荆斩棘,开拓进取,立足现实,科学发展,以习近平在十九大报告中指出的"要深化产教融合"为行动指南,做好新时代工学模式师资建设。我们的工作信心主要来自以下三个方面。

一、国家及昆山的宏观政策

根据《中国制造 2025》中提出的实现制造业强国的目标需求,以及昆山市在《昆山市国民经济和社会发展第十三个五年规划纲要》中提出的昆山要建设成全球有影响、国内有地位的先进制造业名城目标需求,登云科技职业学院必能争取国家及地方政策及经费支持,依托产教融合、校企合作机制,做好新时代的工学结合专班师资建设的各项工作。

二、学院发展的战略目标

登云科技职业学院积极努力通过省级示范校验收的目标,到 2020 年创建应用型本科的战略目标,都迫切地促使学院要做好工学结合专班的师资建设工作,使其成为登云科技职业学院产教融合、校企合作实例化的一个招牌。

三、学院本身的态度和实力

登云科技职业学院在高职院校的产教融合、校企合作方面有长期的实践经验和完整的体系理论,作为由此产生的工学结合专班,学院领导放在战略层面进行考量,优先支持发展。"苹果 A+雏鹰计划"工学一体化课程的开发、"西门子智能制造创新中心"的入驻、"登云创新科教园项目"的动工、IEET 专业认证的开展,都从不同程度上支持和激励了工学结合专班的师资建设。

"宝剑锋从磨砺出,梅花香自苦寒来",新时代的登云人必将兢兢业业,诚诚恳恳地做好工学结合专班师资建设这篇文章!

第五章 工学结合专班的学生管理

第一节 概述

工学结合就是在学生的培养过程中,以职业为导向,利用校内、校外的教育资源,将学生的理论学习、基本技能训练与实践经验培养有机结合起来。这种模式具有开放性、真实性、实践性的特点,更加符合职业教育的本质要求,已经成为我国职业教育发展的主要方向。

学生是工学结合的主体之一,是工学结合的重要组成部分。工学结合专班学生管理是一种具有综合系统形态的教育实践,有自身的目标系统、内容和过程评价,具有其自身的规律性和特点。对专班学生实施有效的管理关系到校企合作工学结合改革的成败,有利于实现广大学生的在校教育和自我教育的结合,能提高学生的综合素质和就业竞争能力,使其做到知行合一、德技并修,为学生的职业发展奠定奠定良好的基础。

一、理论依据

1. 马克思主义理论依据

马克思在《资本论》中提出,"未来的教育对所有已满一定年龄的儿童来说,就是生产劳动与智育和体育相结合,它不仅是提高社会生产的一种方法,而且是造就全面发展的人的唯一的方法。"

列宁说:"没有年轻一代的教育与生产劳动相结合,未来社会的理想是不能想象的,无论是脱离生产劳动的教学和教育,或者没有及时进行教学和教育的生产劳动,都不能达到现代技术水平和科学知识现状所要求的高度。"

"教育与生产劳动相结合"是我国社会主义教育方针的重要内容。2018年全国教育大会上,习近平总书记强调要弘扬劳动精神,教育引导学生崇尚劳动、尊重劳动,懂得劳动最光荣、劳动最崇高、劳动最伟大、劳动最美丽的道理,长大后能够辛勤劳动、诚实劳动、创造性劳动。

以上论述深刻地揭示了教育与劳动之间的相辅相成,相互促进的关系,是实施工学结合专班学生管理的重要理论支撑。

2. 教育心理学理论依据

教育心理学特别是体验性学习理论认为：最有效率的学习是在一定的社会实践环境中，学习者为自身生存和发展需要而进行的积极主动性的学习。校企合作、工学结合为学生提供了一个真实的实践环境，学生会感受到实践带来的刺激，进而使学生体验到自己的不足，进而激发其学习知识技能的主动性，及时自我调整，产生更加清晰的目标，实现"在做中学，在学中做"，扎实地掌握知识和技能，实现自我发展、自我完善。内化于心，外化于行，形成符合社会要求的职业素养。

二、定义、意义和基本原则

（一）工学结合专班的学生管理定义

学生管理是指学校对学生在校内外的学习和活动进行计划、组织、协调、控制的总称。工学结合专班的学生管理（简称专班学生管理）是指为实现工学结合的教育目标，以工学结合专班为载体，按照学生的身心特点，有目的、有计划、有组织地对学生所实施的管理总和。它是工学结合教育管理工作重要组成部分。

专班学生管理不同于教学管理，以非学术事务管理为主。它也不同于以校内学生事务为主的传统的学生管理模式，因为它除了包括专班学生的校内管理外还有校外涉企方面的管理。

校外涉企方面的管理主要包括：学生下厂排程的设定和调整、职前教育、食宿安排、实习岗位安排、学生权益保障、学费收缴以及一些紧急性、突发性事务处理等。内容繁杂，主体多元，牵扯多方利益，具有不确定性。

（二）专班学生管理的意义

对于当前独生子女为主体，处于青春期，心智尚不够成熟，阅历有限的高职学生来讲，实施科学有效的管理对学生的健康成长有着极其重要的意义。

工学结合实现了生产劳动和教育的有效融合，通过工学结合的实践锻炼，可以帮助学生树立正确的价值观和形成热爱劳动的优良品德，培养个体的创造精神和合作发展能力，进而认识到劳动对人生和社会发展的意义，形成热爱劳动，尊重劳动，愿意以自己的劳动来服务国家、服务社会的价值观。

专班学生管理有助于学生的社会性发展。个体需要在集体生活中体验和学习在社会中如何与人共事，如何参与公共生活、承担责任，形成群体生活的规则意识和社会规范。工学结合为学生提供了能够使其得到较为充分发展的外部环境，在进入企业实习后，学生就具备了学生和员工的双元身份，除了承担学习和工作的基本职责外，需要在其他组织或者活动中承担多种责任。在企业的群体生活中，在学生之间、师生之间、学生和企业同事之间、学生和企业者管理之间，形成多维的、相互交错的合作关系，在多重身份和多种关系的自我认知和管理制度、管理老师的引导等外部约束下，学生形成了对自己角色和责任的认知，学会了对共同规则的尊重并会付诸实践，由此逐渐形成的权利、责任、自由、民主等社会核心问题，促进学生的社会性的发展。

专班学生管理有助于维护学校正常的教育秩序，助推社会稳定。有效的管理帮助学生形成良好的学习习惯和行为习惯，提高学生责任感和自我管理能力，进而保证教育教学活动的顺利展开，提高教学质量，实现教育目标，为教育教学活动提供保证和有力支撑。

工学结合专班实行工学交替，实岗培养。下企业实践是专班教育模式的关键一环。因此，众多专班学生必须跨出校门，走进企业，走进社会，实现工与学的结合。在社会大环境中，学生在衣食住行、人际交往、安全健康等方面不可避免地产生碰撞、摩擦，产生一些不和谐因素。如果管理松懈，对学生放任不管，发生不良事件，轻者影响工学结合的效果，有损于学校形象，重者会危害社会，影响社会的稳定和发展。

（三）基本原则

专班学生的管理原则就是对专班学生进行管理时应该遵守的基本要求。它以学生的自身发展规律和社会的发展需求为依据，来源于专班管理实践，是管理过程的规律性反应。这些基本原则对于组织和开展专班管理具有指导意义。

1. 方向性原则

专班学生管理以工学结合为载体，通过制度约束、文化建设、集体活动等方式，利用校企双方资源，坚持校企协同育人的理念，促进学生的全面发展，培养高素质的实用性技术技能型人才。

专班学生管理要以立德树人为终极目标，以优秀的传统文化为基础，要把社会主义核心价值体系、现代企业优秀文化理念融入人才培养全过程，强化学生职业道德和职业精神培养，坚持"劳动光荣、技能宝贵、创造伟大"的时代精神，坚持工学结合、知行合一、德技并修，坚持弘扬工匠精神。重视学生的全面发展，推进素质教育，增强学生自信心，满足学生成长需要，促进学生人人成才。

2. 人本原则

人本原则就是在管理中坚持以人为本，在管理活动中把人作为管理的核心。不仅仅是把人看作管理的对象，更要把人作为管理的主体，通过激励，调动和发挥学生的积极性和创造性，去实现预定的目标。工学结合体现了"以人为本，全面发展"的教育理念，强调学中做、做中学，有利于人的协调发展。在专班学生管理过程中坚持以人为本的原则，把人作为管理的中心，既要强调人的普遍共性，又要尊重每个人的个性和特殊利益要求，充分肯定人的尊严，做到善以待人，充分尊重学生的主体地位。开发学生潜能，做到人尽其才，重视学生的全面发展和可持续发展，兼顾社会需求和人的自我发展的需求，充分调动其自我教育的主动性和创造性。引导学生积极参与职业实践，正确地认识自我，恰当地评价自我，科学地设计自我，形成自我教育能力，在管理的过程中使学生得到全面发展。实行人性化管理，激发学生对真善美的追求，重视其价值实现。让学生能够在相应的岗位实践中形成职业竞争力，实现自我发展。

同时要坚持集体主义和个人需求相结合的原则，即集体尊重个人的权利和价值，个体尊重集体规范和利益。当集体和个人利益发生冲突时，个人要服从集体利益，不得把个人利益凌驾于集体利益之上。

3. 坚持多元协同的原则

工学结合的实施涉及政、行、企、校、家、生等多元主体，多方利益。专班学生管理必须坚持多元协同、成果共享、风险共担、相互支撑的原则，考虑和维护各方利益，加强实践育人，以保证专班学生管理的顺利实施，促进学生的健康成长。

4. 技能培养与职业素养培养相结合的原则

总的来看，当前高职生职业素养总体不高，与实际需求相距甚远，主要原因是："缺规划、缺投入、缺教材、缺师资"；忽视高职学生的心智特征，"重技能、轻素养"，将职业技能的培养和职业基本素养的培养割裂开来；实际建设中，"说得多、做得少"，形式化、表面化倾向严重，重视硬件建设，忽视"软环境"建设；忽略了实践性，行业、企业需求侧和教育供给侧要素相脱节，满足不了实际需要。

因此，学生管理要注重职业技能培养与职业素养培养有机融合，实现人的知识技能的工具性和精神性相统一。在人才培养的过程中，应将职业精神融入技能培养之中，确立技术技能与情感态度、知识学习与价值观培养结合的教学目标。学习职业技能、内化职业素养，使学生的职业素养得到提升。

第二节　专班的学生管理的现状及问题

工学结合校企合作改变了传统教育的形态和管理模式，具有如下基本特征：一是校企双主体育人，企业成为育人主体；二是学校理论技能学习与企业实岗培养交替进行；三是学校企业双元教育场所；四是学生具有学生和员工的双重身份。

工学结合的基本要求就是要实现"五个对接"——工学结合、产教深度融合、专业与产业对接、课程内容与职业标准对接、教学过程与生产过程对接。以上给专班学生管理工作带来了冲击和挑战。

一、专班学生的一般身心特征

要了解专班学生管理的现状和问题，首先要了解管理的对象——专班学生。一般而言，高职学校的教育对象主要是年龄在 18 岁左右的青年大学生。

从生理特点来看，高职生（18~22 岁）正处于第二次生长高峰，身体尚处于发育之中，性机能逐步成熟，神经系统生理发育已接近成人的水平，分析综合的能力显著提高，内分泌较为旺盛，易兴奋，思想较为活跃，能够进行较长时间的脑力劳动，能够承当较为繁重的学习任务。

从思想意识来看，高职大学生正处于世界观、人生观、价值观定型时期，具有强烈的好奇心、求知欲望和创新能力，已经初步形成了积极向上的思想。

但是，高职大学生正处于由抽象逻辑为主向辩证逻辑思维发展的阶段。由于缺乏知识且阅历不足，对社会缺乏深入了解，容易产生片面性，做事易走极端；缺乏自信，常常自尊和自卑交替出现；独立性差，往往过多地依赖老师和家人；普遍缺乏劳动和吃苦精神，缺乏积极主动的工作精神和团队协作精神；挫折承受力较差，一旦理想与现实有差距，会产生巨大的心理落差，往往选择逃避。

从学生成分和生源质量来看。当前高等教育已经转变为大众普及阶段，高职院校招生分数线已经很低，注册入学更是降低了入学门槛。生源成分多样化，主要有普高生、中职生、社会青年、退伍士兵等；生源质量不高：知识基础相对薄弱，缺乏学习主动性，很多沉迷于网络，完不成正常的学业要求；不能吃苦，缺乏劳动素养，纪律性、责任感不强，违纪违规现象严重，企业流失率高。

二、存在问题

（一）环境变化导致的问题

（1）下企业实践过程中，学生大部分在一线工作，"大学生"的优越感陡然消失，地位甚至不如一般工人，有时会受到一些"老员工"的讽刺挖苦，产生负面的影响。在由学生到社会人角色转换的过程中所产生的心理落差使学生们心态失衡，工作积极性不高，思想上出现波动，充满矛盾和冲突，甚至产生一系列恐惧、焦虑、自卑和忧郁等负面情绪。

（2）"校企双元育人，工学交替"的模式使教育场所拓展至校外，学生在一定时期内脱离校园环境，进入社会环境中，形成多区域教育格局，出现"同班不同企，同企不同岗"的现象。由于校外的环境比较复杂，不像学校环境那样单纯，与外界接触增多，对学生的影响是多方面的，既有正面积极的影响，也有负面的消极的影响。对于人生观价值观还不成熟，意志力较弱的青年学生来说是一个考验，很难实现有效的管理与自我管理。

（3）文化上的冲突。企业文化属于竞争性文化，是以盈利为目的的，人际关系比较复杂，工作以技能训练和实际操作为主，管理严格，一般以经济惩罚为主要管理手段。要求员工要有服从意识、责任意识和团队精神，要具备较强的抗压性。而学校文化以育人为目的，人际关系单纯，实施柔性管理，注重思想教育，包容性强，学生以学习理论知识为主，允许试错。对长期生活在较为单纯的校园文化氛围中的学生来说，已经习惯了老师和家长的照顾，原有的学习、生活秩序被打乱，有的人无法适应学生到员工的角色转换。因此，与企业的要求有差距，很难从容应对在下企实践中出现的问题。

（二）管理缺位导致学生管理失控

1. 校企管理制度不衔接

学校制度的设计以学生为中心，涉及各个方面，而企业的制度以生产任务为中心，侧重于生产管理，除此之外的情况关注较少。因此，二者出现监管的模糊地带，学生管理有漏洞，无法形成有效的工作合力，甚至是越管越乱。

2. 缺乏校企协同的学生管理机构

校企双方在实训安排和过程管理、考核评价等方面缺乏有效的协同机制，职责与权利缺失，校方无法对在企学生实施全面有效的管理，而企业从利益出发，除了关注生产管理方面的问题外，不愿在学生管理上投入较多的人力物力。

3. 学生权益保障机制不完善

工学结合专班学生下企实践时的身份没有清晰的法律界定。学生在企业工作时不属于正式员工，当学生权益受到侵害时，会出现无法可依和无章可循的尴尬局面。如遇到工伤问题就会出现扯皮现象，小伤还可以通过保险等方式解决，但面对伤情严重，赔偿数额较高的情况就陷于赔偿主体无法确认的困境，导致家长、学校、企业产生纠纷。

4. 管理师资缺乏

一些管理者和教师只是习惯于原有单纯的校内事物管理方式，对参与工学结合改革的积极性不高，甚至有抵触情绪，排斥下企业实践等。因此，专班学生事务管理被转嫁到辅导员身上，形成了辅导员一肩挑、压力大、负担重的状况。学生下企期间，学生管理人员主要以校方管理人员——辅导员（或驻厂老师）和企业基层管理人员为主。由于空间分散和学生人数较多的限制，校方管理人员要兼顾在多家企业实习的学生，不熟悉企业管理，只能对学生进行思想教育，说服教育，效果不明显；而企业基层管理人员，没有受过专门的教育管理培训，把学生当员工对待，管理方式较为简单，惩罚为主，不善于做学生的思想教育工作，有时会导致与学生矛盾激化，产生不安定因素。

综上所述，总体来看，专班的学生管理在制度和机制上还不够成熟和完善，缺乏有效的管理手段，难以形成教育合力，学生缺乏工作积极性，有时候会选择离职，造成生源流失，使专班学生管理工作面临严峻的挑战。因此，必须转变传统的学生管理模式，不断创新，构建全新的学生管理工作模式，增强学生管理工作的主动性，做到"因事而化、因时而进、因势而新"，更好地服务于学生的成长成才。

第三节　工学结合专班学生管理的组织

组织就是人与人之间的行为模式，为了完成共同的目标，而彼此分工合作、相互影响的活动系统。因此，工学结合专班也是一种组织，它就是为了实现特定教育目标，根据一定管理原则而构建的体系和机构。

一、组织目标

专班学生管理的组织目标是为实现工学结合的教育目标和任务所确立的一定时期专班学生管理活动的质量规格和标准，应该体现时代特征，随着时代和社会的进步而发展。专班学生管理的目标可以分为阶段目标和最终目标，如表 5-1 所示。

表 5-1 专班学生管理目标

目标分类		内　　容
最终目标		帮助学生形成良好的职业意识和职业行为习惯，实践能力、创新能力和谐发展，成为"基础实、专业精、能力强、素质高"，适应社会需要的高素质技术技能型人才
阶段目标	第一阶段	使学生初步认识企业，了解企业管理规章制度，初步了解职场和企业文化，做好职业规划，具有基本职业素养
	第二阶段	偏重于让学生把专业知识理论同岗位相结合，基本适应岗位需求，具有抗压性，加深对工作岗位的认识，对职场和企业有了更加深刻的认识
	第三阶段	通过前两个阶段的积累，在企业管理等方面得到提升，使学生在走出学校之前就基本具备了企业岗位所要求的职业素养，满足企业的基本需要

二、构建专班学生管理的网络

校企合作是跨界的融合、跨界的合作。专班学生管理是涉及多个层面的系统性工作，要构建纵横交错的管理网络，使校内外的相关部门和成员明确职责、协同合作，发挥整体功能，实现管理目标。

一是构建纵向、垂直的专班学生两级管理机构，形成自上而下的决策指挥系统和自下而上的信息反馈系统。在学校层面成立工学结合专班管理机构，配备专职人员，负责全校专班学生的协调管理事务，做好专班下企的计划排程，负责系部专班学生下企考核评价及教育管理工作。系里层面成立由系部主任、专业教研室主任、专任教师、辅导员组成的驻厂教师专班学生管理机构，负责专班学生的学习培训、管理和下企事务的具体实施。签订合作协议，规定实施方案、双方的职责、培养目标等，落实校企双方的责权，既明确分工又相互合作。

二是构建横向多元主体的专班学生管理机构，即教育系统和社会各级的横向组织结构。可以由政府相关部门、行业协会（或专业管理委员会）、实习单位、学校人员组成。机构各方既要互信、互动、密切配合，又要各司其职、各负其责，建立联席会议、协调会等定期协商交流机制，建立情况通报制度。

三、构建管理队伍

（一）建设双师型管理队伍

对学生"工学结合"校外实习期间的教育管理，坚持学校管理和校外管理相结合的原则，学生在遵守法律法规和校纪校规的同时，还必须遵守实习单位的相关规定。

建立双师型管理队伍，负责下企期间专班学生的管理工作。可通过聘请专兼职教师和管理人员或者选派校内人员下企业学习锻炼的方式，建立一支结构合理、数量充足、既懂专业又懂企业管理的双师型专班管理队伍，全程参与学生管理，把技能训练与日常管理相结合，及时化解学生下企期间遇到的问题。

（二）建立学生的自我管理队伍

学生既是专班管理的客体，也是参与专班管理建设的主体。在下企期间要积极引导学生进行自我管理并参与管理，充分发挥班级中学生干部及党、团员学生的骨干带头作用，培养学生自我教育和自我管理的能力。辅导员、班主任充分利用现代通讯、网络等多种方式，随时保持与实习学生的联系，掌握学生在实习期间的表现情况。

四、制定和完善专班管理制度

制定和完善工学结合专班学生管理制度是保障专班学生管理机构正常运行的重要手段。专班学生管理制度主要分为：一是职责类制度；二是常规类制度，如日常行为规范和学习工作生活准则等；三是考核奖惩类制度，即对考核结果给予肯定或者否定的评价制度。

从专班学生的管理实践来看，专班学生管理要做到有章可循，有章可依。校企双方要共同研讨、制定相关专班学生管理制度及管理方法；结合专业和实习岗位的特点，制定学生下企业实践行为规范，对学生在下企期间的工作、学习、活动等做出具体的要求，并不断地加以改进、完善制度体系，确保实习的内容、形式和管理方式有利于学生身心健康，有利于提高学生的职业能力。

第四节　专班学生管理的实施

一、专班的准入

根据国外工学结合的管理经验，在具体的地域内，同一专业的所有学生都必须参加工学结合教育，学校把工学结合的"工作学期"视为教学计划的有机组成部分，没有参加工作学期的学生无法毕业。这种做法被看作是工学结合的根本特征。但是鉴于我国的工学结合、校企合作职教模式刚刚起步，在观念、制度方面还不完善，发展不充分，社会大众还没有完全熟悉、接受工学结合的情况下，无法全面实施国外的这种具有"强制性"的工学结合模式。但是为了有效地开展工学结合工作，保证人才培养质量，要因地制宜，实施专班准入制度，通过选拔测试等手段，让符合条件的学生进入专班学习。专班准入程序如下。

（一）面向社会公开招生

每年招生时，把专班学生招生列为招生工作的重要部分，把专班学生的招生要求和条件等写入招生简章，向社会公开招生，必要时由招生人员做详细的解答。

（二）自由申请和校企选拔的双向选择制度

自由申请：有意愿参加"工学结合"专班实习的学生应首先由个人提出申请，并取得家长或监护人同意。

校企选拔：对于不同的合作企业，有不同的选拔要求，有的通过全校遴选，建立冠名班级，专门培养；有的按照专业编班，统一到合作企业实习。一般都要通过心理健康测试、职业素养测试、面试、体检等手段，考查学生是否符合专班的工学结合要求。除了测试学生必备的知识和技术能力外，重点考查学生平时表现和潜在的一些职业素养，包括人生观、价值观、职业态度、敬业精神、语言表达、沟通能力、心理健康等内容。

双向选择。符合要求的学生与学校、企业签订协议书，要明确学生、家长、学校和企业的责任、权利和义务，以保证学生在自愿的基础上参加工学结合，消除学生因学校统一安排而产生的抵触情绪。把学生编入工学结合专班，制订专门的人才培养计划和教学大纲，并使其与学生的实习企业的排程相衔接，按阶段到企业实习，进行职业技能培训和职业素养的培养，使学生能力在实践中得到提升。

二、职前教育

（一）定义及内容

专班学生的职前教育是指学生在进入实习单位前实施的职业素养等方面的教育培训。好的职前教育可以帮助学生对专班各阶段的学习有一个清晰的认识，助推学生快速地适应岗位要求，加速由学生向准员工的角色转换。

职前教育可以分为基础性或者通用性的教育，如职业生涯规划、通用职业技能、职业素养等方面的教育，具体内容包括心理健康、安全知识、职业规划、面试技巧、简历撰写、职场礼仪、沟通技巧、团队精神、时间管理、质量意识等内容。

专门性教育是依据实习企业的情况，对学生进行的相关行业、岗位技能、企业文化、企业规章制度等专门化教育。

专班学生的职前教育应注重学生隐性职业素养，如职业理想、职业道德和职业行为等方面的培养；注重提高学生理论与实践相结合的主动性和积极性，提高学生的环境适应能力；注重学生的个性和实践潜能的发展，促进学生个性发展。

（二）校企协同教育机制

学生在实习单位顶岗实习期间具备双重身份，既是学校学生，又是实习单位的准员工。为此，必须建立教育机制，对学生展开有针对性的职业素养培养、心理辅导、职业指导、岗位安全等一系列教育。

1. 加强职业素养的培养

教育部在《关于推进高等职业教育改革创新　引领职业教育科学发展的若干意见》中提出，要改革培养模式，增强学生可持续发展能力，把强化学生职业素养培养放在重要位置。调查显示，当前学生普遍缺乏"爱岗敬业、吃苦耐劳"的职业精神；缺少认真、负责的工作态度，服务意识、奉献意识、诚信意识、职业道德感有待提升。缺乏自主职业生涯规划，职业认同感差，对未来的职业理想、信念不明确，职业目标不甚清晰。

有的合作企业表示："更看重的是职业态度、责任心、吃苦耐劳精神等职业素养。专业基础知识与技能对于一个从业者来讲固然重要，但是我们更看重一线员工除专业知识和技能之外的综合职业素养储备。因为知识、技能即使不会，可以在岗位上慢慢学。"

职业素养教育的重点应在于职业态度与道德人格素养、主体责任意识素养、岗位适应与耐挫能力、职业敬业精神、动手操作与实践能力等。

2. 加强文化涵育

良好的育人环境可在无形中帮助学生形成良好的精神面貌。通过学习平台、知识模块、讲座、竞赛、社团活动等多种形式积累文学艺术知识和公关礼仪知识，提升赏析能力和人际交往与沟通能力，提升学生的外在气质和内在素质，为其终身可持续发展奠定基础。

在校园文化建设中融入企业文化元素，利用网络、报纸、多媒体、宣传栏等手段，营造浓厚的文化氛围。例如，布置国内外知名企业家名句、先进的企业理念、管理规范、行业质量标准等内容的宣传；在教室里按照企业的要求，进行墙面文化布置。

3. 注重实践提升

把职业素养活动融入日常管理活动中。比如，学生日常生活和学习中，在课堂管理、宿舍内务整理、食堂礼仪等方面，引进企业的6S（整理Seiri、整顿Seiton、清扫Seiso、清洁Seiketsu、素养Shitsuke、安全Safety）管理模式，帮助学生养成良好的生活习惯，可以帮助学生提高工作效率和强化职业素养。

开展活动，发挥团体性教育作用。积极开展形式多样的、适合学生特点、喜闻乐见、健康有益的活动，积极开展团队素质拓展训练、模拟职业面试、职业技能竞赛、创业竞赛等渗透企业文化元素的活动，充分发挥学生自我教育、自我管理、自我服务作用。

实训、实习过程中，加强对学生进行品德教育、纪律教育、法制教育和岗位职业道德规范教育及其养成训练。

比如，在实训室构建仿真的职业环境，实行严格的工作管理制度，如上班期间穿工作服，佩戴安全帽等。按照企业管理模式，设置相关职位，如"部门主管""线长""安全员""技术员"等职位。上班前，召开部门会议，布置任务。"安全员"进行每天例行的员工安全教育。每天实训结束后，基层领导要对当天工作情况进行总结和点评，做好6S管理。

4. 设立专门指导课程

开设专门指导课程的目的是针对专班学生在实习过程中容易发生的问题，实施针对性的指导和教育，重视学生职业操守的培养，引导其提升职业素养。

开设专班职前教育课程。通过校内相关部门，如教务处、拓展处、学工处，以及企业人力资源部门，开展讲座、专题班会等教育形式，让每位专班学生对企业文化、企业规章制度、薪资构成、福利待遇，以及阶段学习目标与要求等内容有一个清晰的认识，做到心中有数。专班学生须按要求参加职前教育课程，完成规定课程，可获得相应学分。

大力开展安全教育。进行以法制观念、安全常识、校纪校规、实习单位规章制度等为主要内容的安全纪律教育，使学生增强劳动安全意识、自我保护意识。

做好学生的心理指导。针对工学结合专班学生在角色转换、环境适应、职场人际等方面出现的心理问题，做好学生的心理指导和疏导工作。

做好职业生涯规划和就业指导。在工学结合下做好高职学生职业生涯规划和就业指导是提高高职学生职业道德教育成效的重要环节。要帮助学生做好职业生涯规划，进一步明确其发展定位和方向。要帮助学生认识自身的优势与不足，服从社会需要，结合专业选择最适合自己的工作，传授并让学生掌握一些求职技巧和策略。

举办相关讲座和培训。邀请企业专家大师或者杰出校友来校做讲座和交流，结合企业发展和自身成长经历，和学生交流如何提高现代企业所要求的职业素养和能力。通过这些培训学习，营造学生注重自身素质和职业素养的良好学习氛围。

三、专班学生在企实习阶段的管理

专班学生的在企实习是指学生在学校接受理论和技能训练后，进入企业进行实岗培养，是工学结合专班教育的重要一环，是"做中学"的过程。

（一）岗位培训指导

学生进入实岗培养阶段，企业进行岗位培训，除进行行业规章制度和实习管理规定等企业文化的学习外，还要请有较强理论知识和较好操作技能的员工，结合单位情况和岗位要求对实习生进行岗位培训，使他们在顶岗前对行业标准、岗位要求进一步熟悉和了解，以便较快转换角色，尽快适应岗位。

实习单位文化对学生思想品德具有潜移默化的影响作用，要善于利用实习单位的优秀文化教育熏陶学生，如邀请实习单位优秀员工开展讲座等，通过现身说法，教育引导学生爱岗敬业，遵守行业道德准则，规范职业行为，不断提高自身的职业素养。

（二）管理教师跟踪管理和定期下厂制度

1. 专班管理教师的具体职责

专班管理教师的角色有如下四种：一是指导者，帮助学生及时总结学习经验，改进学习方法，及时化解学生工作生活中的各种矛盾和冲突，为他们提供就业指导；二是心理健康的辅导者，能够指导学生调适心态，维护增进心理健康，提高学生的适应能力；三是学生权益的维护者，引导学生知法守法，保护学生的合法权益不受侵害；四是校企沟通的桥梁，一边联系着学校，一边联系着企业，加强双方的沟通和交流。

专班管理教师具体职责一方面是负责下企专班学生的监督和考核工作，配合企业的生产或者业务需要，开展学生教育工作，每周、每月都有考核评估。另一方面发挥沟通、协调功能，帮助学生解决遇到的困难和问题，就有关问题和企业进行沟通和协调。根据专班学生在企业的实习情况，实行跟踪管理和定期走访制度。

2. 跟踪管理和定期下厂制度

对于初次下厂班级，学生比较集中的企业，派驻辅导员或驻企老师在企业现场全程跟踪协助企业管理学生的日常生活和生产实践，上好校企实践课程，开展学生的思想教育、安全教育工作，及时处理出现的各种突发事件，针对学生在劳动纪律、卫生等方面存在的问题，进行监督和整改。

对于属于第二或第三阶段下企实习的学生或者下厂学生人数较少时,可采用辅导员和实习指导老师到合作企业每月定期实地走访的办法,要做到每个月至少一次或者多次。

定期走访要做到"三见面"。一要走访合作企业的领导,可从宏观角度了解学生下企情况,沟通了解校企双方的问题和建议。二要走访企业一线管理人员或者学生的指导教师,从微观角度全面掌握学生的工作、学习、思想状况等。三要走访学生,了解学生在实习过程中遇到的问题,了解学生在真实工作环境中的真实想法,针对学生存在的思想问题、心理不适等给予指导和帮助。同时,就学生反馈出来的一些建议和要求,向校方和企业进行沟通交流。

3. 构建师生网络交流新平台

互联网背景下信息互动性增强,为交流提供了更为便捷的渠道,缩短了人与人之间的距离。在学生管理过程中,构建有效畅通的信息交流平台,可以拓宽信息的反馈渠道,有利于了解学生的建议与需求,同时也有利于学生及时了解学校的各种信息。老师可以利用qq、微信等网络工具,及时和学生进行沟通交流,掌握学生在企业的工作生活情况,及时了解学生思想状况和心理变化,提高学生管理工作的效率。互联网的使用也使家校互动更加方便,学生家长可以充分参与到学生管理中来,做到校、企、家、生及时沟通,共同促进学生的管理工作。

4. 密切与家长的联系制度

家长是学生的第一任老师。学生行为习惯、个性的发展都受到家庭环境的影响。家庭是学生强有力的社会支持系统。在专班学生管理过程中,可以通过家访、家长会、家长接待日、开展家庭教育咨询、发放学生下厂实习家长告知书等多种方式,密切与家长的联系,让家长了解工学结合专班的状况。如果学生实习过程中遇到一些棘手的问题,可以借助家长,开展说服教育工作,帮助学生圆满完成下厂实习任务。

(三)建立学生保障机制

1. 强化风险防范机制

牢固树立安全意识和责任意识,建立专班学生下企实习的风险防范机制。首先,校方要依照有关学生实习的规定和标准,派专人对合作企业的工作环境、安全状况、食宿条件进行评估,考察其能否给学生提供一个安全的工作和学习环境。按照有关法律条款,签订学生(家长)、学校、合作单位三方安全协议,分清三方在安全方面的责任和义务,并为学生办理相关保险,给予学生充分全面的保障。其次是学校与企业签订《校企合作协议书》,协议规定学生到企业顶岗实习期间实践教学的日常管理、安全保障由企业负责,一旦发生安全事故,企业应履行协议合约。最后是协助企业、学校与学生及家长签订《实习管理协议书》,明确在校企合作中三方各自的权利、义务、责任。

增强学生的自我保护能力,加强对学生生产安全、自救自护和心理健康等方面的教育。成立由校方、企业、社会保险机构、政府劳动社保部门参与的学生权益保护机构,专门处理学生在下企期间发生的工伤、待遇纠纷等问题。

2. 突发和紧急事务处理机制

下企期间，学生的突发事件主要分为：身体意外，如疾病意外伤害；违法违纪违规事件，比如打架斗殴；群体性事件，比如罢工；心理障碍和疾病等。

突发事务工作系统。首先应成立突发紧急事务的层级体系，由学校学工工作领导－系部学生工作负责人－辅导员以及相关科室人员（心理咨询，就业办，拓展处）－职业指导老师（驻厂老师）－企业师傅－学生联络人（班干部，宿舍长、小组长）－学生构成应急事件管理体系和畅通的信息反馈系统。

学生联络人由工作能力强、在同学中间有威信、可靠的学生或者班干部来担任。以宿舍或者工作部门为单位，经常关注身边同学情况，发现异常，及时向管理老师汇报。突发事件发生时，在老师没有到现场前，能够对事件进行简单处理，稳定事态。

专班学生管理要按照预防为主、客观分析、主动跟进、分类教育和重点协同的原则进行管理，积极了解重点人群的状况，客观分析其状态，注意工作方式、方法，要主动与企业、家庭沟通，共同做好防范。

事件一旦发生，应该在第一时间赶到现场，了解事件情况，采取有效措施，控制事态，并进行适当处理。了解情况，掌握信息，向分管领导汇报状况，与家长联系。

做好善后处理工作。处理问题的同时要注意保护学生权益和隐私。要校企和家长共同努力，做好学生的思想工作。要对事件及时总结，吸取教训。同时管理老师要注意保护好自身安全，及时留下相关证据，以备后用。

设立学生流失预警机制，凡是学生离职率超过30%的企业要实现预警，做到及时反馈，立即干预，查找原因，做出对策。

四、评价与考核

（一）形成多元评价主体

工学结合下除了教师是职业教育评价的主体外，企业也参与到学校人才培养教育中来，我们还要注重学生家长及学生本人的参与。家长的参与能起到引导督促作用，学生的参与更能起到自我激励作用，这样就形成了多元评价主体。这些主体的评价相互补充、相互贯通，能把专班学生管理工作更好地落到实处。

（二）评价突出实践性

评价方式采取理论考核与实践考核相结合的方法。加大实践技能考核在课程考核中的比重，对于实践性较强的课程，采用以实操为主的考核方式，由校企共同制定评价学生实践技能的考核标准，既便于在工学结合的教学中实施，又能客观、真实地反映出学生在工学结合的专业实践中职业素质方面的综合表现，为用人单位提供录用时的参考。

校企共同对学生的实习过程进行控制。

校企共同填写《学生下厂实习考核表》，根据平时工作表现（包括出勤、平时纪律等）、实习工作日志、实习单位考核、实习报告四部分综合评定成绩。对学生的工作评价则由企业指导老师和管理部门根据学生的工作态度、操作技能、沟通能力、合作意识、服从情况、出勤等做出综合评价等级。

成绩实行优秀、良好、合格和不合格四个等级制，并纳入成绩管理。学生下企业实习期间，要求每月递交实习报告，其内容要求是与学生工作岗位相关的技术问题，要说明所学知识在实际工作中的应用，要说明学会了哪些技能，遇到了什么样的问题，以便指导老师给予解答。

（三）建立学生成长档案

记录学生在教育教学活动过程中体现出来的职业素养水平和状况，评价结果与学生个人评优助困、入党就业挂钩。如北京市商业学校职业素养护照制度，以学生成长为主线，以职业精神培养和职业行为养成为核心，通过课程、基础、专业、岗位、拓展五个模块，以职业素养学分和证书、证明、证章的评价方式，记录学生在思想品德、技术技能、文化艺术、体育科技等方面取得的成绩、荣誉和资格资质。

通过严格规范的考核评价，使学生增加下厂实习的积极性，不断提高专业技能和综合素质，提高就业竞争力。

五、激励机制

1. 建立有效的工学结合学分转换机制

在实行学分制的基础上，进一步探讨多种形式的学分转换机制和弹性管理，学生因下厂实习而错过的课程由一年一次补考改为一年多考。学生可以用根据企业实际问题写成的实习报告或者企业考核置换学分，实现学生在校课程学分和下企业学分有机衔接。

2. "多证书"制度

学生在取得职业资格证书后，可以根据考证内容免考或部分免考相关的"考证课程"。达到课程学习与证书考试互相促进的效果。

学院应将顶岗实习的考核成绩作为学生获取相应学分和毕业证书的必要条件，成绩考核由学校和实习单位指导教师及辅导员共同完成。考核合格的专班学生除了可获得学历证书和相关职业资格证书之外，还会获得校企共同签发的《工学结合专班学生岗位技能证书》，学生以此作为自己实习工作经历的凭证。实现学生的技术和经验积累，以弥补应届生缺少实际工作经验的不足，在求职中具备竞争力。

3. 实施表彰制度

为了巩固教育效果，激励学生参加工学结合教育的积极性，校企双方要对表现优秀的师生进行精神和物质上的表彰，如进行优秀员工、优秀指导教师、先进集体、工学结合专班之星等表彰活动。

六、专班退出机制

专班退出机制是指学生在专班学习过程中，特别是在下企实习过程中，由于各种原因，无法适应企业工作环境退出专班，转入非专班学习或者自主择业，继续完成学业。

依据具体情况具体分析的原则来实施专班退出机制。

（1）对工作不适应退出专班，主要表现为：对企业规章制度、生产情况、工作环境、岗位认知等缺乏细致的了解；学生在生理、心理等方面不适应现场工作。

（2）在下企业实习前，通过宣讲，让学生再次确认自己是否适合下厂实习，并要求把具体情况告知家长，不能下厂实习的学生可为其办理相关手续，转入普班学习，或者升本进修、参军等。

（3）对于已经进入企业实习的学生。一般会给予一周左右的适应期，在此期间学生可以考虑体验工作，不适应的同学可以按照相关手续正常离职，退出专班。对于超过适应期而提出离职的同学，除非身体原因、继续深造、参军等情况可以办理离职手续外，其他情况一般不办理退出手续。可以根据学生实际情况，确有正当原因的给予一次调岗机会。对于故意怠工，违反公司规章制度的学生，在处理上与在岗正式员工区别对待，可给予学生教育改正的机会，但是多次违规多次教育无效要按有关规章处理。被企业开除的学生，学校要视情节轻重，根据《学生守则》和其他管理规定给予如警告、严重警告、记过、留校察看、开除等处分。

第五节　专班管理的成效

自登云科技职业学院工学结合专班成立以来，"工学结合，校企双主体育人"的理念深入人心，我们欣喜地看到工学结合专班模式已经成为学院深化职教改革，提高办学水平，培养提高学生就业竞争力的重要抓手。专班学生的管理工作与时俱进，不断创新，呈现校本化、综合化、规范化等新趋向，在管理队伍、制度体系、科研创新、学生竞争力等方面取得了一定的成效。

一、形成了专门管理队伍和制度体系

目前，登云科技职业学院已经形成了专门的、纵横交错的、校企结合的双元管理结构，构建了由辅导员、专业教师、驻厂老师、企业指导老师组成的专班管理队伍，形成了职前教育、职业指导、心理辅导等一批指导体系。

形成了一整套较完整的工学结合管理制度和文件体系，具体包括：《实习须知》《学生实习告知书》《告实习生家长书》《学生实习手册》《学生外出实习实训安全保障制度》《学生工学结合实习管理制度》《实习教学安全纪律规定》《学生实习考核办法》《专班学生下企调查问卷》等。

二、培养造就了一支科研队伍，形成了一批科研成果

经过多年工学结合改革实践，广大老师都以极大的热情投入工学专班的管理实践中，认

真研讨其中的问题，为学术研究奠定了良好的基础，为教师的专业发展提供了途径。发表了一系列相关的学术论文，扩大了工学结合专班的社会影响力。根据知网显示，与登云科技职业学院专班学生管理方面相关的论文有 20 余篇，论文呈现研究问题校本化、研究对象专题化、研究方法多样化、研究资源整合化的特点，内容涉及：专班学生管理模式和管理机制研究；工学结合专班学生心理问题、心理健康教育、心理危机干预、心理调适；学生健康状况的研究；专班学生的权益维护；涉企突发事件的研究与预防；工学冲突课程学分置换方案；辅导员处理学生涉企事务能力研究。

这些科研成果标志着工学结合专班学生管理的研究在逐渐深入，进入了一个新的阶段。

三、讲好专班故事，推动校园文化和企业文化的融合

充分发挥和挖掘了工学结合育人新功能。与企业联合表彰下企期间表现优秀的学生，开展评选专班之星等活动。例如，同洽兴公司、通力电梯、立讯电子、纬创等公司共同对表现优秀的学生给予表彰，并把登云学子在企业时间中爱岗敬业、吃苦耐劳的青春故事搬上舞台，扩大了工学结合专班学生的社会影响力，加深了社会大众对职业教育的认识。

2013 年至 2017 年举行工学结合专班原创剧活动，师生自编自导自演以工学结合专班故事为主题的原创剧 26 部，并完成《原创剧汇编》一部。

四、专班学生实际操作能力有较大幅度提升

专班学生利用在企业工作的机会，积累了一定的经验，具备较强的实操能力，近几年在一些技能大赛中频频获奖。如机电工程系模具专班学生获得全国模具大赛一等奖，酒店管理专班学生获得全国职业技能大赛一等奖，汽车系专班学生获得江苏省技能大赛二等奖。

五、专班学生素质得到大幅提升

实践表明，学生经过在企业一个时期的锻炼，在纪律性、学习自觉性、行为礼仪、吃苦耐劳等方面得到了大幅度的提升，思想上更为成熟。

工学结合专班为学生顺利就业拓展了新的渠道。专班学生在经过三阶段（大约 12 个月）的实岗锻炼后，提前具备了相关职业技能、基本职场素养，成为企业的"准员工"。合格的人才被企业直接择优录用。对学生毕业后直接在实习企业就业留任，不要再东奔西走地找工作，节约了人力、财力。据麦可思调查，登云科技职业学院专班学生的毕业后留企率达到了 53%，扩大了工学结合专班的影响，有力地助推了当地经济的发展。

第六章 工学结合专班的成效

第一节 探索了混合所有制办学的体制

2014年年初,李克强总理在国务院常务会议上部署加快发展现代职业教育时指出,要以改革的思路办好职业教育,并提出发展职业教育是"促进转方式、调结构和民生改善的战略举措"。同年6月,习近平总书记在全国职业教育工作会议期间做出重要指示,要求全国各级党委和政府将加快现代职业教育摆在更加突出的位置。无论在理论界还是实践层面,均对"大力发展中国特色职业教育"形成了统一的共识。《国务院关于加快发展现代职业教育的决定》首次将"混合所有制"和"股份制"这两个经济学领域的概念引入职业教育领域,提出"探索发展股份制、混合所有制职业院校,允许以资本、知识、技术、管理等要素参与并享有相应权利。"基于此,登云科技职业学院也开启了职业教育领域混合所有制办学模式改革探索的新征程。

一、混合所有制引入现代职业教育的必然性

(一)深化经济体制改革,完善国家基本制度的必然要求

根据混合所有制的内涵,我们知道它是多种所有制交叉持股、相互融合的一种所有制形式,发展混合所有制对于进一步扩大国有资本功能、保证国有资本保值增值、提高国有资本竞争力等都有促进作用。根据发达国家的经验,高等职业教育与一国的经济建设和社会发展有着紧密的联系,对经济建设、社会发展的作用更为直接有效。当前,我国正处于深化经济体制改革、大力发展混合所有制经济这一历史大环境中,为了更好地为国家经济建设和社会发展服务,适应新形势下社会资本结构的调整,职业教育应当立足社会需求、结构调整等变化,积极探索和构建现代职业教育体系,并努力实践办学体制的创新,这就需要教育行政部门和职业院校解放思想、改革创新。由此,将混合所有制引入职业教育是大势所趋,是时代的必然,这将有助于在国家经济建设转型、社会深化发展的过程中进一步扩大国有教育资本的效能,从而吸引更多的其他主体参与到职业教育的发展中来,形成多种所有制资本参与技术技能型人才培养的态势,最终构建一个办学主体多元、教育产权多元,并能进行高效、自

主、规范管理的现代职业教育办学模式和治理架构,进而更加有利于国家深化经济改革、提升社会发展水平。

(二) 集聚社会力量,激活社会资本活力,提升职业教育办学质量的需求

混合所有制在 40 多年的改革开放过程中,被证明是一种行之有效的所有制形式。将混合所有制引入职业教育领域,对增强办学活力、提升教育水平,也必将会产生深远影响。通过研究发达国家经济建设和职业教育的发展经历,我们发现,突破行业的限制、所有制的约束,按照市场价值规律对社会上闲置的资本、劳动等要素进行有效整合,这是深化经济改革、盘活国有资产存量的有效途径。混合所有制形式在集聚社会闲散资本等要素时比单一的所有制形式更能发挥集聚作用。与此同时,混合所有制形式在执行过程中还有利于推动社会资产所有权的转移,进而能够对社会经济结构、资产结构等起到优化、增值等作用。目前,我国社会闲置资金数量大、范围广,如何发挥其作用,并实现保值增值,将其引入到职业教育也是一种不错的投资渠道,这也为在职业教育领域发展混合所有制创造了现实条件。从近几年我国的实践情况看,无论是 2011 年洛阳引入 13.2 亿元民间资本新建 91 所民办学校,还是 2013 年温州采取措施鼓励 20 多亿元民间资金投入职业教育,还是潍坊引进 30 多亿元民间资本投资教育领域的结果来看,混合所有制在教育领域的应用是行之有效的,尤其是在目前我国新型城镇化进程中,职业教育已经不能满足社会发展的需求,因而需要推动大量社会闲散资金进入职业教育领域,发展混合所有制,来解决投资主体资金无出路、职业教育发展遇瓶颈的问题,为职业教育的春天注入活力。

(三) 解决职业教育校企深度融合困境的体制性障碍

从目前我国职业教育的办学看,其主体大多数是国有公办。由于办学主体单一,在管理过程中,行政化管理的手段运用较多。由于缺乏投资主体与利益主体相互之间的博弈,导致职业教育办学主体的进取心不强、行政化味道过浓,从而阻碍了职业教育的发展,也阻碍了职业教育为社会经济发展贡献的能力。引入混合所有制,既可以解决去行政化的问题,又使得社会资源按照有效的规律进行整合配置,进而使资本的办学效率实现最大化,使办学机制回归职教本质;同时,引入混合所有制,容易打破学校与企业之间的壁垒,使校企合作更顺畅、更深入,并能够切实从本质上实现产学深度交融。学校和企业两界融合后,企业将成为职业教育办学的重要主体,就会把职业教育办学和治理提升视为己任,从而使职业教育"校企合作、工学结合"这一最具特色的育人模式真正地落到实处。

(四) 激发职业院校本身办学活力,构建现代职教体系的需要

《国务院关于加快发展现代职业教育的决定》明确指出,"政校分开、管办分离、自主办学是现代职业教育体制的核心。"传统的职业院校因依偎在政府的襁褓中使得其办学主动性不强。引入混合所有制,可以实现职业教育领域的制度创新,提升职业教育的办学效益。其一,混合所有制模式下的管理制度更具刺激性,更能调动职业院校领导、员工的参与度、效能感等,可以为调动其主动性、发掘其潜力提供一个新空间;其二,混合所有制模式的职

业院校若采取职工持股手段,则会进一步体现职工的主人翁意识,调动其工作积极性、挖掘其创造力;其三,混合所有制鼓励不同主体以资本、技术、知识、管理等要素持股,使得主体多样多元,可以形成互补的趋势,有利于职业院校的发展。

二、现代职业教育混合所有制的办学模式

根据混合所有制的内涵界定,现代职业教育混合所有制的办学模式主要可以分为宏观、中观和微观3个方面。宏观的混合所有制办学模式主要是指不同属性的资本间的混合,譬如公有和非公有制资本的混合、国有或集体资本间的混合、非公有制资本间的混合等;中观的混合所有制办学模式主要是指公有和非公有制资本的混合、国有与集体资本的混合;微观的混合所有制办学模式仅指公有和非公有制资本的混合。根据上述的划分,我们列举出如下几方面的混合所有制职业院校办学模式。

(一) 国有公办职业院校与民营企业资本融合

这种混合所有制办学模式是指国有公办职业教育主体与国内民营资本主体双方以入股的方式将所有资本所有者的资产集中起来,进行统一的经营运作,最终双方按股分红的一种产权组合方式。如2008年沈阳职业技术学院与当地一家大型民营企业合资建设国家示范性软件职业技术学院,双方通过董事会的方式,各持股50%,学校投入校舍、师资、设备等,企业投入6000万元资金,在校内建设相对独立的融教学、实训于一体的区域。在这种混合所有制办学模式的驱动下,学院院长由董事会选举产生,并向企业招聘高技术技能型的师资,在教学过程中,采取"做中学"的模式,最终将学校发展成为国家、省市有名的软件示范校。

(二) 国有公办职业院校与外资企业资本融合

这种混合所有制办学模式是指以职业院校资本为主体,与国外或境外的资本进行融合所形成的一种职业教育组织形式。各方按照先期所订立的契约承担各自的责任、行使各自的权利,最终实现多方共赢的局面。如2007年广东工程职业技术学院与迅达(中国)电梯有限公司进行资本融合,相互合作,组建混合所有制职业教育办学模式。讯达(中国)电梯有限公司是瑞士迅达集团的全资子公司,向广东工程职业技术学院注资2000多万元,双方共建生产性实训基地进行员工培训、学生实训、顶岗实习等项目,迅达(中国)电梯有限公司参与到学校的人才培养方案的制定、人才培养的全过程,包括组建职业技能鉴定中心、安排学生就业等。

(三) 国有、私营及民办教育主体通过职业教育集团托管模式

这种混合所有制办学模式是指国有资本、私营资本及民办教育主体通过资金、知识、设备、人才等的投入,委托相关职业教育集团对新组建的教育体进行管理的模式。如黑龙江东亚学团按照多元主体、市场办学等原则,有效采用委托管理的方式,让职教集团对学校进行管理,实现了无政府财政支持情况下扭亏为盈。同时,在混合所有制模式下,通过委托代理管理模式可以成功构建一个多层次、多渠道、多主体混合的职教模式。该模式已经在全国很

多省市得到推广。

（四）民办职业院校与国有机关或事业单位资本融合

这种混合所有制办学模式是指以民办职业院校为主体，吸纳国有事业单位资本进入学校办学而形成混合所有制办学模式。这种混合所有制办学模式以民办职业院校为办学主体，但也充分利用国有事业单位的行政权力，帮助协调学校运行。如2012年江苏紫琅职业技术学院引入国有事业单位资本，形成混合所有制办学模式。当然国有事业单位占股相对较少，一般在20%以下。但国有事业单位作为股东之一，也选派相关人员进入董事会，监督学校办学情况，并在关键时候给予资金、协调等帮助。该模式有效促进了学校发展，2014年，该校成功升格为民办本科院校。再如苏州工业园区职业技术学院也是引入苏州工业园区管委会这一行政单位，帮助学校进行事务管理或协调，最终通过双方的共同努力，学校成为国家示范性高职院校。

三、昆山高新区和登云的混合所有制办学

学院与昆山市工业技术研究院（昆山工研院）共建昆山阳澄湖（两岸）产学研协同创新中心，在政策推广、产学研项目对接、科技移转等方面取得初步成效基础上，推动昆山高新区创新载体活力建设，赢得政府信任与支持。由关门办学转变为面向社会办学，学院的社会服务项目由向政府要项目变为政府主动给予项目，先后承接了昆山市人社局、经信委、高新区、科技局4部委办局的政府服务项目。在2014年5月印发的《国务院关于加快发展现代职业教育决定》的政策引导下，2017年6月29日，与昆山高新技术产业开发区管委会达成"区校战略合作协议"，即昆山高新区投资8000万元入股登云科技职业学院，形成了混合所有制办学。在共建昆山登云（两岸）科教创新基地的同时，大大增强了学院的办学实力与办学活力。透过办学体制的改变，学院政行企校的合作越发地紧密，由向政府要项目逐渐变为政府主动给予项目，并吸引了西门子、清华同方等企业来校合作共建。

第二节　创建了一套校企合作共赢的机制

学院专门设置产学合作发展处负责对政行企校合作的引进与项目管理，强化教务处负责在校企合作人才培养过程的教学运行管理与校企合作专业与课程建设的业务指导质量保证，强化质量处负责的人才培养质量与校企合作质量管理监控，系部负责校企合作人才培养实施，形成了院系两级的运行机制。

一、分担与分享机制

通过对接职业岗位，工学结合，以职业岗位能力为主线，加强对学生技术技能的培养，校企共享设备、技术、师资，面向实际使用职业岗位设计教学方案，使毕业生的职业技能与

职业岗位有机衔接，学院制定了系列符合工学结合实际情况的制度。通过《昆山登云科技职业学院"工学结合专班"暂行规定》及产学合作发展处的系列制度，我院在深入剖析企业人才结构需求的基础上，践行"工学结合，校企双主体育人"模式，构建出"三阶段岗位"和"三课程体系"。在实施工学结合专班过程中，我院又与企业共同制定人才培养方案，并在学生实习单位选聘经验丰富、业务素质好、责任心强、安全防范意识高的企业生产管理人员或技术骨干担任学生在企项目课程授课教师及学生在企业实践课程指导教师，按照双方协定的实习计划，结合企业内训机制，在企业开设与实践岗位内容相对接的项目课程，现场指导学生岗位技能的提升，完成学生阶段实习的评价，校企"双师"共同指导、管理学生实习。

同时，在校企合作中学校教师可以挖掘企业的横向课题，帮助企业解决生产过程中的具体技术问题或难题，开展技术改造、技术研发、成果转化和新技术推广，为企业提供技术服务，制定了《昆山登云科技职业学院教育科研项目管理办法》。此外，针对企业员工职业技能培训及职业等级技能鉴定工作的需求，制定了《昆山登云科技职业学院校外技能鉴定管理办法》，以期更好地服务企业，实现校企双赢。

二、决策与运行机制

学院面对校企合作发展需求，顺应工学结合发展趋势，转变观念、调整做法、落实举措，利用民办院校灵活办学机制，从顶层设计开始制定了系列符合工学结合实际情况的运行制度：《昆山登云科技职业学院教师下企业管理暂行规定（修订）》《昆山登云科技职业学院教职工驻企管理细则（修订）》；有机调整寒暑假制，推进《昆山登云科技职业学院暑期教师下企业实践锻炼工作方案》；在此基础上完善了《昆山登云科技职业学院关于制定人才培养方案的指导意见》，提出了"多方参与，产教融合"的制定原则，并针对"工学结合，校企双主体育人"而带来的教学计划受市场影响的变更，制定了《昆山登云科技职业学院教学计划调整制度》，在遵循教育教学规律的前提下，协调满足校、企、生三方需求。

同时，"工学结合专班"这一载体，及学院的各方配合，为学院职业教育发展集聚了一批面向各行业的企业资源及企业专家资源，在此基础上成立了以专业或专业群为单位的"专业建设指导委员会"，根据产业发展趋势，为学院专业建设与发展建言献策，为课程体系架构与改革给予指导意见。例如，面向行业协会单位需求应运而生的汽车车身维修技术专业，填补了学院汽车应用专业群在汽车售后市场的不足；结合酒店管理实际需求所开设的《酒店信息系统实务》课程，教学所用酒店管理软件直接导入企业专家所建议的"企业版"而非"教学版"，在通用软件的基础上，增设国际酒店专用软件，大幅提升了学生的就业竞争力。

在深化"校企合作、工学结合"的过程中，除"双主体育人"外，依托"两岸产学合作联盟"和"昆山阳澄湖（两岸）产学研协同创新中心"，积极鼓励教师争取或参与各类横向课题、专项调研，第一时间掌握企业人才岗位需求、技术发展趋势，以最短路径、最快时效反馈教学，完善教学标准，调整教学内容。2016年昆山市人社局《紧缺人才调研》项目中，学院5个系共计127名专任教师走访企业147家，邮件及电话访谈1172家，共计发出问卷1289份，回收1196份，形成了《2016年度昆山市重点产业紧缺人才及高技能人才政策调整专项调研报告》，成为《市政府印发关于实施高技能人才计划的意见的通知》〔60号文〕政策文件出台的重要依据。在此过程中，建筑艺术系掌握了《建设工程监理规范》和《建筑工程施工质量验收统一标准》，与腾泰公司共同编制了《监理员实践指导手册》。

三、激励机制

校企合作是高职院校实现人才培养模式改革、提升办学实力的重要途径。为促进校企资源共享、优势互补，鼓励系部通过与企业开展全方位、多形式的合作，推进学院高素质技能型人才的培养，真正实现产教融合，从而更好地服务地方经济发展，特制定《昆山登云科技职业学院校企合作激励制度》，围绕工学结合专班以校外实训基地、企业教室、大师工作室等多种形式开展合作，并以现金奖励、年终考核加分、配套经费申请等多种方式进行有效激励。

《昆山登云科技职业学院教师下企业管理暂行规定（修订）》《昆山登云科技职业学院教职工驻企管理细则（修订）》《昆山阳澄湖产学研协同创新中心项目管理暂行办法》《昆山登云科技职业学院教育科研成果奖励办法》对专业老师驻企补贴、企业访视和诊断所产生的劳务费用、教科研成果奖励等，都有了明确的规定。

四、多元评价机制

一方面学校加强外部引导，建立吸引企业参与质量控制的长效机制，对企业实施分层分类评价，对优秀企业从生源质量、合作的持续性、合作的多元化等方面满足其需求；另一方面在内部分工的基础上构建对企业的稽核机制，明定内部稽核单位。

（一）评价组织

评价组织由产学合作发展处、教务处、系部三方构成。其评价内容架构如表6-1所示。

表6-1 昆山登云科技职业学院"工学结合"企业评价组织架构

评价组织	产学合作发展处	系部	教务处
评价依据	法律法规及规章制度	合作协议	教学计划
评价范畴	行业地位及权益保障	专业对口度	教学目标达成度
评价内容	单位资质、薪资待遇、工作生活环境等	专业教学的配合度、岗位安排情况（专业对口度及轮岗晋升）、内部培训开展情况	项目课程执行情况、企业兼职教师参与情况

（二）评价指标

企业评价指标如表6-2所示。

表6-2 昆山登云科技职业学院"工学结合"企业评价指标

一级指标	二级指标	三级指标
育人理念及成效（35%）	课程	在企项目课程的推展
	教材	积极配合学院校本教材编写
	沟通渠道	学生在企管理有专设机构或人员
	合作成效	流失率
		接收毕业生就业率
教学实训条件（37%）	硬件保障	行业代表性及实训环境
		设备捐赠
	软件保障	企业兼职教师配备
		企业培训内容与材料配备
	岗位安排	阶段岗位安排
保障体系（21%）	食宿	住宿条件及工作餐
	助学金	待遇包含专班补助金、校企合作金、加班费、奖学金等应发薪资
	保险及事故处理	为学生购置保险情况
	休息娱乐	休息/娱乐条件
综合评价（7%）	多元合作	科研项目
		社会培训
	服务	助学金代扣
加分项	管理体系	企业内部管理情况

（三）评价等级

企业评价等级及相应措施如表6-3所示。

表6-3 昆山登云科技职业学院企业评价等级及措施

等级	措施
优秀	（1）继续合作，作为优秀生源实习的首选，提供优秀生源 （2）评审遴选作为校外示范实训基地，拨给一定的建设经费 （3）提供企业员工培训及学历提升
合格 & 良好	继续合作，保障稳定的生源供给
不合格	终止合作

上述评价机制的建立，将企业作为影响教学质量的因素之一纳入了教学质量管理的范畴，在学校内部建立了稽核组织，设定了控制目标与评价标准，同时对评价等级设定了相应的举措，以吸引及保障企业愿意参与到共同维护稳定质量的管理过程中来。

(四)制定学生实习评价考核方案

昆山登云科技职业学院目前对学生企业实习阶段所设定教学内容及要求主要如表6-4所示。

表6-4 昆山登云科技职业学院企业实习评价考核方案

评价内容		评价依据
职业素质	实践操作	出勤到岗情况
	企业文化与规章制度	企业制度的遵循,有无违规违纪等情况
专业技能	项目课程	人才培养方案&校企合作协议所附项目课程信息表
	实习指导手册	针对《指导手册》每一岗位/工种工作要求、工作标准达成情况（学生自评+企业评价）
	阶段实践报告	季度实践报告
综合能力	企业评价	直接主管阶段（月/季度）综合评价

其中,项目课程为在企业集中授课,其内容主要为校企双方根据人才培养方案中项目课程教学目标与要求,针对适合在企业进行现场授课的章节共同协商确定开课时间、授课人员,作为人才培养方案教学计划进程表的一部分,以合作协议附件的形式与企业达成共识。其余评价内容其学分标准、评价指标、责任人员等详见实践课程实施管理细则。

实践指导手册由各专业根据行业、企业特点进行编写,每个专业/企业的实践指导手册内,根据学生实习岗位,明确学生在每个岗位实习过程中需要了解的知识点及必须掌握的技能点。

(五)企业人员作为学生实习质量评价(评学)的重要组成部分

在整个实习评价考核方案体系内,学院为企业技术骨干及基层管理人员颁发"企业实习指导教师"聘书,邀请他们作为学生实习完成质量的评价主体,与学院辅导员、教师共同承担学生在企实习过程工作态度、专业教学以及岗位实做多元角度的评价工作。

根据各企业实际情况,企业实习指导教师每月或每季度对学生的评价将作为成绩的一部分计入学生实习成绩及学分。

上述方案的确立,一方面明确了学生实习阶段的考核评价标准,使其在企实习阶段的质量管理有了评价的依据;另一方面加入了企业实习指导教师的元素,弥补了因分散实习而造成的教学质量跟进人力不足的状况,保障了全面质量管理过程监控的不间断。

上述制度的制定,有效保障了校企双方的权益,大幅提升了校企双方的积极性与主动性,从而能更好地培养出符合企业岗位要求的高素质技能型人才。

第三节　促进了学院内涵发展

一、形成了符合产业特色的 9 大专业群

（1）以产业链、产业群为基础打造 9 个专业群，如表 6-5 所示。

表 6-5　专业群

系部	专业群	专业
信息技术系	计算机应用专业群	计算机应用技术
		计算机网络技术
		移动互联应用技术
		软件与信息服务
	智能电子专业群	应用电子技术
		电气自动化技术
		智能产品开发
		电子产品营销与服务
机电工程系	机电产品设计与制造专业群	模具设计与制造
		数控技术
		机电一体化技术
		工业机器人技术
建筑与艺术系	建筑工程专业群	建筑工程技术
		建筑工程管理
		工程造价
	室内设计专业群	建筑室内设计
		室内艺术设计
		环境艺术设计
	广告设计专业群	艺术设计
		广告设计与制作
商务管理系	现代企业管理专业群	电子商务
		工商企业管理
		物流管理
		市场营销

续表

系部	专业群	专业
商务管理系	现代服务业专业群	酒店管理
		财务管理
		高铁动车乘务
		老年服务
汽车工程系	汽车应用技术专业群	汽车制造与装配技术
		汽车检测与维修技术
		汽车车身维修技术
		汽车营销与服务

(2) "机电产品设计与制造专业群"以工学结合为特色,成功通过江苏省"十二五"高等学校重点专业申报与验收。

二、推进了"现代职教体系""中高职衔接"工作

依托工学结合专班模式下"校企合作"思路,赢得中职、本科院校认可。

(1) 成功联合申报江苏省现代职教体系建设试点项目:与泰州机电高等职业技术学校,联合申报了3+3中职与高职分段培养项目;与东南大学成贤学院联合申报了3+2高职与本科分段培养项目。

(2) 形成稳定的中职生源合作院校26所,见表6-6。

表6-6 与学院稳定合作的中职生源院校

序号	学校	地区
1	泰州机电高等职业技术学校	泰州
2	泰州博日电脑技术学校	
3	泰州扬子江技工学校	
4	江苏省海门中等专业学校	海门
5	江苏省通州中等专业学校	通州
6	南通爱丁堡艺术职业学校	南通
7	常熟市滨江职业技术学校	常熟
8	苏州市相城职业教育中心校	苏州
9	苏州福纳影视艺术学校	
10	昆山第一中等专业学校	昆山
11	昆山第二中等专业学校	
12	昆山花桥国际商务城中等专业学校	

续表

序号	学校	地区
13	无锡市科元技工学校	无锡
14	江苏省邗江中等专业学校	扬州
15	扬州市宝应中等专业学校	扬州
16	扬州市生活科技学校	
17	江苏省睢宁中等专业学校	徐州
18	江苏省射阳中等专业学校	盐城
19	江苏省丹阳市技工学校	镇江
20	淮安市金湖中等专业学校	淮安
21	淮安文化艺术学校	
22	山海关铁路技师学院	秦皇岛
23	景德镇第一中等专业学校	江西
24	泗阳霞飞中等专业学校	宿迁
25	泗阳中等专业学校	
26	宿迁黄河专修学院	

三、解决了民办院校生存困境

（1）依托于创建的工学结合专班，引进产教融合新路，融合两岸职教优势，打造办学品牌特色，2015年成功申报成为江苏省唯一一所民办省级示范性高等职业院校建设单位，并于2016年启动建设（2015年、2016年省级示范性高等职业院校立项建设单位见表6-7）。

表6-7 2015、2016年省级示范性高等职业院校立项建设单位

序号	院校名称	启动建设年度
1	苏州健雄职业技术学院	2015年
2	盐城卫生职业技术学院	
3	南京旅游职业学院	
4	无锡科技职业学院	
5	泰州职业技术学院	
6	江苏建康职业学院	
7	昆山登云科技职业学院	2016年
8	苏州工业园区服务外包职业学院	

（2）基于"中高职衔接"所巩固的稳定生源以及"工学结合专班"的校企合作职教品

牌,在江苏省高考生源逐年下降的基础上,作为民办高职院校连续 5 年招生稳中有进(2012~2016 年招生数见表 6-8)。

表 6-8 2012~2016 年招生数

年份	合计招生	其中:中职	其中:高中
2012 年	2110		
2013 年	2089	830	1259
2014 年	2216	1086	1130
2015 年	2460	1844	616
2016 年	2467	1619	848

第四节 助推了学院迈向产教深度融合

一、工学结合奠定基石

学院董事会及全体院领导高度重视校企合作,又借鉴台湾技职教育服务产业经济的成功经验,结合区域特点创建"工学结合专班",开展"工学结合,校企双主体育人"教育教学改革模式,非专班学生均以"工学结合概念"进行教学改革实施。

(一) 优选合作企业

学院合作企业 300 余家,其中连续三年以上稳固合作企业 74 家,从合作企业引进了稳定的兼职教师 198 人,校企共同培养学生 2934 名,占毕业生数的 40.6%,为昆山企业提供了稳定的人才输入。被省厅评定为成效显著院校。十余年来,校企合作呈现出合作企业稳定化、合作专业整合化、合作单位多元化、合作模式平台化的趋势。

学院对合作企业的选择执行标准化作业,制定了完善的和系部共同考察的方案,首先明确可进行合作的企业必须具备有完善的内训机制,要有先进的设施设备,要有领先的行业地位等条件;其次通过前期考察、过程监控、优胜劣汰三项管控点来保障与共同推行"工学结合专班"承担学生培育与企业的理念相通及执行一致。

(二) 校企共同设计实施人才培养方案

我院在深入剖析企业人才结构需求的基础上,践行"工学结合,校企双主体育人"模式,构建出"三阶段岗位"和"三课程体系"。"三阶段岗位"即基础技能操作、专业技能训练和专业技术或管理岗位,结合企业人才需求数量与时间,有计划、有系统确定专业、班级及实践时间段,"三阶段岗位"设计有效地调动了企业"育才"积极性。"三课程体系"即"核心课程""实践课程""项目课程","三课程体系"以"职业能力"为主线,以专业核心技能培育贯穿始终。学院始终坚持课程体系改革和教学内容改革要服务于学生核心技能提升，"三课程体系"是在"三阶段岗位"培养过程中不断形成和完善，依据企业岗位技能需求而建立的。

目前企业的项目课程共计 82 门，总课时数 6753 课时。

（三）校企合作共同培养，双师队伍不断优化

通过教师到企业顶岗实践、挂职锻炼、校企互聘等多种形式加强双师队伍培养，学院每年组织百名教师下企业实践锻炼，参与在企学生教学指导、社会服务，开展企业需求调研、对企合作交流、承担企业职业资质认定专项培训等工作。经过多年的建设与培养，学院现有在岗教职工 375 人，专任教师 225 人，占教师总数的 49.7%；双师型教师 157 人，占教师总数的 69.7%；通过深化校企合作、建设项目课程，从合作企业引进了一批稳定的兼职教师队伍，兼职教师现有 198 人。人才培养质量赢得了社会广泛好评和行业专家高度赞誉。

二、校企合作多元化

（一）校外特色实训基地建设

在原有工学结合专班基础上，学院在校企合作实践中，坚持"联合培养""设备共享""双师互聘"多元校企合作方式并行推进，已建立 114 家运行稳定的校外实训基地，并建立了比较完善的校外实训基地管理和运行机制。

几年来，依托校外实训基地，实现了专业设置与产业需求对接课程内容与职业标准对接教学过程与生产过程对接、校企共同开发、管理校外实训基地和就业基地。毕业生实习率达 100%。

（二）产教融合实训基地

服务区域经济和产业发展，是登云科技职业学院生存与发展的基础。如何更加主动、贴切地融入并服务于昆山区域经济和产业发展，是学院一直面对和研究的重要课题。随着学院校企合作的深入和展开，学院收到的产业界的应用型人才需求越来越多，仅仅依靠学院的实训基地来培养昆山产业所需的应用型人才无异于杯水车薪。为此，学院在更好地发挥政府在人才资源开发中的指导作用、企业在人才需求中的主体作用、职业院校在人才培育中的关键作用等方面做了很多探索，需要通过产教的深度融合，建设一个以政府政策为导向，融合产业需求的，形成"政、行、企、校"共建、共管、共享、共用的产教融合实训基地才能大力有效服务于昆山的区域经济发展。目前学院以校内外实训基地链接"1＋N"的方式打造产教融合实训基地。

以学院从机电工程系与商管系的实训基地这个"1"入手，分别与行业有影响力的企业合作，积极打造"N"：与德国双元制代表企业 VOITH 合作共建"登云-福伊特机电学院"，以机电工程系试点开展课程体系改革，通过合作培养教师取得国家化（AHK）证照、学院取得国际化鉴定资质；将昆山民营企业代表华恒焊接"请进来"，探索与产业共同建构"焊接工种职业训练标准与考核体系"；与 Foxconn 合作建设"富连网校园云旗舰店"，将学院教

学、培训与学生创新创业连为一体；与美国苹果公司共建"苹果 A + 雏鹰计划"，进行课程体系改革；吸引了西门子入校共建智能制造创新中心；吸引了昆山高新区以混合所有制的形式参与学院两岸科教基地的建设和管理，与此同时，扩大学院产教融合实训基地的服务覆盖面。

这种产教深度融合式发展的实训基地，实现了职业院校教育教学过程与行业企业生产过程的深度对接，融教育教学、生产劳动、素质陶冶、技能提升、科技研发、经营管理和社会服务于一体。打破了职业与教育、企业与学校、工作与学习之间的藩篱，不仅能促进高素质劳动者和技术技能人才培养，还将促进职业院校和企业共同开展技术研发并将成果转化为生产力，从而推动企业技术进步、产业转型升级和区域经济社会的发展，与此同时，使昆山的"人口红利"逐步转向"人才红利"，提升昆山制造业的整体竞争力。

（三）企业定制化提升项目

面对激烈的市场竞争和企业飞速的发展，学院了解到企业很多基层管理者和技术工人不能长期为公司任职，致使企业在用人和留人等环节造成巨大的成本浪费，严重地制约了企业的发展。登云科技职业学院在长期的校企合作中积累了丰富的经验，针对合作企业的用人留人需求进行技能培训和学历提升工作。

学院依托产业，服务区域经济，每学期组织学生参与国家职业资格技能鉴定，有95%以上的学生取得中级或高级证书。同时，学院也为企业量身定制各类培训考工。

学院有着丰富资源和强大师资，接受各单位委托开展多种形式定制合作，组织集体培训、派遣技术教师现场培训和技术咨询，可以开设机械加工类、装备制造类、财会类、语言类培、设计类（平面设计）、电子商务类等的定制化培训项目。仅去年为昆山企业继续教育937人，技能培训718人次。

三、产教融合为目标

（一）运作载体

昆山市工业技术研究院（昆山工研院）科研力量雄厚、技术创新能力强、有着丰富的成果转化经验。昆山登云科技职业学院作为省内第一所、昆山市唯一的民办省级示范性高等职业院校，具有优秀的师资队伍，有着丰富的台湾合作资源和稳固的企业基础。在昆山市领导，市、区部门，阳澄湖科技园管委会的关心支持下，院所双方资源有效对接，配合昆山市推展产业转型升级政策，结合两岸产学研资源共建"昆山阳澄湖（两岸）产学研协同创新中心"，借助昆山工研院前期投入资源与力量，保证中心运作政策导向、服务重点方向、高度及覆盖面，实现服务创新资源整合与推广的最大效益。借助登云科技职业学院在台湾地区的资源及合作企业基础、师生长期在企业紧密合作优势，将台湾创新资源引入，有效实施产业需求调研、政策宣导与应用，实现两岸产学研协同创新服务区域产业转型升级。

（二）运作模式

承接政府专项（政策调研、宣传），针对区域企业有效需求进行调研数据收集、统计汇总及分析，借助信息化平台及第三方优质专业资源，接受昆山市政府各行政单位（科技局、教育局、经信委、人社局等）委托或专案购买项目，形成政府政策的推广、企业申报服务、产业发展趋势的研判、政策实施效果验证及调整方向建议等专项服务类业务。

汇集企业需求，聘请行业专家联合参与调研问卷的设计，调研问卷的设计聚焦于所关注的产业，采用启发式的方式，引导企业发掘自身问题和需求。组织全职＋专业老师搭配的团队进行初步调研，根据初步调研结果对企业进行分类、分级，再根据不同级别派出包括台湾专家在内的深度调研队伍。同时为便于调研数据汇总与分析，开发相应的信息化平台，对数据进行汇总分析形成调研报告，进行后续辅导或专案对接。

对接两岸资源，将台湾的最新成果（人才、项目、资金），透过中心和需求方对接，通过专家辅导服务，转化为昆山企业的生产力；利用中心的台湾资源搭配本地人员组成科研专案小组，促成科研项目的在昆孵化。

提升师资，在运作协同创新中心的过程中，所依托的重要力量是学院的师资，在这个过程中，学院老师可以接触产业一线需求，及时进行课程改革，调整人才培养方案，与此同时，学院老师作为助手，参与到两岸专家的具体项目中去，可以有效地提升老师科研服务能力。

（三）具体成效

1. 承接政府购买服务项目，服务政府职能

中心目前已承接科技局、人社局、经信委、高新区四部门政府购买服务项目。项目详情如表6-9所示。

表6-9 中心目前承接政府项目

项目名称	类型	对接单位
科技创新公共服务载体建设	专项申报	科技局
昆山市重点产业紧缺人才及高技能人才政策调整专项调研	专项调研	人社局
经信委"工业控制系统信息安全保障"项目	专项辅导	经信委
昆山高新区台资企业重点产业转型升级示范辅导项目	专项辅导	高新区

2. 调研转型企业，挖掘企业需求

创新中心调研团队对遴选的企业进行走访调研，目前已进行企业资源收集1489家，挖掘出产业需求211项，经过筛选甄别有效需求并正在转化的项目共计55项。其中，定制化培训需求27项，科技服务需求16项，政策运用服务12项。

3. 对接两岸机构，引入专家资源

中心通过引入台湾创新资源，建立两岸产学研对接机制，凝聚两岸高校科研成果、产业辅导技术资源、创新创业资源，通过两岸科技服务交流，实现引智、引资、引才，推动与深化区域经济产业转型升级。

中心积极对接两岸机构、专家，为转型升级辅导试点项目建立了强大的专家资源库，专家来源包括：台湾生产力促进中心、中卫发展中心、成功大学产业基金会、建

国科大、东南大学、湖南大学、南京工业大学等14家院校和机构,将台湾的72位专家、大陆的57位专家,共计129位专家纳入专家资源库,积极应对转型升级辅导试点项目中企业所提出的需求。

4. 对接企业项目,优选技术匹配

中心和两岸机构、专家就企业具体需求展开对接,针对企业意向需求匹配优质专家进行企业技术难题的解决,匹配成功后,现已入企访视6家企业,对接项目17项。

5. 诊断企业项目,辅导企业转型

在创新中心专家团队、顾问的全力努力下,现已完成方案提报的有4家企业,草拟协议3家企业(见表6-10),形成《电动螺丝刀头质量检测方案》《自动堆叠组装及加工下料》等技术方案,对企业改善产品质量,提高生产效率等,有显著帮助。

表6-10 访视企业及项目

企业名称	访视专家	访视项目
恒亚电工(昆山)有限公司	仲兆祥	废气及废热处理
恒亚电工(昆山)有限公司	仲兆祥	陶瓷膜油水分离
万泰机电工业(昆山)有限公司	周波/孙斌	节气门阀板车削上、下料自动化
万泰机电工业(昆山)有限公司	周波/孙斌	节气门阀板量测自动化
义成工具有限公司	谢杰任	高碳钢工具表面处理
义成工具有限公司	刘波峰	电动螺丝刀头质量检测
义成工具有限公司	陈德辉	ERP信息系统

第五节 建立了丰富多样的校内外实训体系

一、校企合作载体

(一)电子商务人才培训基地

电子商务人才培训基地是由我院与皇冠集团共同成立的着眼于推进江苏省电子商务人才培养、规范电子商务培训市场、培养和造就江苏电子商务发展需要的应用型、复合型人才的培训基地。皇冠集团在箱包制造方面拥有五十多年的丰富经验,并且拥有其独到的管理体系,2012年,皇冠集团凭借其敏锐的观察力,积极推进与我院校外实训基地的建设,并于2015年5月4日与我院共同申报后由商务厅批准成立。基地通过整合我院长期积累的企业资源并结合校内外师资,循序渐进、有序发展,建立了一套行而有效的管理制度并陆续开展了一系列以电商平台为基础的合作项目。其中包括了学院教师培训、教材开发、企业活动委托项目、社会培训项目等。

（二）登云创新园

校企共同进行横向课题的研究、技术开发、专利申请，是学院科技服务产业的一大重要举措，为了使学院教师可以带着学生一起服务产业，提升科研能力，学院成立了登云创新园，作为校企联合运行载体，承载着企业横向课题研究、大学生创新训练、校企联合专利申请等功能。为了使登云创新园的载体功能更加丰富、更符合省示范校的建设要求，我院机电工程系于2017年12月12日进行了机电工程系工程研发中心的揭牌仪式，将校企融为一体，以更好地发挥其载体平台效果。成立至今，得到了政府部门及企业的大力支持，与昆山市工业技术研究院、昆山义成工具有限公司等10余家企业开展了卓有成效的合作。目前，中心完成或在研横向课题近10项，研究经费近10万元，累计指导大学生创新训练项目10余项，申请国家专利近20项，企业捐赠设备价值近100万元。

（三）多轴联动加工实验室、现代检测中心

作为学院服务昆山高端装备制造产业的平台，在筹建之初就定位为校企共同开展技术研究、共同进行项目合作、为企业进行生产性实验服务，建设以来已和冠亿精密工业（昆山）有限公司、橡技工业（苏州）有限公司等多家公司就高速加工工艺、多轴加工工艺、多轴加工自动编程、自动量测等方面开展技术研究；在一次装夹下零件的多面加工、复杂曲面的多轴加工等项目展开合作开发，并为企业进行配套生产加工和量测服务。

（四）汽车一站式服务实训中心

汽车一站式服务实训中心，是我院面向昆山乃至长三角地区汽车制造、装配、维修和营销等人才培养的需要成立的校企共建的技术性、综合性和公益性的服务实训中心。中心于2016年9月建成，以区域技能劳动者特别是高技能人才为重点，满足职业技能培训、技能鉴定和技能竞赛的需要，成为区域职业培训和培训机构及企业技能人才培训基地；成为新技术、新工艺、新职业推广和中高级职业技能鉴定平台；成为机制灵活、体系完备、设施一流、管理先进、开放共享，技术性、综合性和公益性的汽车技术公共服务实训平台。校企合作共编教材4本，申请专利8项，共建了汽车信息网络实训室、康威汽车美容装潢实训室、瑞悦新能源汽车研究室。

二、区校联合载体

高新集团作为昆山高新区的投融资平台企业，整合区内资源，服务高新区经济、社会建设，与登云科技职业学院合作共建昆山登云（两岸）科教创新基地，成为苏南自主创新示范区昆山核心区建设重要组成部分，力求以人才培育、技术孵化、研发创新为主要功能定位，充分利用登云科技职业学院在两岸的产业背景及办学资源，发挥招才引智作用，提升了服务区域经济发展能力。

三、校外示范性实训基地

随着学院校企合作的深度化、稳定化，为了使校企合作的优秀企业更具影响力，使校企

共建校外实训基地的优秀做法能辐射和影响更多基地,学院在 2017 年年初经过教务处、产学发展处、企业代表的共同研商,制定了学院校外示范性实训基地的评选条件,并在 2017 年 6 月经过系部申报、专家评审、企业现场考察,在众多稳定合作的企业中优选出了 5 家作为学院校外示范性实训基地,建设了一批以强化师资队伍建设、提升教学管理品质、优化学生管理体系为特色的工学结合校外示范实训基地。

在昆山华腾汽车贸易服务有限公司建设的师资队伍示范实训基地,着重从师资共育、师资互聘、项目合作机制等方面建设;在洽兴包装工业(中国)有限公司、江苏腾泰建设集团、上海冠军贸易有限公司建设的教学管理示范实训基地,着重从共建课程/教材/资源、优化阶段培养任务、共构运行保障与评价机制等方面展开合作;在托尼洛·兰博基尼酒店建设学生管理示范实训基地,着重从管理模式创新、职业路径规划、校企文化互融、管理保障等方面形成成果。

第六节　提高了学生的综合竞争力

一、技能竞赛水平

我院在技能竞赛中所取得的成果见表 6-11。

表 6-11　学院在技能竞赛中所取得的成果

时间	系部	竞赛名称	获奖项目	奖项	学生姓名	指导教师	赛制级别
2012.12	就业办	江苏省第八届大学生职业规划大赛		二等奖	郑友娇	胡远远	省部
				三等奖	刘浩		
2013.5	商管系	"千策杯"第五届全国旅游院校服务技能(饭店服务)大赛	中餐宴会摆台	二等奖	蒋羚芸	李成杰 唐慧 关立业 王琰	全国
			西餐宴会摆台	二等奖	赵魏秦		
			中式铺床及开夜床	二等奖	邹笑荣		
			鸡尾酒调制	优胜奖	郭大伟		
			团体奖		民办院校第一名 江苏院校第五名		
2013.12	商管系	2013 年全国职业院校快递技能大赛		三等奖	孙嘉良、常娇、鲍巧玉	曹海林 陈芝韵	全国
2014.2	就业办	江苏省第九届大学生职业规划大赛		三等奖	王婷婷、史迪伟	胡远远、王兴亚	省部

续表

时间	系部	竞赛名称	获奖项目	奖项	学生姓名	指导教师	赛制级别
2015.6	商管系	第七届全国旅游院校饭店服务技能大赛	西餐宴会摆台	二等奖	周康	李成杰、王静、汤文菲	全国
			中式铺床及开夜床	二等奖	毛雅	关立业、李成杰	
			中餐宴会摆台	二等奖	李解	李成杰、王静、关立业	
			鸡尾酒调制	二等奖	强芙蓉	李成杰、汤文菲	
2015.5	商管系	全国职业院校民政职业技能大赛		三等奖	邓超男、宋怡莹、邹园园、王桂彩	林文兄、蔡南	全国
				二等奖	魏佳		
2015.9	建艺系	第九届江苏省大学生力学竞赛		二等奖	叶逢明	戴贺渊、丁海燕、宋承裕、徐晰	省部
2015.11	学生处	江苏省第四届大学生安全知识竞赛		二等奖（苏通地区）	刘倩、夏超、孙明亮、曹楷翔	王闪闪	省部
2015.11	公共课部	"外研社杯"全国高职高专英语写作大赛江苏赛区比赛		二等奖	刘倩	陈燕萍	省部
2015.12	机电系	诺信杯模具设计与制造大赛		一等奖	郑超银、王加年、熊方玲	秦明伟、赵福梅	全国
2016.1	商管系	2016年江苏省高等职业院校技能大赛		三等奖	徐金玉、陈濛濛、徐幽、张官显	张雪佳、廖莎	省部
2016.10	商管系	2016年第一届全国大学生人力资源管理沙盘模拟竞赛（江苏区）选拔赛	人力资源	特等奖	王辉等6人	安娜、姜利丽	省部
			人力资源	三等奖	戴中友等6人		
			财务管理	一等奖	黄帅楠等4人	顾煜、李荣华	
			财务管理	三等奖	郑慧芳等4人		
2016.11	商务管理系	第一届全国大学生人力资源管理沙盘模拟竞赛总决赛	人力资源	一等奖	王辉等6人	安娜、姜利丽	全国

续表

时间	系部	竞赛名称	获奖项目	奖项	学生姓名	指导教师	赛制级别
2017.3	汽车工程系	2017年江苏省高等职业院校技能大赛	汽车营销	二等奖	李浩、沈阳	刘言强、郭磊、陈小虎	省部
2017.3	汽车工程系	2017年江苏省高等职业院校技能大赛	汽车检测与维修	二等奖	叶程浩、张元、王杨杨	刘言强、张文杰、王梦晨	省部
2017.3	建筑与艺术系	2017年江苏省高等职业院校技能大赛	建筑工程识图	三等奖	周佳杰、倪杰、盛伟杰	刘于辉、陶琴霞	省部

二、创新创业项目

我院创新创业项目见表6-12。

表6-12 创新创业项目

序号	项目编号	项目名称	项目负责人	指导教师
1	201313963001Y	卧式车床创新加工椭圆柱件	周振铭	王丽君
2	201313963002Y	基于B/S架构的工学专班信息管理系统的研发	王树建、赵加平	杨艳红、王霞成
3	201313963003Y	基于PLC的四节传送带控制技术研究	周绍玉	诸峰
4	201313963004Y	《生长》动画片制作	王奥、赵琪焱	李博、张丽影
5	201313963005Y	昆山市开发区房屋使用状况调查	郭盖	董丽君、徐昕
6	201313963006Y	基于51单片机的步进电机开发	王坤	钱维
7	201413963001Y	分布式模拟考试系统	徐勇、江兆华	刘艳、周少卿
8	201413963002Y	基于CCD的图像传感器的非接触测量仪器的构建	葛志伟	吴华玉、仲嘉霖
9	201413963003Y	智能车载环境监测系统	韦成成、陈嘉宇	佟宝同、易法国
10	201413963004Y	AGC多级延迟控制信号的建立及自动控制的实现	高福平	罗俊杰、俞光昀
11	201413963005Y	陶然田社园艺微景	王震、徐睿	杨为邦、陆樱樱
12	201413963006Y	使用三维软件制作汽车展示动画	刘硕、洪吉琼	李博、张丽影
13	201513963001Y	智能家居LED照明	石万里	杨克香
14	201513963002Y	电线除冰机器人设计及运动仿真研究	王加年	文平安、王迎晖
15	201513963003Y	汽车制动提醒新型尾灯	周磊	张旭
16	201513963004Y	基于51单片机的智能家居控制中心设计	胡海春、葛志伟	周少卿、易法国
17	201513963005Y	基于北斗/GIS的可视化集装箱物流系统研究	司广东	钱维
18	201513963006Y	多件联动平行夹紧机构	王冰洋	陈光世
19	201513963007X	激光雕刻机的运用	陈尚伟	薛峰、姚翠萍
20	201513963008X	精品课程管理系统	韩志豪	许桂平、王霞成
21	201513963009X	"多元化"装饰画的创作实践	符蔡祥、孙晓双	付玲、陈艳
22	201513963010X	聚四氟乙烯薄膜专用数控旋切机的研究与设计	薛飞	朱圣华、金春凤
23	201513963011X	学生成绩管理系统的设计与实现	李佳云	杨艳红

三、毕业生职业资格证书

以 2017 年应届毕业生职业资格证书获取情况为例,见表 6-13。

表 6-13 2017 年应届毕业生职业资格证书获取情况

系部	专业	证书名称	等级	人数
信息技术系	电子工艺与管理	无线电调试工	中级	11
信息技术系	动漫设计与制作	Adobe Flash 动画设计师	中级	55
信息技术系	计算机网络技术	网络管理员	中级	72
信息技术系	计算机应用技术	计算机维修工	中级	22
信息技术系	应用电子技术	无线电调试工	中级	41
机电工程系	机电一体化技术	维修电工	中级	249
机电工程系	机电一体化技术	可编程控制器设计师	中级	58
机电工程系	机电一体化技术	维修电工	高级	23
机电工程系	机电一体化技术	可编程控制器设计师	高级	18
机电工程系	机电一体化技术	机修钳工	中级	6
机电工程系	机电一体化技术	CAD 技能等级证书	中级	2
机电工程系	模具设计与制造技术	加工中心操作工	中级	67
机电工程系	模具设计与制造技术	电加工操作工	中级	1

续表

系部	专业	证书名称	等级	人数
机电工程系	数控技术	数控机床操作工	中级	60
机电工程系	数控技术	加工中心操作工	中级	37
机电工程系	数控技术	数控机床装调维修工	中级	20
机电工程系	数控技术	维修电工	中级	1
机电工程系	数控技术	数控机床操作工	高级	1
汽车工程系	汽车技术服务与营销	汽车营销师	中级	18
汽车工程系	汽车检测与维修技术	汽车维修工	中级	302
汽车工程系	汽车检测与维修技术	汽车维修工	高级	11
汽车工程系	汽车检测与维修技术	汽车营销师	高级	12
建筑与艺术系	工程造价	施工员	中级	11
建筑与艺术系	工程造价	测量员	中级	18
建筑与艺术系	工程造价	CAD 技能等级证书	初级	109
建筑与艺术系	环境艺术设计	CAD 技能等级证书	初级	68
建筑与艺术系	建筑工程管理	施工员	中级	23
建筑与艺术系	建筑工程管理	测量员	中级	36
建筑与艺术系	建筑工程管理	CAD 技能等级证书	初级	108
建筑与艺术系	建筑工程技术	施工员	中级	20
建筑与艺术系	建筑工程技术	测量员	中级	23
建筑与艺术系	建筑工程技术	CAD 技能等级证书	初级	108
建筑与艺术系	室内设计技术	CAD 技能等级证书	初级	128
建筑与艺术系	室内设计技术	室内设计师	中级	1
建筑与艺术系	艺术设计	平面设计师	中级	24
商务管理系	财务管理	会计从业资格证	中级	56
商务管理系	财务管理	ERP 财务应用师	初级	1
商务管理系	财务管理	K3 财务管理师	中级	1
商务管理系	财务管理	会计资格证	初级	3
商务管理系	酒店管理	饭店职业英语	初级	37
商务管理系	酒店管理	餐厅服务员	中级	23
商务管理系	酒店管理	客房服务员	中级	53
商务管理系	老年服务与管理	养老护理员	中级	26
商务管理系	旅游管理	餐厅服务员	中级	7
商务管理系	旅游管理	展览讲解员	中级	5
商务管理系	市场营销	营销员	中级	1
商务管理系	市场营销	中国市场营销经理助理	初级	12
商务管理系	物流管理	助理物流师	初级	29
商务管理系	物流管理	单证员	中级	2

四、学生就业率高、专业对口率高、毕业后收入高

为真实了解我院毕业生毕业后的就业状况,对 2012 届毕业生进行了调研问卷。从 2012 届 1252 名毕业生当中,按 95% 的信度 5% 误差随机抽取了 294 名毕业生进行了问卷调研,得出学生毕业后状态如下:

(1) 学历继续提升:4% 升学到研究生,23% 升学到本科,73% 仍为专科;

(2) 在公司职务阶层:8% 为企业高层,15% 为企业中层,40% 为部门中层,37% 为一线基层;

(3) 毕业后的薪资水平:5% 毕业生年薪超 50 万,7% 毕业生年薪在 20 万到 50 万,19% 毕业生年薪在 10 万到 20 万,55% 的毕业生年薪在 5 万到 10 万,14% 的毕业生年薪小于 5 万;

(4) 毕业后从事工作和专业的相关性:高度相关 29%,一般相关 30%,不相关 41%。

第七节 获得了各界的关注及认同

一、74 家兄弟院校的关注及推广

近三年同类院校就"工学结合专班"模式参访交流,探讨"工学结合"职教改革经验,来访情况见表 6-14。

表 6-14 同类院校来访情况

年度	时间	来访单位名称	带队领导	人数
2014	4月9日	深圳技师学院	黎德良院长	20
	4月11日	江苏信息职业技术学院	任建伟副院长	5
	6月26日	泰州技师学院	王一平副院长	3
	10月24日	西安欧亚学院高职院	执行院长王晓华	7
	10月26日	正德职业技术学院	陈旭院长	10
	12月1日	广州华夏职业技术学院教师		4
2015	4月23日	上海市教委、上海震旦职业学院	上海市教育委员会发展规划处李蔚处长,上海震旦职业学院张惠莉董事长、黄晞建书记、杜飞龙院长	11
	4月25日	四川现代职业学院	胡永甫院长	5
	8月30日	江苏海事职业技术学院	院长刘红明博士	1
	9月18日	江苏省沭阳中等专业学校	王建校长、张流平副校长	4

续表

年度	时间	来访单位名称	带队领导	人数
2015	11月4日	金山职业技术学院	党委书记孙维浒、院长骆志高	5
2015	11月12日	苏州健雄职业技术学院	张宏杰副教授	
2015	12月14日	无锡南洋职业技术学院	党委书记、院长周肖兴，副院长冯春力	7
2016	6月3日	江苏海事职业技术学院	党委书记马长世、副书记刘志洲、副院长田乃清	11
2016	10月10日	硅湖职业技术学院	朱亮副院长	5
2016	11月6日	南通蓝领技工学校	唐建明董事长	6
2016	11月9日	钟山职业技术学院	张琦院长	6
2016	12月20日	贵州铜仁职业技术学院	杨政水副院长	5

2016年至今，中职院校来校参访53次，见表6-15。

表6-15 中职院校来校参访情况

序号	日期	学校
1	2016年2月25日	南通市通州中专
2	2016年3月3日	南京航空技工学校
3	2016年3月8日	南通市海门中专
4	2016年3月12日	沭阳中等专业学校
5	2016年3月15日	如皋职教中心
6	2016年3月18日	射阳中等专业学校
7	2016年3月23日	睢宁职教中心
8	2016年3月25日	宝应教育局、宝应中专校
9	2016年3月31日	南昌职业学院
10	2016年4月11日	南通市海门中专
11	2016年4月15日	旧铺中学、南陈集中学
12	2016年4月16日	徐州经济技术开发区工业学校
13	2016年4月17日	扬州生活科技学校
14	2016年4月19日	泰州扬子江技工学校
15	2016年4月21日	扬州市弘扬中等专业学校
16	2016年5月1日	盐城射阳、响水学生参观
17	2016年5月2日	睢宁中等专业学校
18	2016年5月3日	睢宁亚东职业中专
19	2016年5月6日	邳州车辐山中等专业学校

续表

序号	日期	学校
20	2016年5月8日	如皋职教中心
21	2016年5月16日	车福山中专
22	2016年5月23日	射阳职中
23	2016年6月6日	射阳中等专业学校
24	2016年6月14日	景德镇市第一中专
25	2016年6月16日	南通市蓝领技工学校学校
26	2016年6月19日	常州航空技工学校
27	2016年6月23日	扬州市天海职业技术学校
28	2016年6月27日	山海关技师学院
29	2016年7月3日	东山中学
30	2016年7月10日	浙江余姚第三职业学校
31	2016年7月11日	安徽芜湖二中
32	2016年7月20日	扬州市邗江中等专业学校
33	2016年7月25日	安徽省阜阳市太和县第二中学
34	2016年8月13日	安徽省宣城文鼎中学
35	2016年10月1日	南昌职业学院
36	2016年10月3日	如皋职教中心
37	2016年10月20日	山西临汾乡宁县职教中心
38	2016年10月25日	射阳中等专业学校
39	2016年11月6日	南通市蓝领技工学校
40	2016年11月14日	响水二中
41	2016年11月15日	吴江汾湖职业高级中学
42	2016年11月26日	淮安盱眙技师学院
43	2016年11月29日	淮安区农干校
44	2016年11月29日	淮安文化艺术学校
45	2016年11月30日	泰州机电高等职业学校
46	2016年12月7日	邗江中专
47	2016年12月9日	南通爱丁堡艺术职业学校
48	2016年12月14日	淮安华丰职业技术学校
49	2017年2月11日	淮安文化艺术学校
50	2017年3月6日	苏州科技大学
51	2017年3月9日	无锡市科元技工学校
52	2017年3月23日	江苏省丹阳技工学校
53	2017年4月2日	连云港金桥高级中学领导

二、企业行业的高度评价

（1）"工学结合专班"合作企业冠亿精密工业（昆山）有限公司就专班模式对企业的贡献发来感谢函：

感謝函：

昆山登雲科技職業學院徐院長及機電系主任：你們好！

　　我司冠億精密機械(昆山)有限公司非常感謝貴院、長期以來的支持與協助，讓專修班的發展模式對三方都有相對的預期好結果，本人謹代表公司最高經營者對各位領導及老師及同學們的努力表示敬佩與感謝！

　　貴校 11-1 冠億專班領導老師及所有同學自 9 月份入崗以來從基礎的人品教育到生產技術等個人核心技術的提升讓我們深深感動，同學們在貴院領導、老師的協調之下能夠放棄不成熟的己見配合社會企業的需求完美造就了學生的穩定及敝司對社會責任的微小貢獻，尤其值得表揚的是同學們在班長及團支部書記的領導溝通下對同學們心智的成長及敬業的精神表現特別優異，對企業生產目標及良品率的達標更充滿了信心與企圖心，所以從 9-10 月份的低於 50%的達成率進步到現在的平均 85%的達成率甚而部分同學已能達到 110%的超標再加上出勤率的穩定等等在在顯現貴院校的校風培育成功，同學的可塑性將為社會帶來更多的安定與專業人才，符合了專修班的特定目標。

　　基於貴院校同學及老師的優異配合，敝司也樂於對同學做更多的鼓勵與獎勵，尤其對表現優異的班長班幹我們除表揚外將以記大功方式獎勵，對超標同學給與小功獎勵，對所有同學將給與在職員工同等的生產獎金等等聊表鼓勵。

　　本司除了表示謝意之外更期望後續的專班配合方式能更加延升或擴大推薦，期望在貴院長官李執董及徐院長的領導下能造就更多的社會人才。

　　衷心感謝！

冠億精密工業(昆山)有限公司
總經理 羅○○
羅特助 ○○○ 敬上
2012/12/29

(2)"工学结合专班"合作企业唯安科技有限公司对工学结合专班学生在岗位情况的评价：

唯安科技有限公司
对已合作的6个工学结合专班总体评价

自2010年起，我公司和昆山登云科技职业学院率先在省内高校创办了电子工艺与管理专业（SMT、移动通信与测试）的工学结合专班。我司已经接受了2个年级工学专班的学生的实习，参加了这些班级学生的管理和教学工作，对工学专班有了比较清楚的认识。

工学专班的学生经过岗前培训后，都能上岗操作，都能胜任SMT生产线各岗位的工作。我们对这些学生的总体印象是：具有较好基础理论，综合素质好，接受能力强，动手能力较强，在工作中技能提高快。尤其是二年级的学生，第2次到我公司实习的时候，由于专业知识有了提高，所以能够进行技术性更高的工作，参加一部分生产线的管理工作，充分说明登云学院的教学改革方向是正确的，对提高学生的学习质量和技能水平是成功的改革。

根据2个年级学生的情况，我们也认识到我公司参于工学专班的教学也是我公司培养自己的技术人员和管理干部的最好模式，因此我公司愿意和登云学院长期合作，实现学生、学校、公司的3方共赢。

(3) 行业协会对专业教学质量的评价：

昆山电子信息服务及集成电路协会

昆软协 2012 [001] 号

昆山市电子信息服务和集成电路行业协会
对昆山登云科技职业学院应用电子专业教学质量的评价

本专委会与昆山登云科技职业学院于 2010 年开始合作，学院给了专委会大力的支持，积极参加本专委会举办的各项培训活动，同时也派出了多批次的优秀学生参加培训。

SMT 专业是适应行业人才需求的新专业，重视学生实践能力的训练，在制定 SMT 专业人才培养方案、课程设置、专业课程改革等方面多次向本专委会征求意见，并能借助于本专委会为平台，召开专家论证会，并将反馈意见实施到教学活动之中。

希望今后能够不断得到贵院的大力支持，同时也希望贵院在培养人才方面能根据 SMT 技术的发展趋势，为学生适时的提供新工艺、新技术的培训，继续培养素质更高、知识面更广的学生，为 SMT 行业输送更多更好的优秀人才，并将我们的合作推进到一个更广阔的领域。

SMT 专业的教学工厂是昆山市 SMT 专委会的培训基地，几年来为南京市及周边地区的 SMT 企业的新员工的培训，做了大量的工作，并多次组织学术年会和专题技术报告会，为学会的建设和发展作出了积极的贡献，2007 年被授予"近五年来 SMT 行业最具贡献奖单位和个人"

昆山市电子信息服务和集成电路行业协会

（4）丹麦乐高公司在业界了解我院"工学结合专班"培养成效后，与丹麦驻上海领事馆一行来校参访并寻求校企合作：

Date: March 25th, 2013
From: LEGO
To: Dengyun College of Science and Technology
Subject: Thank-you Letter

Dear Mr. /Ms.,
尊敬的先生/女士，

To begin with, we would like to express our heart-felt thanks for your warm welcome and excellent arrangement during our visit on March in China.
首先，我谨代表乐高访问团，向贵校对乐高3月中国行的热情欢迎和悉心安排表达我们衷心的感谢。

The short visit to your college turned out to be very unforgettable and rewarding for the whole delegation. The meeting definitely brought us closer to each other. We were deeply impressed by your explicit presentation, your devotion into school-enterprise cooperation, as well as your well-equipped training center. It was even a greater experience watching the students taking practicing courses, which gave us a vivid picture about the status of vocational education in Yangtze River Delta.
两周前的访问虽然短暂，却十分令人难忘，并且让所有成员获益匪浅。会议毫无疑问拉近了我们彼此间的距离。你们清晰详尽的介绍，对校企合作的高度重视，以及装备齐全的实训中心，无不令我们印象深刻。值得一提的是，我们很高兴能够走进学生课堂，亲眼目睹他们参与实践操作的过程，这让我们对中国长三角地区的高等职业教育发展现状有了更直观的了解。

Currently your college is on the short-list of our candidate schools and it is our sincere hope that we can keep in touch with each other and increase mutual understanding.
现阶段，贵校已经进入了乐高在中国合作伙伴的最终候选名单，我们真诚地希望双方可以保持联系，进一步加强交流。

Once again, your kind understanding of LEGO's standpoint and quick removal of the news from your website are highly appreciated.
请允许我再一次感谢贵校对乐高立场的体谅与高度配合，以及迅速撤除相关网络新闻的举动。

We look forward to having further talk with you soon and wish your school a brighter future.
我们期待能与贵校进行更深入的对话，也祝愿贵校的未来更加美好。

Best Regards,

Niels Henning Rasmussen
Project Director, China Factory

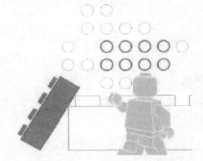

三、6次专题研讨会推广工学结合专班模式

（一）以工学结合专班为载体，高职教育教学改革研讨会（2012.5.10）

1. 专题报告

会上进行了下列专题报告：

（1）关于高职教育教学改革方向的报告——江苏省教育厅经贵宝处长。

（2）台湾职业教育现况、省思及发展——台湾师范大学工业教育学系所、应用电子科技系所戴建耘教授。

（3）登云由工学结合专班链接中高职人才培养模式形成校企合作的优势——昆山登云科技职业学院徐忠院长。

（4）从高职教改着眼看登云宏全专班的着力点——宏全国际集团刘允彰总裁。

（5）从利星行奔驰汽车发展谈校企双赢的专班人才培养模式——利星行北京培训学院陈荣钧总经理。

（6）从中高职衔接迎向高端技能型人才需求与校企合作的深化——纬创资通人力资源部唐肖华处长。

（7）创新中职办学模式，增强市场核心竞争力——扬州旅游商贸学校童嘉华校长。

（8）细化中高职衔接内容推进职业教育协调发展——昆山第二中等专业学校张国祥校长。

2. 与会企业

与会企业见表6–16。

表6–16　与会企业

序号	行业	单位名称	合作专业
1	电子信息行业	昆达电脑科技（昆山）有限公司	计算机应用技术 计算机网络技术应用电子技术电子工艺与管理

续表

序号	行业	单位名称	合作专业
2	电子信息行业	研华科技（中国）有限公司	计算机应用技术 计算机网络技术 应用电子技术 电子工艺与管理
3		昆山龙腾光电有限公司	
4		帝艾斯光电（苏州）有限公司	
5		唯安科技有限公司	
6		昆山兴协和光电科技有限公司	
7		欣日兴精密电子（苏州）有限公司	
8		东硕电子（昆山）有限公司	
9		纬创资通（昆山）有限公司	
10		宜铨电子科技有限公司	
11	装备制造行业	宏全国际集团	模具设计与制造 数控技术 机电一体化技术 机电设备维修与管理
12		宏洋金属（昆山）有限公司	
13		冠億精密工业（昆山）有限公司	
14		橡技工业（苏州）有限公司	
15		苏州恒源鑫精密模具科技有限公司	
16		三一重机有限公司	
17		昆山乔懋精密机械有限公司	
18		昆山合济机械有限公司	
19		阳兴造机（昆山）有限公司	
20	汽车行业	利星行之星管理（上海）有限公司	汽车检测与维修技术 汽车电子技术 汽车营销与服务技术
21		昆山市汽车行业协会	
22		昆山市机动车维修管理处	
23		昆山通和丰田汽车服务有限公司	
24		上海汽车集团股份有限公司乘用车公司	
25	数字媒体	银河动漫传媒集团	动漫设计与制作
26	服务行业	昆山宾馆	酒店管理
27		昆山君豪酒店	
28		裕元花园酒店	
29		福泰国际商务酒店	
30		皇冠集团	市场营销
31		江苏飞力达国际物流股份有限公司	物流管理
32		沃尔玛（中国）投资有限公司	
33		苏州亚东国际物流	

（二）从现代学徒制看工学结合专班调研会（2012.12.27 上午）

1. 学校报告——主持人：徐忠院长

（1）从工学结合专班推展校企双主体育人模式——产学合作拓展处陈长伟；

（2）从工学结合专班建构三课程体系——机电工程系吕慧瑛；

（3）从工学结合专班看三阶段人才培养——商务管理系郭梁。

2. 中职交流——主持人：王波副院长

（1）从中高职链接看课程体系的建构；

（2）从中高职链接看技能培养方向的定位；

（3）从中高职链接到校校企合作。

3. 企业座谈——主持人：李先立执行董事

（1）从企业角度看三阶段实践岗位的"做中学"；

（2）从企业角度看三课程体系的"学中做"；

（3）从校企双主体育人看专班学生就业规划。

4. 出席人员

出席人员见表 6–17。

表 6–17　出席人员

类别	单位		姓名	职务
	名称	合作专业		
教育主管单位	苏州市教育局		浦建国	
	苏州市教育局		高国华	副局长
	昆山市教育局		陆琪	党委书记
合作企业	橡技工业（苏州）有限公司	机电一体化	陈立群	副总经理
	佰奥自动化设备有限公司	机电设备维修与管理	肖朝蓬	总经理
	宏全国际集团	机电一体化	许哲毓	总监

续表

类别	单位		姓名	职务
	名称	合作专业		
合作企业	裕元花园酒店	酒店管理	范钦文	总经理
	上海冠军贸易有限公司	市场营销	江锡毅	总经理
	南京汽车集团有限公司	汽车检测与维修技术	赵明钧	部长
	利星行之星（上海）管理有限公司	汽车检测与维修技术	江启明	总经理
中职院校	淮安职教中心		史爱民	副校长
	昆山第二中等专业学校		张国祥	校长
其他	昆山登云科技职业学院实训基地顾问		康进昌	总经理
	昆山市工业研究院		郭齐江	主任

（三）深化产学合作推进工学结合专班教育教学改革年度大会（2012.12.27下午）

1. **专题报告**

（1）工学结合专班2012年工作报告——昆山登云科技职业学院徐忠院长。

（2）先进制造技术产业过程中工学结合专班对手脑并用的高端技能型人才的养成——昆山登云科技职业学院模具设计与制造专业余俐主任。

（3）现代服务业发展过程中工学结合专班酒店管理人才培养的转型与提升——昆山登云科技职业学院酒店管理专业李成杰主任。

（4）以"工学结合专班"为平台落实企业人才育成——橡技工业（苏州）有限公司陈立群副总经理。

（5）校企共同制定"新三阶段人才培养模式"提升工学结合专班学生就业竞争力——上海冠军贸易有限公司江锡毅总经理。

（6）实施三大战略，培养技能型人才——淮安职教中心史爱民副校长。

2. **与会名单**

（1）合作企业（以回执顺序）：

①唯安科技有限公司：刘利琦经理。

②研华科技（中国）有限公司：魏大钧协理、高大林经理。

③宏全国际集团：许哲毓总监、赵建主管。

④宏洋金属（昆山）有限公司：刘俊宏主管、施静洁主管。

⑤冠億精密工业（昆山）有限公司：罗际源总经理特助、程光秀副理、李志刚副理。

⑥苏州恒源鑫精密模具科技有限公司：黄嘉政董事长、黄世辉经理。

⑦昆山市佰奥自动化设备科技有限公司：陈发添副总经理。

⑧橡技工业（苏州）有限公司：陈立群副总经理。

⑨宜铨电子科技有限公司：杨朝舜协理、何东旭经理。

⑩洽兴集团：王丹经理。

⑪昆山利星汽车服务有限公司：何进前总经理、王艳菲经理。

⑫南京汽车集团有限公司：赵明钧部长、亢秀玲经理、孙庆春主管。

⑬裕元花园酒店：范钦文总经理、徐娟经理。

⑭上海君豪大酒店管理有限公司：李俊华总监。

⑮昆山宾馆：钟振华总经理、童雅雯副总经理。

⑯迪卡侬：陈炜经理、Anya主管。

⑰皇冠集团：江锡毅总经理、樊阿娟经理。

⑱纬创资通（昆山）有限公司：丁先锋主任、张雪梅主管。

⑲兰博基尼酒店：秦丽经理。

⑳清山酒店：黄凤秀经理。

㉑特斯克机械（昆山）有限公司：吴化宽副总经理。

㉒庆欣电子有限公司：李赞成董事。

（2）合作学校（以回执顺序）：

①无锡市汇仁技工学校（登云基础部）：华国新校长。

②丹阳技工学校：姜志云副校长。

③宝应中专：刘俊副局长、程群副校长。

④邗江中专：吉家祥书记。

⑤扬州旅游商贸学校：童嘉华校长、王慧勤副校长。

⑥东海中专：郑继凯校长、李文海主任。

⑦建湖技工学校：张标校长。

⑧射阳职教中心：张志平校长。

⑨昆山第一中等专业学校：王世民副校长。

⑩昆山第二中等专业学校：张国祥校长。

⑪昆山花桥国际商务城中专：何哲文副校长。

⑫常州市工贸技工学校：卢春林校长、雷新虎副校长。

⑬车福山中专：林凯军校长。

⑭淮安市职教中心：黄少基校长、史爱民副校长。

⑮洪泽县职教中心：刘校长、夏侯主任。
⑯盱眙县都梁中学：崔董事长、钱俊瑞校长。
⑰泗阳县霞飞中专：张瑶琴校长。
⑱金湖中等专业学校：黄少云主任。
⑲沭阳中等专业学校：汤文军副校长、江文龙主任。
⑳泰州博日电脑学校：陈金山董事长。

（四）深化"工学结合专班"改革 探索中高职链接与校校企合作研讨会（2013.6.20）

1. 从教学体系看工学结合专班——主持人：徐忠院长
（1）核心课程体系的整编与实施：
学院报告人：信息技术系佟宝同副主任；
企业报告人：唯安电子科技有限公司刘利琦经理。
（2）项目课程体系的编制与推展：
学院报告人：机电工程系数控专业教研室唐建林主任；
企业报告人：冠亿精密工业（昆山）有限公司康进昌副总。
（3）实践课程体系的构建与实施：
学院报告人：商务管理系孙海英主任；
企业报告人：裕元花园酒店徐娟经理。

2. 从学生管理及就业辅导看工学结合专班——主持人：徐伟副院长
（1）工学结合专班的学生管理：
学院报告人：学生处武凤鸣处长；
企业报告人：宏洋金属（昆山）有限公司何兆飞课长。
（2）工学结合专班的就业辅导：
学院报告人：就业指导服务中心王兴亚主任；
学生代表：商务管理系酒店管理云鼎专班王玥。

3. 从中高职链接看校校企合作——主持人：王波副院长
（1）从学院角度看中高职链接与工学结合专班——昆山登云科技职业学院徐忠院长。
（2）从中职校角度看中高职链接与校校企合作——江苏省昆山第一中等专业学校王世民校长。

（3）从工学结合专班角度看登云校企合作：

学院报告人：产学合作拓展处陈长伟处长。

企业报告人：佰奥自动化设备有限公司肖朝蓬总经理。

4. 出席人员

出席人员见表 6-18。

表 6-18 出席人员

企业名称	参会人	职务	合作专业
唯安科技有限公司	刘利琦	经理	应用电子技术 电子工艺与管理
研华科技有限公司	王秀岩	副理	
南亚电路板（昆山）有限公司	江正文	组长	
日月光半导体（昆山）有限公司	李筱薇、李开宇	副理、管理师	
昆山骅盛电子有限公司	谢凯南、陆爱华	总经理特助、主任	
无锡市动漫行业协会	张庆明	董事长	动漫设计与制作
无锡市偶形文化传播有限公司	吴佳俐		
冠億精密工业（昆山）有限公司	康进昌	副总	数控技术
昆山及成通讯科技有限公司	林聪点	经理	模具设计与制造
宏洋金属（昆山）有限公司	赖昭维、何兆飞	副理、课长	
好孩子集团	殷勇	总监	
宏全国际集团	刘允彰、许哲毓、林政男、赵建	总裁、副总、经理、经理	机电一体化技术
橡技工业（苏州）有限公司	郑奕、刘天华	经理、部长	
苏州宜铨电子科技有限公司	杨朝舜、何东旭	协理、经理	
佰奥自动化设备科技有限公司	肖朝蓬、刘玉红	总经理、经理	机电设备维修与管理
洽兴集团	王丹、郭伦	副总、助理	
滨中元川	谢宽杰、刘楠楠	经理	
正新橡胶（中国）有限公司	包彩红、路静	经理	
昆山利星汽车服务有限公司	王艳菲	经理	汽车检测与维修技术
上海豪格玛劳务派遣发展有限公司	李洪善		
上海罗亚国际货物运输代理有限公司	林永青	副总	物流管理
	许海东	书记	
沃尔玛（中国）投资有限公司	李龙斌	经理	
纬创资通（昆山）有限公司	郭简浚、丁先锋、张雪梅	经理、主任、管理师	

续表

企业名称	参会人	职务	合作专业
昆山托尼洛-兰博基尼酒店	王雪梅	经理	酒店管理
昆山隆祺建国饭店	张菊花	总监	
裕元花园酒店	徐娟	经理	
君豪酒店	李俊华	总监	
苏州佳电飞球机电有限公司	胡全	主任	优秀就业基地
星光树脂制品有限公司	张华香	经理	
苏州香山国际大酒店	陈子萍	经理	

（五）以"工学结合专班"为载体之中高职链接教育教学改革研讨会（2013.12.6）

1. 专题报告

（1）工学结合促进两岸职教融合与经济发展——淮安市台湾同胞投资企业协会秘书长江丰文。

（2）关于中等职业教育实施中高职链接教育教学改革的实践与探索——淮安中等专业学校校长黄少基。

（3）高职教育教学改革的现状与展望——昆山登云科技职业学院院长徐忠。

2. 专题研讨

（1）工学结合交流：

从企业需求看技术职业人才的培养——淮安市协兴包装材料有限公司总经理李永光。

以工学结合来谋求解决校企间差异——昆山登云科技职业学院拓展处处长陈长伟。

（2）中高职链接报告：

从教育教学改革角度看中高职链接——昆山登云学院机电系数控教研室主任唐建林。

从学生管理改变角度看中高职链接——昆山登云学院学生处处长武凤鸣。

从企业角度看中高职链接之课程改革与学生管理——橡技工业（苏州）有限公司副总经理陈立群。

（六）登云两岸产教融合协同育人研讨会（2018.5.26）

1. 专题报告

（1）省教育厅领导主旨报告——袁靖宇先生《大陆工学结合演进过程》。

（2）台湾产业经济专家讲演——杜紫军先生《从台湾经济发展历程看产教融合协同育人》。

2. 大会研讨交流

发言人：

华夏科技大学董事长 孟继洛 先生；

昆山工业技术研究院总经理 浦景松 先生；

纬创集团全球副总厂长 周泓任 先生；

江苏省射阳中等专业学校校长 张子中 先生；

台湾产业界知名人士 汪雅康 先生。

四、两岸领导充分肯定工学结合专班模式

（一）海协会会长陈云林视察登云科技职业学院

海协会会长陈云林于2009年11月25日下午来到我院视察。我院是台商投资的学校，是在陈云林会长的关心支持下，于2005年创办的。陈会长的到来，受到学校师生的热烈欢迎。陈会长表示，这次来看望大家，是兑现一个承诺，了却一个心愿。

在听取了学院领导的工作汇报后，陈会长发表了热情洋溢的讲话。他说，"当初广生先生（我院举办人）打算在昆山办一所高职院校，我非常支持他的想法。长江三角洲经济发展很快，急需实用型人才。现在学校培养了那么多优秀的学生，向社会输送了一批非常好的人才，我非常高兴。"陈会长说，"从长远角度看，两岸经贸交流固然重要，但是文化交流也非常重要。维系两岸感情的就是悠久的民族文化纽带，两岸文化教育交流具有更深远的意义。在第五次国共论坛上，两岸都表示要在文化和教育方面的交流迈出更大的步伐。"陈会长表示，登云科技职业学院在沟通两岸教育方面做了一个平台，起到了桥梁纽带作用，是个先行者。希望学校为两岸和平发展再做出新的贡献。陈会长以著名教育家陶行知"千教万教教人求真，千学万学学做真人"与师生共勉，还在校园手植一棵广玉兰树，留作纪念。

海协会副会长李炳才、苏州市市长阎立、江苏省台办主任陈尧、苏州市副市长周伟强、国台办交流局副局长王育文、昆山市委书记张国华等陪同视察。

（二）登云化雨杏坛流芳——海基会林中森董事长莅校视察亲笔题词

九月的登云科技职业学院，秋高气爽，阳光灿烂。2013年9月17日下午，台湾海基会董事长林中森来到学院视察工作，亲切看望师生并发表演讲。江苏省教育厅副厅长丁晓昌、江苏省台办副主任王少邦、昆山市副市长夏小良、昆山市台协会会长李宽信陪同视察。我院董事长林赐农，执行董事李先立，院领导徐忠、徐伟、王波、郭美玲以及全体教师和学生代表热烈欢迎林中森董事长。

9月17日下午14时，林中森董事长一行来到登云。他一边听取林赐农董事长对学院的介绍，一边欣赏参观校园，来到行政楼大厅，更欣然提笔写下"登云化雨杏坛流芳"八个大字。随后，林中森董事长来到多功能报告厅，全体师生起立并报以热烈的掌声。林中森董事长微笑向大家致意，并走上讲台发表讲话。他首先谈到对登云耳闻及面见的感受。<u>他说，来到登云校园即感受到春风化雨般的温馨，登云融合两岸职业教育优势办学，以产业与企业发展方向为导向，培育了许多受各界欢迎的人才，在杏坛树立了典范。</u>他对林赐农董事长热心办校、学院上下合力治校的精神和成就表示敬佩和感谢，对登云科技职业学院在两岸文化教育交流中做出的努力和贡献给予充分肯定和高度评价。他表示，两岸在经贸、文化等领域的合作愈发紧密，在教育领域的交流也不断扩大，双方优势互补、相互观摩、相互促进，对两岸教育的发展起到非常积极的作用。今年始，台湾开放大陆高职毕业生赴台攻读本科的政策，十分欢迎登云科技职业学院的毕业生赴台深造。他祝福登云学子前途光明，登云科技职业学院校运昌隆，两岸合作交流不断精进，共促和平、稳定、繁荣、发展。

丁晓昌副厅长向林中森董事长介绍了江苏省教育发展情况，苏台在教育、科研领域的合作情况和成果。并对登云科技职业学院的办学成果和在两岸教育交流中做出的贡献表示赞赏和肯定，希望登云科技职业学院进一步搭建苏台高职院校交流与合作的平台，进一步加强与台湾高校的资源共享关系，进一步加强学生交流和教师流动，进一步探索更高水平的科研协作和更加活跃的学术往来。他表示，江苏省教育厅将一如既往地支持学院的一切办学活动和改革实践。

徐忠院长向林中森董事长介绍了学院创办历程和发展近况，表示学院将继续倾力发挥两岸文化、教育平台作用，为两岸职教的发展做出更大的贡献。

林赐农董事长在致谢辞中对林中森董事长亲临学院视察表示深切的感谢。他表示，登云科技职业学院的发展离不开两岸各界的大力支持和关怀，登云将加倍努力，真正成为两岸技职教育融合的典范及富有特色的高职学院，以感谢各界的支持并回报社会。

随后，林中森董事长和林赐农董事长、徐忠院长互赠礼品以示留念。会议结束后，林中森董事长一行来到校园，亲手种下一棵广玉兰树。2009年11月，时任海协会会长陈云林曾在视察我院时在校园内种植一棵广玉兰树，并以"千教万教教人求真、千学万学学做真人"一语勉励师生。今日，林中森董事长手植玉兰与之遥相呼应，代表着登云在促进两岸职业教育交流与提升、人才培养等事业中又结硕果，表达了两岸各界对登云未来建设与发展的殷切期望，激励全体登云人坚定不移地走深化教育教学改革之路，深度融合两岸职业教育体系之精华，向着将学院打造成为高水平高职院校的目标迈进。

在登云的参访行程结束后，林中森董事长在校门口与师生亲切话别。在大家依依不舍的目光中，林中森董事长与登云师生挥手惜别。

（三）教育部职教司林宇处长于《从现代学徒制看工学结合专班调研会》的讲话

内容如下：

参加此次座谈会原因：第一是由于工作变动，我原来在职成司的教产合作处，今年回到高职处工作，身兼两职。与郑院长多年朋友，受郑院长邀请深入基层，了解情况。

第二是教产处部长希望在职业教育中推广现代学徒制，感到工学专班的做法与想象中的现代学徒制很接近，所以临时加了这次的企业调研会。感到很有收获。之前对现代学徒制的理解最根本的就是校企双元制为主体开展育人工作，而更早以前育人基本是学校的事情，用人才是企业的事情，所以教产两张皮，现在职业教育培养的人是直接为行业企业所用，两张皮的情况肯定不利于人才培养，及其人才培育的适应性和针对性，所以提倡职业教育要大力推进工学结合。

现在很多学校讲的很多人才培养模式，名称叫的五花八门，"1+2""121"，在我看来，职业教育只有一类人才培养模式：工学结合。在教育规划纲要里提到工学结合、校企合作、顶岗实习，但我个人认为三个词放在一起并不是很搭调，工学结合是实质，校企合作是实践方式，顶岗实习又是整个人才培养工作中的一个环节，最核心的还是工学结合，职业教育将来面对两大战略任务其中有一点就是要切切实实推进工学结合人才培养模式。

那么工学结合怎么去做？要学校因地制宜，发挥各自的优势根据各自的情况。因此工学结合应该有不同的实践形式，而我们今天所讨论的工学结合专班我觉得可以算一种。

这次研讨会，我有两个意外的收获：<u>第一个收获就是我们给工学结合专班的形式赋予了非常丰富的内涵，而不仅仅局限在这一模式，包含了中高职协调发展，中高职衔接的职能。中高职衔接又包括了课程的衔接，培养目标的衔接。</u>

1998年开始，高等学校大发展，雨后春笋一样出现了近1300所，现在高等教育要稳定规模提高质量，而且受计划生育政策影响，适龄人口锐降，高等学校面临着一个生源结构多样化的局面。因为之前升学渠道都是从普通高中升学，所以职业教育以前说得不好听是断头教育，中职毕业了就是就业，高职毕业了也就是就业，不能再往上晋升，而现在不一样，职业学校生源的敞开。带来对学校人才培养带来的新要求。

针对这些学生培养模式，教学计划安排肯定跟高中学生不一样，需要个性化培养，人性化操作。

今年公布了410个专业的教学标准，这是在2006年高职教育指导委员会经过六年的工作形成的一套标准。当时起草的名字是教学基本要求，认为是这一专业学习的最低要求。后改为标准，其实我觉得标准是你只能按此进行，而要求是最低限。

后期在完善这些标准的时候，教育部特别要求不同来源的学生要设定不同的标准，针对普通高中和三校生上来的的学生在实习实训和课堂比例等方面都应当有不同的规则，这样才能保障教学质量。这是高职学校生源多样化对教学本身提出的新要求。

现在我们提到一个现代职教体系相对现代职业教育提出要求，要服务现代产业体系，构建现代职教体系也是为了现代职业教育发展，而现代职教体系的构建我们是从中高职衔接开始。

这里涉及中职和高职的区分，是靠现有条件还是靠技术技能。我们现在提的高职是高端技术性的人才，但是不是意味着高职培养出来的学生在从事同一岗位操作的时候就是比中职的学生有着很明显的差异，在今后的职业生涯发展上更有潜力。这才是中高职衔接需要关注的地方。我们再怎么衔接也不能划分成普通初中和普通高中那样的关系，高中教的都是初中的延伸，讲的都是同一套体系。

从2008年以来，高职的改革实际上，我们同样名称的专业，根据不同地区产业的情况，它的教学内容不完全一样，所以我个人觉得我们中高职衔接还是要以区域的产业结构、需求为基础，以学校间的相互了解和合作为主要形式，但更重要的是要系统地设置合作学校的课程体系，而不是说我只是接收你的毕业生，根据你毕业生的东西来改造我的东西，这对于整体质量的提升是没有实质进展的。

第二个收获来源于各位老总座谈。现在对校企合作的了解都认为是剃头担子一头热，学校的热脸贴着企业的冷屁股。职业学校要求校企合作，是人才培养要求所必然的，企业出于自身对经济利益的追逐，对校企合作人才培养不愿意投入多大的精力，至少在以前绝大多数都是不热衷的。

但今天听到各位老总所讲，发现企业对于人才的需求还是非常大的，特别是对可支撑企业持续发展的这部分人才，还是一种渴求渴望的。而关键是教育到底是要和企业什么样的人来谈这样的发展，一定要能够拿主意的，还要有战略眼光的，对企业的发展负责任的领导者，与这一层面的沟通可能更容易有很好的互动，今天所谈让我感到工学结合职业教育还是非常有前景的。也说明了国家经济转型比较迫切的需要。

我之前一直有一个困惑，为什么企业不愿意直接投入更多的精力财力与职业院校共同培养学生，观点不一定正确，我想我们国家现在优势于制造业一块，但还称不上是强国，因为我们相当一部分的制造企业在整个产业链中所处的地位并不是在上游而是中下游，这就带来企业生产技术含量不是很高，岗位对于人的技术要求不是很高，所以我投入很多去培养一个学生和我在劳动力市场招募一个普通工人差异性不大。但这毕竟不是长久之计。

另一方面是我们职业教育培养的学生有很多职业资格证书，但这些证书在企业实际运作过程中并不一定用得上。

国家职教大典，职业岗位非常多，真正实现了严格的资格准入的比例非常低，只有百分之几，个位数。这就说明了我们这些岗位的技术含量非常低，但这个局面不会一直是这样的。国家需要发展，产业需要升级，特别是产业结构调整，将来在产业链中的企业向产业中上游发展的提升，肯定带来岗位对人才要求的提升，学校不能到那时候再追着去培养人才，教育需要发挥先行作用，所以相信随着大环境的好转，企业需求的变化，会有更多的企业认识到职业教育人才的重要性，职业教育校企合作的大环境会越来越好。

（四）江苏省教育厅高教处经贵宝副处长于《深化产学合作推进工学结合专班教育教学改革年度大会》的讲话

内容如下：

今天，我也来谈一点学习的体会，上次讲了八双，八个融合，这次我讲三个六，六六大顺。

1. 工学结合专班的六大好处，缩短了六个方面的距离

（1）缩短了人才培养和人才需求之间的距离；

（2）缩短了学生与员工之间的距离（怎样从学生转变为一个优秀的员工）；

（3）缩短了学校与企业之间的距离；

（4）缩短了教师与产业之间的距离（过去老师只知道理论教学，不知道科技进步，产业、企业发展到了什么程度）；

（5）缩短了学校与地方的距离（得到了市委市政府的重视，政策到位）；

（6）缩短了高职与中职的距离。

2. 办好专班的六个关键点

办得很实，没有水分。为把专班办好，还要求真务实。

（1）学校真为：举办方和学校要真"为"（为即作为），真正把专班作为学校长远发展、事业发展的一个重要的举措，一个重要的平台，真正有所作为，办学思想端正，有长远发展规划；

（2）企业真教：企业在专班中得到人力资源的补充，培养储备干部，提高竞争力。真正让学生在企业里面了解到学生身份与优秀员工身份差距是多少，而且要帮助学生实现身份的转换，企业是否真教，履行育人的职责是成功的关键。每周半天的教学时间短了一点，可不定期地增加一些单元，或每天留一定的时间来总结一天的教学；

（3）专职教师真行：知行合一。我们的老师以前不太熟悉企业、行业的要求。刚刚的教师代表都是优秀的，走下去了解企业配合企业，和企业一起，提高实践创新能力。教师要有知行中行的能力，要真行；

（4）兼职教师真懂，真教，要懂教学，按教学的规律来教学。兼职教师也要有个教学的培训，教学规律的掌握；

（5）学生要真学：干活不是目的，干活是为了在实践中积累知识，是为了做中学，做是一个手段，学是提高自己的知识能力素质是主要的。学生从不理解到理解，从不想学到真

正学,真学是关键。他是主体,是内因,其他都是外因,所以学的好不好,关键是学生在这个环境中能不能认识到成长的必要,与一个优秀员工有哪些差距;

(6) 社会要真心:社会各方面要支持,包括中职学校,包括地方政府,包括各级教育行政部门真心地支持。

3. 为达成多赢局面,工学结合专班作为一个平台要服务六个发展

(1) 服务学生发展。评价最终的标准就是学生是否受益,学生是不是增值,促进学生发展,促进学生成长成才是我们最根本的目的。

(2) 服务企业发展。

(3) 服务地方经济发展,尤其服务产业发展。

(4) 服务中职校发展。高职要引领中职,使中职也得到发展。

(5) 服务于职教体系的发展。职教体系的构建是一个重大战略,使得我们职教的学生有更多成长成才的机会。

(6) 服务于学校发展。前面几项发展好了,学校就能得到发展。学校才能提高核心竞争力,打造品牌。

通过这一系列活动使学校真正得到发展。

附　录

国务院关于推行终身职业技能培训制度的意见

国发〔2018〕11号

各省、自治区、直辖市人民政府，国务院各部委、各直属机构：

职业技能培训是全面提升劳动者就业创业能力、缓解技能人才短缺的结构性矛盾、提高就业质量的根本举措，是适应经济高质量发展、培育经济发展新动能、推进供给侧结构性改革的内在要求，对推动大众创业万众创新、推进制造强国建设、提高全要素生产率、推动经济迈上中高端具有重要意义。为全面提高劳动者素质，促进就业创业和经济社会发展，根据党的十九大精神和"十三五"规划纲要相关要求，现就推行终身职业技能培训制度提出以下意见。

一、总体要求

（一）指导思想

以习近平新时代中国特色社会主义思想为指导，全面深入贯彻党的十九大和十九届二中、三中全会精神，认真落实党中央、国务院决策部署，统筹推进"五位一体"总体布局和协调推进"四个全面"战略布局，坚持以人民为中心的发展思想，牢固树立新发展理念，深入实施就业优先战略和人才强国战略，适应经济转型升级、制造强国建设和劳动者就业创业需要，深化人力资源供给侧结构性改革，推行终身职业技能培训制度，大规模开展职业技能培训，着力提升培训的针对性和有效性，建设知识型、技能型、创新型劳动者大军，为全面建成社会主义现代化强国、实现中华民族伟大复兴的中国梦提供强大支撑。

（二）基本原则

促进普惠均等。针对城乡全体劳动者，推进基本职业技能培训服务普惠性、均等化，注重服务终身，保障人人享有基本职业技能培训服务，全面提升培训质量、培训效益和群众满意度。

坚持需求导向。坚持以促进就业创业为目标，瞄准就业创业和经济社会发展需求确定培训内容，加强对就业创业重点群体的培训，提高培训后的就业创业成功率，着力缓解劳动者素质结构与经济社会发展需求不相适应、结构性就业矛盾突出的问题。

创新体制机制。推进职业技能培训市场化、社会化改革，充分发挥企业主体作用，鼓励支持社会力量参与，建立培训资源优化配置、培训载体多元发展、劳动者按需选择、政府加强监管服务的体制机制。

坚持统筹推进。加强职业技能开发和职业素质培养，全面做好技能人才培养、评价、选拔、使用、激励等工作，着力加强高技能人才队伍建设，形成有利于技能人才发展的制度体系和社会环境，促进技能振兴与发展。

（三）目标任务

建立并推行覆盖城乡全体劳动者、贯穿劳动者学习工作终身、适应就业创业和人才成长需要以及经济社会发展需求的终身职业技能培训制度，实现培训对象普惠化、培训资源市场化、培训载体多元化、培训方式多样化、培训管理规范化，大规模开展高质量的职业技能培训，力争2020年后基本满足劳动者培训需要，努力培养造就规模宏大的高技能人才队伍和数以亿计的高素质劳动者。

二、构建终身职业技能培训体系

（一）完善终身职业技能培训政策和组织实施体系

面向城乡全体劳动者，完善从劳动预备开始，到劳动者实现就业创业并贯穿学习和职业生涯全过程的终身职业技能培训政策。以政府补贴培训、企业自主培训、市场化培训为主要供给，以公共实训机构、职业院校（含技工院校，下同）、职业培训机构和行业企业为主要载体，以就业技能培训、岗位技能提升培训和创业创新培训为主要形式，构建资源充足、布局合理、结构优化、载体多元、方式科学的培训组织实施体系。（人力资源社会保障部、教育部等按职责分工负责。列第一位者为牵头单位，下同）

（二）围绕就业创业重点群体，广泛开展就业技能培训

持续开展高校毕业生技能就业行动，增强高校毕业生适应产业发展、岗位需求和基层就业工作能力。深入实施农民工职业技能提升计划——"春潮行动"，将农村转移就业人员和新生代农民工培养成为高素质技能劳动者。配合化解过剩产能职工安置工作，实施失业人员和转岗职工特别职业培训计划。实施新型职业农民培育工程和农村实用人才培训计划，全面建立职业农民制度。对城乡未继续升学的初、高中毕业生开展劳动预备制培训。对即将退役的军人开展退役前技能储备培训和职业指导，对退役军人开展就业技能培训。面向符合条件的建档立卡贫困家庭、农村"低保"家庭、困难职工家庭和残疾人，开展技能脱贫攻坚行动，实施"雨露计划"、技能脱贫千校行动、残疾人职业技能提升计划。对服刑人员、强制隔离戒毒人员，开展以顺利回归社会为目的的就业技能培训。（人力资源社会保障部、教育部、工业和信息化部、民政部、司法部、住房城乡建设部、农业农村部、退役军人事务部、国务院国资委、国务院扶贫办、全国总工会、共青团中央、全国妇联、中国残联等按职责分

工负责)

(三) 充分发挥企业主体作用，全面加强企业职工岗位技能提升培训

将企业职工培训作为职业技能培训工作的重点，明确企业培训主体地位，完善激励政策，支持企业大规模开展职业技能培训，鼓励规模以上企业建立职业培训机构开展职工培训，并积极面向中小企业和社会承担培训任务，降低企业兴办职业培训机构成本，提高企业积极性。对接国民经济和社会发展中长期规划，适应高质量发展要求，推动企业健全职工培训制度，制定职工培训规划，采取岗前培训、学徒培训、在岗培训、脱产培训、业务研修、岗位练兵、技术比武、技能竞赛等方式，大幅提升职工技能水平。全面推行企业新型学徒制度，对企业新招用和转岗的技能岗位人员，通过校企合作方式，进行系统职业技能培训。发挥失业保险促进就业作用，支持符合条件的参保职工提升职业技能。健全校企合作制度，探索推进产教融合试点。（人力资源社会保障部、教育部、工业和信息化部、住房城乡建设部、国务院国资委、全国总工会等按职责分工负责）

(四) 适应产业转型升级需要，着力加强高技能人才培训

面向经济社会发展急需紧缺职业（工种），大力开展高技能人才培训，增加高技能人才供给。深入实施国家高技能人才振兴计划，紧密结合战略性新兴产业、先进制造业、现代服务业等发展需求，开展技师、高级技师培训。对重点关键岗位的高技能人才，通过开展新知识、新技术、新工艺等方面培训以及技术研修攻关等方式，进一步提高他们的专业知识水平、解决实际问题能力和创新创造能力。支持高技能领军人才更多参与国家科研项目。发挥高技能领军人才在带徒传技、技能推广等方面的重要作用。（人力资源社会保障部、教育部、工业和信息化部、住房城乡建设部、国务院国资委、全国总工会等按职责分工负责）

(五) 大力推进创业创新培训

组织有创业意愿和培训需求的人员参加创业创新培训。以高等学校和职业院校毕业生、科技人员、留学回国人员、退役军人、农村转移就业和返乡下乡创业人员、失业人员和转岗职工等群体为重点，依托高等学校、职业院校、职业培训机构、创业培训（实训）中心、创业孵化基地、众创空间、网络平台等，开展创业意识教育、创新素质培养、创业项目指导、开业指导、企业经营管理等培训，提升创业创新能力。健全以政策支持、项目评定、孵化实训、科技金融、创业服务为主要内容的创业创新支持体系，将高等学校、职业院校学生在校期间开展的"试创业"实践活动纳入政策支持范围。发挥技能大师工作室、劳模和职工创新工作室作用，开展集智创新、技术攻关、技能研修、技艺传承等群众性技术创新活动，做好创新成果总结命名推广工作，加大对劳动者创业创新的扶持力度。（人力资源社会保障部、教育部、科技部、工业和信息化部、住房城乡建设部、农业农村部、退役军人事务部、国务院国资委、国务院扶贫办、全国总工会、共青团中央、全国妇联、中国残联等按职责分工负责）

(六) 强化工匠精神和职业素质培育

大力弘扬和培育工匠精神，坚持工学结合、知行合一、德技并修，完善激励机制，增强

劳动者对职业理念、职业责任和职业使命的认识与理解，提高劳动者践行工匠精神的自觉性和主动性。广泛开展"大国工匠进校园"活动。加强职业素质培育，将职业道德、质量意识、法律意识、安全环保和健康卫生等要求贯穿职业培训全过程。（人力资源社会保障部、教育部、科技部、工业和信息化部、住房城乡建设部、国务院国资委、国家市场监督管理总局、全国总工会、共青团中央等按职责分工负责）

三、深化职业技能培训体制机制改革

（一）建立职业技能培训市场化社会化发展机制

加大政府、企业、社会等各类培训资源优化整合力度，提高培训供给能力。广泛发动社会力量，大力发展民办职业技能培训。鼓励企业建设培训中心、职业院校、企业大学，开展职业训练院试点工作，为社会培育更多高技能人才。鼓励支持社会组织积极参与行业人才需求发布、就业状况分析、培训指导等工作。政府补贴的职业技能培训项目全部向具备资质的职业院校和培训机构开放。（人力资源社会保障部、教育部、工业和信息化部、民政部、国家市场监督管理总局、全国总工会等按职责分工负责）

（二）建立技能人才多元评价机制

健全以职业能力为导向、以工作业绩为重点、注重工匠精神培育和职业道德养成的技能人才评价体系。建立与国家职业资格制度相衔接、与终身职业技能培训制度相适应的职业技能等级制度。完善职业资格评价、职业技能等级认定、专项职业能力考核等多元化评价方式，促进评价结果有机衔接。健全技能人才评价管理服务体系，加强对评价质量的监管。建立以企业岗位练兵和技术比武为基础、以国家和行业竞赛为主体、国内竞赛与国际竞赛相衔接的职业技能竞赛体系，大力组织开展职业技能竞赛活动，积极参与世界技能大赛，拓展技能人才评价选拔渠道。（人力资源社会保障部、教育部、工业和信息化部、住房城乡建设部、国务院国资委、全国总工会、共青团中央、中国残联等按职责分工负责）

（三）建立职业技能培训质量评估监管机制

对职业技能培训公共服务项目实施目录清单管理，制定政府补贴培训目录、培训机构目录、鉴定评价机构目录、职业资格目录，及时向社会公开并实行动态调整。建立以培训合格率、就业创业成功率为重点的培训绩效评估体系，对培训机构、培训过程进行全方位监管。结合国家"金保工程"二期，建立基于互联网的职业技能培训公共服务平台，提升技能培训和鉴定评价信息化水平。探索建立劳动者职业技能培训电子档案，实现培训信息与就业、社会保障信息联通共享。（人力资源社会保障部、财政部等按职责分工负责）

（四）建立技能提升多渠道激励机制

支持劳动者凭技能提升待遇，建立健全技能人才培养、评价、使用、待遇相统一的激励机制。指导企业不唯学历和资历，建立基于岗位价值、能力素质、业绩贡献的工资分配机制，强化技能价值激励导向。制定企业技术工人技能要素和创新成果按贡献参与分配的办法，推动技术工人享受促进科技成果转化的有关政策，鼓励企业对高技能人才实行技术创新

成果入股、岗位分红和股权期权等激励方式，鼓励凭技能创造财富、增加收入。落实技能人才积分落户、岗位聘任、职务职级晋升、参与职称评审、学习进修等政策。支持用人单位对聘用的高级工、技师、高级技师，比照相应层级工程技术人员确定其待遇。完善以国家奖励为导向、用人单位奖励为主体、社会奖励为补充的技能人才表彰奖励制度。（人力资源社会保障部、教育部、工业和信息化部、公安部、国务院国资委、国家公务员局等按职责分工负责）

四、提升职业技能培训基础能力

（一）加强职业技能培训服务能力建设

推进职业技能培训公共服务体系建设，为劳动者提供市场供求信息咨询服务，引导培训机构按市场和产业发展需求设立培训项目，引导劳动者按需自主选择培训项目。推进培训内容和方式创新，鼓励开展新产业、新技术、新业态培训，大力推广"互联网＋职业培训"模式，推动云计算、大数据、移动智能终端等信息网络技术在职业技能培训领域的应用，提高培训便利度和可及性。（人力资源社会保障部、国家发展改革委等按职责分工负责）

（二）加强职业技能培训教学资源建设

紧跟新技术、新职业发展变化，建立职业分类动态调整机制，加快职业标准开发工作。建立国家基本职业培训包制度，促进职业技能培训规范化发展。支持弹性学习，建立学习成果积累和转换制度，促进职业技能培训与学历教育沟通衔接。实行专兼职教师制度，完善教师在职培训和企业实践制度，职业院校和培训机构可根据需要和条件自主招用企业技能人才任教。大力开展校长等管理人员培训和师资培训。发挥院校、行业企业作用，加强职业技能培训教材开发，提高教材质量，规范教材使用。（人力资源社会保障部、教育部等按职责分工负责）

（三）加强职业技能培训基础平台建设

推进高技能人才培训基地、技能大师工作室建设，建成一批高技能人才培养培训、技能交流传承基地。加强公共实训基地、职业农民培育基地和创业孵化基地建设，逐步形成覆盖全国的技能实训和创业实训网络。对接世界技能大赛标准，加强竞赛集训基地建设，提升我国职业技能竞赛整体水平和青年技能人才培养质量。积极参与走出去战略和"一带一路"建设中的技能合作与交流。（人力资源社会保障部、国家发展改革委、教育部、科技部、工业和信息化部、财政部、农业农村部、商务部、国务院国资委、国家国际发展合作署等按职责分工负责）

五、保障措施

（一）加强组织领导

地方各级人民政府要按照党中央、国务院的总体要求，把推行终身职业技能培训制度作为推进供给侧结构性改革的重要任务，根据经济社会发展、促进就业和人才发展总体规划，制定中长期职业技能培训规划并大力组织实施，推进政策落实。要建立政府统一领导，人力资源社会保障部门统筹协调，相关部门各司其职、密切配合，有关人民团体和社会组织广泛参与的工作机制，不断加大职业技能培训工作力度。（人力资源社会保障部等部门、单位和各省级人民政府按职责分工负责）

（二）做好公共财政保障

地方各级人民政府要加大投入力度，落实职业技能培训补贴政策，发挥好政府资金的引导和撬动作用。合理调整就业补助资金支出结构，保障培训补贴资金落实到位。加大对用于职业技能培训各项补贴资金的整合力度，提高使用效益。完善经费补贴拨付流程，简化程序，提高效率。要规范财政资金管理，依法加强对培训补贴资金的监督，防止骗取、挪用，保障资金安全和效益。有条件的地区可安排经费，对职业技能培训教材开发、新职业研究、职业技能标准开发、师资培训、职业技能竞赛、评选表彰等基础工作给予支持。（人力资源社会保障部、教育部、财政部、审计署等按职责分工负责）

（三）多渠道筹集经费

加大职业技能培训经费保障，建立政府、企业、社会多元投入机制，通过就业补助资金、企业职工教育培训经费、社会捐助赞助、劳动者个人缴费等多种渠道筹集培训资金。通过公益性社会团体或者县级以上人民政府及其部门用于职业教育的捐赠，依照税法相关规定在税前扣除。鼓励社会捐助、赞助职业技能竞赛活动。（人力资源社会保障部、教育部、工业和信息化部、民政部、财政部、国务院国资委、税务总局、全国总工会等按职责分工负责）

（四）进一步优化社会环境

加强职业技能培训政策宣传，创新宣传方式，提升社会影响力和公众知晓度。积极开展技能展示交流，组织开展好职业教育活动周、世界青年技能日、技能中国行等活动，宣传校企合作、技能竞赛、技艺传承等成果，提高职业技能培训吸引力。大力宣传优秀技能人才先进事迹，大力营造劳动光荣的社会风尚和精益求精的敬业风气。（人力资源社会保障部、教育部、全国总工会、共青团中央等按职责分工负责）

国务院

2018年5月3日

教育部等六部门关于印发
《职业学校校企合作促进办法》的通知

教职成〔2018〕1号

各省、自治区、直辖市教育厅（教委）、发展改革委、工业和信息化厅（经济信息化委）、财政厅（局）、人力资源社会保障厅（局）、国家税务局、地方税务局，新疆生产建设兵团教育局、发展改革委、工信委、财政局、人力资源社会保障局，有关单位：

产教融合、校企合作是职业教育的基本办学模式，是办好职业教育的关键所在。为深入贯彻落实党的十九大精神，落实《国务院关于加快发展现代职业教育的决定》要求，完善职业教育和培训体系，深化产教融合、校企合作，教育部会同国家发展改革委、工业和信息化部、财政部、人力资源社会保障部、国家税务总局制定了《职业学校校企合作促进办法》（以下简称《办法》）。现将《办法》印发给你们，请结合本地区、本部门实际情况贯彻落实。

教育部　国家发展改革委
工业和信息化部　财政部
人力资源社会保障部　国家税务总局
2018 年 2 月 5 日

职业学校校企合作促进办法

第一章　总　则

第一条　为促进、规范、保障职业学校校企合作，发挥企业在实施职业教育中的重要办学主体作用，推动形成产教融合、校企合作、工学结合、知行合一的共同育人机制，建设知识型、技能型、创新型劳动者大军，完善现代职业教育制度，根据《教育法》《劳动法》《职业教育法》等有关法律法规，制定本办法。

第二条　本办法所称校企合作是指职业学校和企业通过共同育人、合作研究、共建机构、共享资源等方式实施的合作活动。

第三条　校企合作实行校企主导、政府推动、行业指导、学校企业双主体实施的合作机制。国务院相关部门和地方各级人民政府应当建立健全校企合作的促进支持政策、服务平台和保障机制。

第四条　开展校企合作应当坚持育人为本，贯彻国家教育方针，致力培养高素质劳动者和技术技能人才；坚持依法实施，遵守国家法律法规和合作协议，保障合作各方的合法权益；坚持平等自愿，调动校企双方积极性，实现共同发展。

第五条　国务院教育行政部门负责职业学校校企合作工作的综合协调和宏观管理，会同有关部门做好相关工作。

县级以上地方人民政府教育行政部门负责本行政区域内校企合作工作的统筹协调、规划指导、综合管理和服务保障；会同其他有关部门根据本办法以及地方人民政府确定的职责分工，做好本地校企合作有关工作。

行业主管部门和行业组织应当统筹、指导和推动本行业的校企合作。

第二章　合作形式

第六条　职业学校应当根据自身特点和人才培养需要，主动与具备条件的企业开展合作，积极为企业提供所需的课程、师资等资源。

企业应当依法履行实施职业教育的义务，利用资本、技术、知识、设施、设备和管理等要素参与校企合作，促进人力资源开发。

第七条 职业学校和企业可以结合实际在人才培养、技术创新、就业创业、社会服务、文化传承等方面，开展以下合作：

（一）根据就业市场需求，合作设置专业、研发专业标准、开发课程体系、教学标准以及教材、教学辅助产品，开展专业建设；

（二）合作制定人才培养或职工培训方案，实现人员互相兼职，相互为学生实习实训、教师实践、学生就业创业、员工培训、企业技术和产品研发、成果转移转化等提供支持；

（三）根据企业工作岗位需求，开展学徒制合作，联合招收学员，按照工学结合模式，实行校企双主体育人；

（四）以多种形式合作办学，合作创建并共同管理教学和科研机构，建设实习实训基地、技术工艺和产品开发中心及学生创新创业、员工培训、技能鉴定等机构；

（五）合作研发岗位规范、质量标准等；

（六）组织开展技能竞赛、产教融合型企业建设试点、优秀企业文化传承和社会服务等活动；

（七）法律法规未禁止的其他合作方式和内容。

第八条 职业学校应当制定校企合作规划，建立适应开展校企合作的教育教学组织方式和管理制度，明确相关机构和人员，改革教学内容和方式方法、健全质量评价制度，为合作企业的人力资源开发和技术升级提供支持与服务；增强服务企业特别是中小微企业的技术和产品研发的能力。

第九条 职业学校和企业开展合作，应当通过平等协商签订合作协议。合作协议应当明确规定合作的目标任务、内容形式、权利义务等必要事项，并根据合作的内容，合理确定协议履行期限，其中企业接收实习生的，合作期限应当不低于3年。

第十条 鼓励有条件的企业举办或者参与举办职业学校，设置学生实习、学徒培养、教师实践岗位；鼓励规模以上企业在职业学校设置职工培训和继续教育机构。企业职工培训和继续教育的学习成果，可以依照有关规定和办法与职业学校教育实现互认和衔接。

企业开展校企合作的情况应当纳入企业社会责任报告。

第十一条 职业学校主管部门应当会同有关部门、行业组织，鼓励和支持职业学校与相关企业以组建职业教育集团等方式，建立长期、稳定合作关系。

职业教育集团应当以章程或者多方协议等方式，约定集团成员之间合作的方式、内容以及权利义务关系等事项。

第十二条 职业学校和企业应建立校企合作的过程管理和绩效评价制度，定期对合作成效进行总结，共同解决合作中的问题，不断提高合作水平，拓展合作领域。

第三章 促进措施

第十三条 鼓励东部地区的职业学校、企业与中西部地区的职业学校、企业开展跨区校企合作，带动贫困地区、民族地区和革命老区职业教育的发展。

第十四条 地方人民政府有关部门在制定产业发展规划、产业激励政策、脱贫攻坚规划时，应当将促进企业参与校企合作、培养技术技能人才作为重要内容，加强指导、支持和服务。

第十五条　教育、人力资源社会保障部门应当会同有关部门，建立产教融合信息服务平台，指导、协助职业学校与相关企业建立合作关系。

行业主管部门和行业组织应当充分发挥作用，根据行业特点和发展需要，组织和指导企业提出校企合作意向或者规划，参与校企合作绩效评价，并提供相应支持和服务，推进校企合作。

鼓励有关部门、行业、企业共同建设互联互通的校企合作信息化平台，引导各类社会主体参与平台发展、实现信息共享。

第十六条　教育行政部门应当把校企合作作为衡量职业学校办学水平的基本指标，在院校设置、专业审批、招生计划、教学评价、教师配备、项目支持、学校评价、人员考核等方面提出相应要求；对校企合作设置的适应就业市场需求的新专业，应当予以支持；应当鼓励和支持职业学校与企业合作开设专业，制定专业标准、培养方案等。

第十七条　职业学校应当吸纳合作关系紧密、稳定的企业代表加入理事会（董事会），参与学校重大事项的审议。

职业学校设置专业，制定培养方案、课程标准等，应当充分听取合作企业的意见。

第十八条　鼓励职业学校与企业合作开展学徒制培养。开展学徒制培养的学校，在招生专业、名额等方面应当听取企业意见。有技术技能人才培养能力和需求的企业，可以与职业学校合作设立学徒岗位，联合招收学员，共同确定培养方案，以工学结合方式进行培养。

教育行政部门、人力资源社会保障部门应当在招生计划安排、学籍管理等方面予以倾斜和支持。

第十九条　国家发展改革委、教育部会同人力资源社会保障部、工业和信息化部、财政部等部门建立工作协调机制，鼓励省级人民政府开展产教融合型企业建设试点，对深度参与校企合作、行为规范、成效显著、具有较大影响力的企业，按照国家有关规定予以表彰和相应政策支持。各级工业和信息化行政部门应当把企业参与校企合作的情况，作为服务型制造示范企业及其他有关示范企业评选的重要指标。

第二十条　鼓励各地通过政府和社会资本合作、购买服务等形式支持校企合作。鼓励各地采取竞争性方式选择社会资本，建设或者支持企业、学校建设公共性实习实训、创新创业基地、研发实践课程、教学资源等公共服务项目。按规定落实财税用地等政策，积极支持职业教育发展和企业参与办学。

鼓励金融机构依法依规审慎授信管理，为校企合作提供相关信贷和融资支持。

第二十一条　企业因接收学生实习所实际发生的与取得收入有关的合理支出，以及企业发生的职工教育经费支出，依法在计算应纳税所得额时扣除。

第二十二条　县级以上地方人民政府对校企合作成效显著的企业，可以按规定给予相应的优惠政策；应当鼓励职业学校通过场地、设备租赁等方式与企业共建生产型实训基地，并按规定给予相应的政策优惠。

第二十三条　各级人民政府教育、人力资源社会保障等部门应当采取措施，促进职业学校与企业人才的合理流动、有效配置。

职业学校可在教职工总额中安排一定比例或者通过流动岗位等形式，用于面向社会和企业聘用经营管理人员、专业技术人员、高技能人才等担任兼职教师。

第二十四条 开展校企合作企业中的经营管理人员、专业技术人员、高技能人才，具备职业学校相应岗位任职条件，经过职业学校认定和聘任，可担任专兼职教师，并享受相关待遇。上述企业人员在校企合作中取得的教育教学成果，可视同相应的技术或科研成果，按规定予以奖励。

职业学校应当将参与校企合作作为教师业绩考核的内容，具有相关企业或生产经营管理一线工作经历的专业教师在评聘和晋升职务（职称）、评优表彰等方面，同等条件下优先对待。

第二十五条 经所在学校或企业同意，职业学校教师和管理人员、企业经营管理和技术人员根据合作协议，分别到企业、职业学校兼职的，可根据有关规定和双方约定确定薪酬。

职业学校及教师、学生拥有知识产权的技术开发、产品设计等成果，可依法依规在企业作价入股。职业学校和企业对合作开发的专利及产品，根据双方协议，享有使用、处置和收益管理的自主权。

第二十六条 职业学校与企业就学生参加跟岗实习、顶岗实习和学徒培养达成合作协议的，应当签订学校、企业、学生三方协议，并明确学校与企业在保障学生合法权益方面的责任。

企业应当依法依规保障顶岗实习学生或者学徒的基本劳动权益，并按照有关规定及时足额支付报酬。任何单位和个人不得克扣。

第二十七条 推动建立学生实习强制保险制度。职业学校和实习单位应根据有关规定，为实习学生投保实习责任保险。职业学校、企业应当在协议中约定为实习学生投保实习责任保险的义务与责任，健全学生权益保障和风险分担机制。

第四章 监督检查

第二十八条 各级人民政府教育督导委员会负责对职业学校、政府落实校企合作职责的情况进行专项督导，定期发布督导报告。

第二十九条 各级教育、人力资源社会保障部门应当将校企合作情况作为职业学校办学业绩和水平评价、工作目标考核的重要内容。

各级人民政府教育行政部门会同相关部门以及行业组织，加强对企业开展校企合作的监督、指导，推广效益明显的模式和做法，推进企业诚信体系建设，做好管理和服务。

第三十条 职业学校、企业在合作过程中不得损害学生、教师、企业员工等的合法权益；违反相关法律法规规定的，由相关主管部门责令整改，并依法追究相关单位和人员责任。

第三十一条 职业学校、企业骗取和套取政府资金的，有关主管部门应当责令限期退还，并依法依规追究单位及其主要负责人、直接负责人的责任；构成犯罪的，依法追究刑事责任。

第五章 附　则

第三十二条　本办法所称的职业学校,是指依法设立的中等职业学校(包括普通中等专业学校、成人中等专业学校、职业高中学校、技工学校)和高等职业学校。

本办法所称的企业,指在各级工商行政管理部门登记注册的各类企业。

第三十三条　其他层次类型的高等学校开展校企合作,职业学校与机关、事业单位、社会团体等机构开展合作,可参照本办法执行。

第三十四条　本办法自 2018 年 3 月 1 日起施行。

国务院办公厅关于深化产教融合的若干意见

国办发〔2017〕95 号

各省、自治区、直辖市人民政府,国务院各部委、各直属机构:

进入新世纪以来,我国教育事业蓬勃发展,为社会主义现代化建设培养输送了大批高素质人才,为加快发展壮大现代产业体系作出了重大贡献。但同时,受体制机制等多种因素影响,人才培养供给侧和产业需求侧在结构、质量、水平上还不能完全适应,"两张皮"问题仍然存在。深化产教融合,促进教育链、人才链与产业链、创新链有机衔接,是当前推进人力资源供给侧结构性改革的迫切要求,对新形势下全面提高教育质量、扩大就业创业、推进经济转型升级、培育经济发展新动能具有重要意义。为贯彻落实党的十九大精神,深化产教融合,全面提升人力资源质量,经国务院同意,现提出以下意见。

一、总体要求

(一)指导思想。

全面贯彻党的十九大精神,坚持以习近平新时代中国特色社会主义思想为指导,紧紧围绕统筹推进"五位一体"总体布局和协调推进"四个全面"战略布局,坚持以人民为中心,坚持新发展理念,认真落实党中央、国务院关于教育综合改革的决策部署,深化职业教育、高等教育等改革,发挥企业重要主体作用,促进人才培养供给侧和产业需求侧结构要素全方位融合,培养大批高素质创新人才和技术技能人才,为加快建设实体经济、科技创新、现代金融、人力资源协同发展的产业体系,增强产业核心竞争力,汇聚发展新动能提供有力支撑。

(二)原则和目标。

统筹协调,共同推进。将产教融合作为促进经济社会协调发展的重要举措,融入经济转型升级各环节,贯穿人才开发全过程,形成政府企业学校行业社会协同推进的工作格局。

服务需求,优化结构。面向产业和区域发展需求,完善教育资源布局,加快人才培养结构调整,创新教育组织形态,促进教育和产业联动发展。

校企协同，合作育人。充分调动企业参与产教融合的积极性和主动性，强化政策引导，鼓励先行先试，促进供需对接和流程再造，构建校企合作长效机制。

深化产教融合的主要目标是，逐步提高行业企业参与办学程度，健全多元化办学体制，全面推行校企协同育人，用10年左右时间，教育和产业统筹融合、良性互动的发展格局总体形成，需求导向的人才培养模式健全完善，人才教育供给与产业需求重大结构性矛盾基本解决，职业教育、高等教育对经济发展和产业升级的贡献显著增强。

二、构建教育和产业统筹融合发展格局

（三）同步规划产教融合与经济社会发展。制定实施经济社会发展规划，以及区域发展、产业发展、城市建设和重大生产力布局规划，要明确产教融合发展要求，将教育优先、人才先行融入各项政策。结合实施创新驱动发展、新型城镇化、制造强国战略，统筹优化教育和产业结构，同步规划产教融合发展政策措施、支持方式、实现途径和重大项目。

（四）统筹职业教育与区域发展布局。按照国家区域发展总体战略和主体功能区规划，优化职业教育布局，引导职业教育资源逐步向产业和人口集聚区集中。面向脱贫攻坚主战场，积极推进贫困地区学生到城市优质职业学校就学。加强东部对口西部、城市支援农村职业教育扶贫。支持中部打造全国重要的先进制造业职业教育基地。支持东北等老工业基地振兴发展急需的职业教育。加强京津冀、长江经济带城市间协同合作，引导各地结合区域功能、产业特点探索差别化职业教育发展路径。

（五）促进高等教育融入国家创新体系和新型城镇化建设。完善世界一流大学和一流学科建设推进机制，注重发挥对国家和区域创新中心发展的支撑引领作用。健全高等学校与行业骨干企业、中小微创业型企业紧密协同的创新生态系统，增强创新中心集聚人才资源、牵引产业升级能力。适应以城市群为主体的新型城镇化发展，合理布局高等教育资源，增强中小城市产业承载和创新能力，构建梯次有序、功能互补、资源共享、合作紧密的产教融合网络。

（六）推动学科专业建设与产业转型升级相适应。建立紧密对接产业链、创新链的学科专业体系。大力发展现代农业、智能制造、高端装备、新一代信息技术、生物医药、节能环保、新能源、新材料以及研发设计、数字创意、现代交通运输、高效物流、融资租赁、电子商务、服务外包等产业急需紧缺学科专业。积极支持家政、健康、养老、文化、旅游等社会领域专业发展，推进标准化、规范化、品牌化建设。加强智慧城市、智能建筑等城市可持续发展能力相关专业建设。大力支持集成电路、航空发动机及燃气轮机、网络安全、人工智能等事关国家战略、国家安全等学科专业建设。适应新一轮科技革命和产业变革及新经济发展，促进学科专业交叉融合，加快推进新工科建设。

（七）健全需求导向的人才培养结构调整机制。加快推进教育"放管服"改革，注重发挥市场机制配置非基本公共教育资源作用，强化就业市场对人才供给的有效调节。进一步完善高校毕业生就业质量年度报告发布制度，注重发挥行业组织人才需求预测、用人单位职业能力评价作用，把市场供求比例、就业质量作为学校设置调整学科专业、确定培养规模的重

要依据。新增研究生招生计划向承担国家重大战略任务、积极推行校企协同育人的高校和学科倾斜。严格实行专业预警和退出机制，引导学校对设置雷同、就业连续不达标专业，及时调减或停止招生。

三、强化企业重要主体作用

（八）拓宽企业参与途径。鼓励企业以独资、合资、合作等方式依法参与举办职业教育、高等教育。坚持准入条件透明化、审批范围最小化、细化标准、简化流程、优化服务，改进办学准入条件和审批环节。通过购买服务、委托管理等，支持企业参与公办职业学校办学。鼓励有条件的地区探索推进职业学校股份制、混合所有制改革，允许企业以资本、技术、管理等要素依法参与办学并享有相应权利。

（九）深化"引企入教"改革。支持引导企业深度参与职业学校、高等学校教育教学改革，多种方式参与学校专业规划、教材开发、教学设计、课程设置、实习实训，促进企业需求融入人才培养环节。推行面向企业真实生产环境的任务式培养模式。职业学校新设专业原则上应有相关行业企业参与。鼓励企业依托或联合职业学校、高等学校设立产业学院和企业工作室、实验室、创新基地、实践基地。

（十）开展生产性实习实训。健全学生到企业实习实训制度。鼓励以引企驻校、引校进企、校企一体等方式，吸引优势企业与学校共建共享生产性实训基地。支持各地依托学校建设行业或区域性实训基地，带动中小微企业参与校企合作。通过探索购买服务、落实税收政策等方式，鼓励企业直接接收学生实习实训。推进实习实训规范化，保障学生享有获得合理报酬等合法权益。

（十一）以企业为主体推进协同创新和成果转化。支持企业、学校、科研院所围绕产业关键技术、核心工艺和共性问题开展协同创新，加快基础研究成果向产业技术转化。引导高校将企业生产一线实际需求作为工程技术研究选题的重要来源。完善财政科技计划管理，高校、科研机构牵头申请的应用型、工程技术研究项目原则上应有行业企业参与并制订成果转化方案。完善高校科研后评价体系，将成果转化作为项目和人才评价重要内容。继续加强企业技术中心和高校技术创新平台建设，鼓励企业和高校共建产业技术实验室、中试和工程化基地。利用产业投资基金支持高校创新成果和核心技术产业化。

（十二）强化企业职工在岗教育培训。落实企业职工培训制度，足额提取教育培训经费，确保教育培训经费60%以上用于一线职工。创新教育培训方式，鼓励企业向职业学校、高等学校和培训机构购买培训服务。鼓励有条件的企业开展职工技能竞赛，对参加培训提升技能等级的职工予以奖励或补贴。支持企业一线骨干技术人员技能提升，加强产能严重过剩行业转岗就业人员再就业培训。将不按规定提取使用教育培训经费并拒不改正的行为记入企业信用记录。

（十三）发挥骨干企业引领作用。鼓励区域、行业骨干企业联合职业学校、高等学校共同组建产教融合集团（联盟），带动中小企业参与，推进实体化运作。注重发挥国有企业特别是中央企业示范带头作用，支持各类企业依法参与校企合作。结合推进国有企业改革，支

持有条件的国有企

四、推进产教融合人才培养改革

（十四）将工匠精神培育融入基础教育。将动手实践内容纳入中小学相关课程和学生综合素质评价。加强学校劳动教育，开展生产实践体验，支持学校聘请劳动模范和高技能人才兼职授课。组织开展"大国工匠进校园"活动。鼓励有条件的普通中学开设职业类选修课程，鼓励职业学校实训基地向普通中学开放。鼓励有条件的地方在大型企业、产业园区周边试点建设普职融通的综合高中。

（十五）推进产教协同育人。坚持职业教育校企合作、工学结合的办学制度，推进职业学校和企业联盟、与行业联合、同园区联结。大力发展校企双制、工学一体的技工教育。深化全日制职业学校办学体制改革，在技术性、实践性较强的专业，全面推行现代学徒制和企业新型学徒制，推动学校招生与企业招工相衔接，校企育人"双重主体"，学生学徒"双重身份"，学校、企业和学生三方权利义务关系明晰。实践性教学课时不少于总课时的50%。

健全高等教育学术人才和应用人才分类培养体系，提高应用型人才培养比重。推动高水平大学加强创新创业人才培养，为学生提供多样化成长路径。大力支持应用型本科和行业特色类高校建设，紧密围绕产业需求，强化实践教学，完善以应用型人才为主的培养体系。推进专业学位研究生产学结合培养模式改革，增强复合型人才培养能力。

（十六）加强产教融合师资队伍建设。支持企业技术和管理人才到学校任教，鼓励有条件的地方探索产业教师（导师）特设岗位计划。探索符合职业教育和应用型高校特点的教师资格标准和专业技术职务（职称）评聘办法。允许职业学校和高等学校依法依规自主聘请兼职教师和确定兼职报酬。推动职业学校、应用型本科高校与大中型企业合作建设"双师型"教师培养培训基地。完善职业学校和高等学校教师实践假期制度，支持在职教师定期到企业实践锻炼。

（十七）完善考试招生配套改革。加快高等职业学校分类招考，完善"文化素质+职业技能"评价方式。适度提高高等学校招收职业教育毕业生比例，建立复合型、创新型技术技能人才系统培养制度。逐步提高高等学校招收有工作实践经历人员的比例。

（十八）加快学校治理结构改革。建立健全职业学校和高等学校理事会制度，鼓励引入行业企业、科研院所、社会组织等多方参与。推动学校优化内部治理，充分体现一线教学科研机构自主权，积极发展跨学科、跨专业教学和科研组织。

（十九）创新教育培训服务供给。鼓励教育培训机构、行业企业联合开发优质教育资源，大力支持"互联网+教育培训"发展。支持有条件的社会组织整合校企资源，开发立体化、可选择的产业技术课程和职业培训包。推动探索高校和行业企业课程学分转换互认，允许和鼓励高校向行业企业和社会培训机构购买创新创业、前沿技术课程和教学服务。

五、促进产教供需双向对接

（二十）强化行业协调指导。行业主管部门要加强引导，通过职能转移、授权委托等方式,积极支持行业组织制定深化产教融合工作计划,开展人才需求预测、校企合作对接、教育教学指导、职业技能鉴定等服务。

(二十一)规范发展市场服务组织。鼓励地方政府、行业企业、学校通过购买服务、合作设立等方式,积极培育市场导向、对接供需、精准服务、规范运作的产教融合服务组织(企业)。支持利用市场合作和产业分工,提供专业化服务,构建校企利益共同体,形成稳定互惠的合作机制,促进校企紧密联结。

(二十二)打造信息服务平台。鼓励运用云计算、大数据等信息技术,建设市场化、专业化、开放共享的产教融合信息服务平台。依托平台汇聚区域和行业人才供需、校企合作、项目研发、技术服务等各类供求信息,向各类主体提供精准化产教融合信息发布、检索、推荐和相关增值服务。

(二十三)健全社会第三方评价。积极支持社会第三方机构开展产教融合效能评价,健全统计评价体系。强化监测评价结果运用,作为绩效考核、投入引导、试点开展、表彰激励的重要依据。

六、完善政策支持体系

(二十四)实施产教融合发展工程。"十三五"期间,支持一批中高等职业学校加强校企合作,共建共享技术技能实训设施。开展高水平应用型本科高校建设试点,加强产教融合实训环境、平台和载体建设。支持中西部普通本科高校面向产业需求,重点强化实践教学环节建设。支持世界一流大学和一流学科建设高校加强学科、人才、科研与产业互动,推进合作育人、协同创新和成果转化。

(二十五)落实财税用地等政策。优化政府投入,完善体现职业学校、应用型高校和行业特色类专业办学特点和成本的职业教育、高等教育拨款机制。职业学校、高等学校科研人员依法取得的科技成果转化奖励收入不纳入绩效工资,不纳入单位工资总额基数。各级财政、税务部门要把深化产教融合作为落实结构性减税政策,推进降成本、补短板的重要举措,落实社会力量举办教育有关财税政策,积极支持职业教育发展和企业参与办学。企业投资或与政府合作建设职业学校、高等学校的建设用地,按科教用地管理,符合《划拨用地目录》的,可通过划拨方式供地,鼓励企业自愿以出让、租赁方式取得土地。

(二十六)强化金融支持。鼓励金融机构按照风险可控、商业可持续原则支持产教融合项目。利用中国政企合作投资基金和国际金融组织、外国政府贷款,积极支持符合条件的产教融合项目建设。遵循相关程序、规则和章程,推动亚洲基础设施投资银行、丝路基金在业务领域内将"一带一路"职业教育项目纳入支持范围。引导银行业金融机构创新服务模式,开发适合产教融合项目特点的多元化融资品种,做好政府和社会资本合作模式的配套金融服务。积极支持符合条件的企业在资本市场进行股权融资,发行标准化债权产品,加大产教融合实训基地项目投资。加快发展学生实习责任保险和人身意外伤害保险,鼓励保险公司对现代学徒制、企业新型学徒制保险专门确定费率。

(二十七)开展产教融合建设试点。根据国家区域发展战略和产业布局,支持若干有较强代表性、影响力和改革意愿的城市、行业、企业开展试点。在认真总结试点经验基础上，鼓励第三方开展产教融合型城市和企业建设评价，完善支持激励政策。

（二十八）加强国际交流合作。鼓励职业学校、高等学校引进海外高层次人才和优质教育资源，开发符合国情、国际开放的校企合作培养人才和协同创新模式。探索构建应用技术教育创新国际合作网络，推动一批中外院校和企业结对联合培养国际化应用型人才。鼓励职业教育、高等教育参与配合"一带一路"建设和国际产能合作。

七、组织实施

（二十九）强化工作协调。加强组织领导，建立发展改革、教育、人力资源社会保障、财政、工业和信息化等部门密切配合，有关行业主管部门、国有资产监督管理部门积极参与的工作协调机制，加强协同联动，推进工作落实。各省级人民政府要结合本地实际制定具体实施办法。

（三十）营造良好环境。做好宣传动员和舆论引导，加快收入分配、企业用人制度以及学校编制、教学科研管理等配套改革，引导形成学校主动服务经济社会发展、企业重视"投资于人"的普遍共识，积极营造全社会充分理解、积极支持、主动参与产教融合的良好氛围。

附件：重点任务分工

国务院办公厅
2017 年 12 月 5 日

（此件公开发布）

国务院关于加快发展现代职业教育的决定

（国发〔2014〕19 号）

各省、自治区、直辖市人民政府，国务院各部委、各直属机构：

近年来，我国职业教育事业快速发展，体系建设稳步推进，培养培训了大批中高级技能型人才，为提高劳动者素质、推动经济社会发展和促进就业作出了重要贡献。同时也要看到，当前职业教育还不能完全适应经济社会发展的需要，结构不尽合理，质量有待提高，办学条件薄弱，体制机制不畅。加快发展现代职业教育，是党中央、国务院作出的重大战略部署，对于深入实施创新驱动发展战略，创造更大人才红利，加快转方式、调结构、促升级具有十分重要的意义。现就加快发展现代职业教育作出以下决定。

一、总体要求

（一）指导思想。以邓小平理论、"三个代表"重要思想、科学发展观为指导，坚持以立德树人为根本，以服务发展为宗旨，以促进就业为导向，适应技术进步和生产方式变革以及社会公共服务的需要，深化体制机制改革，统筹发挥好政府和市场的作用，加快现代职业教育体系建设，深化产教融合、校企合作，培养数以亿计的高素质劳动者和技术技能人才。

（二）基本原则。

——政府推动、市场引导。发挥好政府保基本、促公平作用，着力营造制度环境、制定发展规划、改善基本办学条件、加强规范管理和监督指导等。充分发挥市场机制作用，引导社会力量参与办学，扩大优质教育资源，激发学校发展活力，促进职业教育与社会需求紧密对接。

——加强统筹、分类指导。牢固确立职业教育在国家人才培养体系中的重要位置，统筹发展各级各类职业教育，坚持学校教育和职业培训并举。强化省级人民政府统筹和部门协调配合，加强行业部门对本部门、本行业职业教育的指导。推动公办与民办职业教育共同发展。

——服务需求、就业导向。服务经济社会发展和人的全面发展，推动专业设置与产业需求对接，课程内容与职业标准对接，教学过程与生产过程对接，毕业证书与职业资格证书对接，职业教育与终身学习对接。重点提高青年就业能力。

——产教融合、特色办学。同步规划职业教育与经济社会发展，协调推进人力资源开发与技术进步，推动教育教学改革与产业转型升级衔接配套。突出职业院校办学特色，强化校企协同育人。

——系统培养、多样成才。推进中等和高等职业教育紧密衔接，发挥中等职业教育在发展现代职业教育中的基础性作用，发挥高等职业教育在优化高等教育结构中的重要作用。加强职业教育与普通教育沟通，为学生多样化选择、多路径成才搭建"立交桥"。

（三）目标任务。到2020年，形成适应发展需求、产教深度融合、中职高职衔接、职业教育与普通教育相互沟通，体现终身教育理念，具有中国特色、世界水平的现代职业教育体系。

——结构规模更加合理。总体保持中等职业学校和普通高中招生规模大体相当，高等职业教育规模占高等教育的一半以上，总体教育结构更加合理。到2020年，中等职业教育在校生达到2350万人，专科层次职业教育在校生达到1480万人，接受本科层次职业教育的学生达到一定规模。从业人员继续教育达到3.5亿人次。

——院校布局和专业设置更加适应经济社会需求。调整完善职业院校区域布局，科学合理设置专业，健全专业随产业发展动态调整的机制，重点提升面向现代农业、先进制造业、现代服务业、战略性新兴产业和社会管理、生态文明建设等领域的人才培养能力。

——职业院校办学水平普遍提高。各类专业的人才培养水平大幅提升，办学条件明显改善，实训设备配置水平与技术进步要求更加适应，现代信息技术广泛应用。专兼结合的"双师型"教师队伍建设进展显著。建成一批世界一流的职业院校和骨干专业，形成具有国际竞争力的人才培养高地。

——发展环境更加优化。现代职业教育制度基本建立，政策法规更加健全，相关标准更加科学规范，监管机制更加完善。引导和鼓励社会力量参与的政策更加健全。全社会人才观念显著改善，支持和参与职业教育的氛围更加浓厚。

二、加快构建现代职业教育体系

（四）巩固提高中等职业教育发展水平。各地要统筹做好中等职业学校和普通高中招生工作，落实好职普招生大体相当的要求，加快普及高中阶段教育。鼓励优质学校通过兼并、托管、合作办学等形式，整合办学资源，优化中等职业教育布局结构。推进县级职教中心等中等职业学校与城市院校、科研机构对口合作，实施学历教育、技术推广、扶贫开发、劳动力转移培训和社会生活教育。在保障学生技术技能培养质量的基础上，加强文化基础教育，实现就业有能力、升学有基础。有条件的普通高中要适当增加职业技术教育内容。

（五）创新发展高等职业教育。专科高等职业院校要密切产学研合作，培养服务区域发展的技术技能人才，重点服务企业特别是中小微企业的技术研发和产品升级，加强社区教育和终身学习服务。探索发展本科层次职业教育。建立以职业需求为导向、以实践能力培养为重点、以产学结合为途径的专业学位研究生培养模式。研究建立符合职业教育特点的学位制度。原则上中等职业学校不升格为或并入高等职业院校，专科高等职业院校不升格为或并入本科高等学校，形成定位清晰、科学合理的职业教育层次结构。

（六）引导普通本科高等学校转型发展。采取试点推动、示范引领等方式，引导一批普通本科高等学校向应用技术类型高等学校转型，重点举办本科职业教育。独立学院转设为独立设置高等学校时，鼓励其定位为应用技术类型高等学校。建立高等学校分类体系，实行分类管理，加快建立分类设置、评价、指导、拨款制度。招生、投入等政策措施向应用技术类型高等学校倾斜。

（七）完善职业教育人才多样化成长渠道。健全"文化素质+职业技能"、单独招生、综合评价招生和技能拔尖人才免试等考试招生办法，为学生接受不同层次高等职业教育提供多种机会。在学前教育、护理、健康服务、社区服务等领域，健全对初中毕业生实行中高职贯通培养的考试招生办法。适度提高专科高等职业院校招收中等职业学校毕业生的比例、本科高等学校招收职业院校毕业生的比例。逐步扩大高等职业院校招收有实践经历人员的比例。建立学分积累与转换制度，推进学习成果互认衔接。

（八）积极发展多种形式的继续教育。建立有利于全体劳动者的接受职业教育和培训的灵活学习制度，服务全民学习、终身学习，推进学习型社会建设。面向未升学初高中毕业生、残疾人、失业人员等群体广泛开展职业教育和培训。推进农民继续教育工程，加强涉农专业、课程和教材建设，创新农学结合模式。推动一批县（市、区）在农村职业教育和成人教育改革发展方面发挥示范作用。利用职业院校资源广泛开展职工教育培训。重视培养军地两用人才。退役士兵接受职业教育和培训，按照国家有关规定享受优待。

三、激发职业教育办学活力

（九）引导支持社会力量兴办职业教育。创新民办职业教育办学模式，积极支持各类办学主体通过独资、合资、合作等多种形式举办民办职业教育；探索发展股份制、混合所有制职业院校，允许以资本、知识、技术、管理等要素参与办学并享有相应权利。探索公办和社会力量举办的职业院校相互委托管理和购买服务的机制。引导社会力量参与教学过程，共同开发课程和教材等教育资源。社会力量举办的职业院校与公办职业院校具有同等法律地位，依法享受相关教育、财税、土地、金融等政策。健全政府补贴、购买服务、助学贷款、基金奖励、捐资激励等制度，鼓励社会力量参与职业教育办学、管理和评价。

（十）健全企业参与制度。研究制定促进校企合作办学有关法规和激励政策，深化产教融合，鼓励行业和企业举办或参与举办职业教育，发挥企业重要办学主体作用。规模以上企业要有机构或人员组织实施职工教育培训、对接职业院校，设立学生实习和教师实践岗位。企业因接受实习生所实际发生的与取得收入有关的、合理的支出，按现行税收法律规定在计算应纳税所得额时扣除。多种形式支持企业建设兼具生产与教学功能的公共实训基地。对举办职业院校的企业，其办学符合职业教育发展规划要求的，各地可通过政府购买服务等方式给予支持。对职业院校自办的、以服务学生实习实训为主要目的的企业或经营活动，按照国家有关规定享受税收等优惠。支持企业通过校企合作共同培养培训人才，不断提升企业价值。企业开展职业教育的情况纳入企业社会责任报告。

（十一）加强行业指导、评价和服务。加强行业指导能力建设，分类制定行业指导政策。通过授权委托、购买服务等方式，把适宜行业组织承担的职责交给行业组织，给予政策支持并强化服务监管。行业组织要履行好发布行业人才需求、推进校企合作、参与指导教育教学、开展质量评价等职责，建立行业人力资源需求预测和就业状况定期发布制度。

（十二）完善现代职业学校制度。扩大职业院校在专业设置和调整、人事管理、教师评聘、收入分配等方面的办学自主权。职业院校要依法制定体现职业教育特色的章程和制度，完善治理结构，提升治理能力。建立学校、行业、企业、社区等共同参与的学校理事会或董事会。制定校长任职资格标准，推进校长聘任制改革和公开选拔试点。坚持和完善中等职业学校校长负责制、公办高等职业院校党委领导下的校长负责制。建立企业经营管理和技术人员与学校领导、骨干教师相互兼职制度。完善体现职业院校办学和管理特点的绩效考核内部分配机制。

（十三）鼓励多元主体组建职业教育集团。研究制定院校、行业、企业、科研机构、社会组织等共同组建职业教育集团的支持政策，发挥职业教育集团在促进教育链和产业链有机融合中的重要作用。鼓励中央企业和行业龙头企业牵头组建职业教育集团。探索组建覆盖全产业链的职业教育集团。健全联席会、董事会、理事会等治理结构和决策机制。开展多元投资主体依法共建职业教育集团的改革试点。

（十四）强化职业教育的技术技能积累作用。制定多方参与的支持政策，推动政府、学校、行业、企业联动，促进技术技能的积累与创新。推动职业院校与行业企业共建技术工艺和产品开发中心、实验实训平台、技能大师工作室等，成为国家技术技能积累与创新的重要载体。职业院校教师和学生拥有知识产权的技术开发、产品设计等成果，可依法依规在企业作价入股。

四、提高人才培养质量

（十五）推进人才培养模式创新。坚持校企合作、工学结合，强化教学、学习、实训相融合的教育教学活动。推行项目教学、案例教学、工作过程导向教学等教学模式。加大实习实训在教学中的比重，创新顶岗实习形式，强化以育人为目标的实习实训考核评价。健全学生实习责任保险制度。积极推进学历证书和职业资格证书"双证书"制度。开展校企联合招生、联合培养的现代学徒制试点，完善支持政策，推进校企一体化育人。开展职业技能竞赛。

（十六）建立健全课程衔接体系。适应经济发展、产业升级和技术进步需要，建立专业教学标准和职业标准联动开发机制。推进专业设置、专业课程内容与职业标准相衔接，推进中等和高等职业教育培养目标、专业设置、教学过程等方面的衔接，形成对接紧密、特色鲜明、动态调整的职业教育课程体系。全面实施素质教育，科学合理设置课程，将职业道德、人文素养教育贯穿培养全过程。

（十七）建设"双师型"教师队伍。完善教师资格标准，实施教师专业标准。健全教师专业技术职务（职称）评聘办法，探索在职业学校设置正高级教师职务（职称）。加强校长培训，实行五年一周期的教师全员培训制度。落实教师企业实践制度。政府要支持学校按照有关规定自主聘请兼职教师。完善企业工程技术人员、高技能人才到职业院校担任专兼职教师的相关政策，兼职教师任教情况应作为其业绩考核评价的重要内容。加强职业技术师范院校建设。推进高水平学校和大中型企业共建"双师型"教师培养培训基地。地方政府要比照普通高中和高等学校，根据职业教育特点核定公办职业院校教职工编制。加强职业教育科研教研队伍建设，提高科研能力和教学研究水平。

（十八）提高信息化水平。构建利用信息化手段扩大优质教育资源覆盖面的有效机制，推进职业教育资源跨区域、跨行业共建共享，逐步实现所有专业的优质数字教育资源全覆盖。支持与专业课程配套的虚拟仿真实训系统开发与应用。推广教学过程与生产过程实时互动的远程教学。加快信息化管理平台建设，加强现代信息技术应用能力培训，将现代信息技术应用能力作为教师评聘考核的重要依据。

（十九）加强国际交流与合作。完善中外合作机制，支持职业院校引进国（境）外高水平专家和优质教育资源，鼓励中外职业院校教师互派、学生互换。实施中外职业院校合作办学项目，探索和规范职业院校到国（境）外办学。推动与中国企业和产品"击出去"相配套的职业教育发展模式，注重培养符合中国企业海外生产经营需求的本土化人才。积极参与制定职业教育国际标准，开发与国际先进标准对接的专业标准和课程体系。提升全国职业院校技能大赛国际影响。

五、提升发展保障水平

（二十）完善经费稳定投入机制。各级人民政府要建立与办学规模和培养要求相适应的财政投入制度,地方人民政府要依法制定并落实职业院校生均经费标准或公用经费标准,改善职业院校基本办学条件。地方教育附加费用于职业教育的比例不低于30%。加大地方人民政府经费统筹力度,发挥好企业职工教育培训经费以及就业经费、扶贫和移民安置资金等各类资金在职业培训中的作用,提高资金使用效益。县级以上人民政府要建立职业教育经费绩效评价制度、审计监督公告制度、预决算公开制度。

(二十一)健全社会力量投入的激励政策。鼓励社会力量捐资、出资兴办职业教育,拓宽办学筹资渠道。通过公益性社会团体或者县级以上人民政府及其部门向职业院校进行捐赠的,其捐赠按照现行税收法律规定在税前扣除。完善财政贴息贷款等政策,健全民办职业院校融资机制。企业要依法履行职工教育培训和足额提取教育培训经费的责任,一般企业按照职工工资总额的1.5%足额提取教育培训经费,从业人员技能要求高、实训耗材多、培训任务重、经济效益较好的企业可按2.5%提取,其中用于一线职工教育培训的比例不低于60%。除国务院财政、税务主管部门另有规定外,企业发生的职工教育经费支出,不超过工资薪金总额2.5%的部分,准予扣除;超过部分,准予在以后纳税年度结转扣除。对不按规定提取和使用教育培训经费并拒不改正的企业,由县级以上地方人民政府依法收取企业应当承担的职业教育经费,统筹用于本地区的职业教育。探索利用国(境)外资金发展职业教育的途径和机制。

(二十二))加强基础能力建设。分类制定中等职业学校、高等职业院校办学标准,到2020年实现基本达标。在整合现有项目的基础上实施现代职业教育质量提升计划,推动各地建立完善以促进改革和提高绩效为导向的高等职业院校生均拨款制度,引导高等职业院校深化办学机制和教育教学改革;重点支持中等职业学校改善基本办学条件,开发优质教学资源,提高教师素质;推动建立发达地区和欠发达地区中等职业教育合作办学工作机制。继续实施中等职业教育基础能力建设项目。支持一批本科高等学校转型发展为应用技术类型高等学校。地方人民政府、相关行业部门和大型企业要切实加强所办职业院校基础能力建设,支持一批职业院校争创国际先进水平。

(二十三)完善资助政策体系。进一步健全公平公正、多元投入、规范高效的职业教育国家资助政策。逐步建立职业院校助学金覆盖面和补助标准动态调整机制,加大对农林水地矿油核等专业学生的助学力度。有计划地支持集中连片特殊困难地区内限制开发和禁止开发区初中毕业生到省(区、市)内外经济较发达地区接受职业教育。完善面向农民、农村转移劳动力、在职职工、失业人员、残疾人、退役士兵等接受职业教育和培训的资助补贴政策,积极推行以直补个人为主的支付办法。有关部门和职业院校要切实加强资金管理,严查"双重学籍""虚假学籍"等问题,确保资助资金有效使用。

(二十四)加大对农村和贫困地区职业教育支持力度。服务国家粮食安全保障体系建设,积极发展现代农业职业教育,建立公益性农民培养培训制度,大力培养新型职业农民。在人口集中和产业发展需要的贫困地区建好一批中等职业学校。国家制定奖补政策,支持东部地区职业院校扩大面向中西部地区的招生规模,深化专业建设、课程开发、资源共享、学校管理等合作。加强民族地区职业教育,改善民族地区职业院校办学条件,继续办好内地西藏、新疆中职班，建设一批民族文化传承创新示范专业点。

（二十五）健全就业和用人的保障政策。认真执行就业准入制度，对从事涉及公共安全、人身健康、生命财产安全等特殊工种的劳动者，必须从取得相应学历证书或职业培训合格证书并获得相应职业资格证书的人员中录用。支持在符合条件的职业院校设立职业技能鉴定所（站），完善职业院校合格毕业生取得相应职业资格证书的办法。各级人民政府要创造平等就业环境，消除城乡、行业、身份、性别等一切影响平等就业的制度障碍和就业歧视；党政机关和企事业单位招用人员不得歧视职业院校毕业生。结合深化收入分配制度改革，促进企业提高技能人才收入水平。鼓励企业建立高技能人才技能职务津贴和特殊岗位津贴制度。

六、加强组织领导

（二十六）落实政府职责。完善分级管理、地方为主、政府统筹、社会参与的管理体制。国务院相关部门要有效运用总体规划、政策引导等手段以及税收金融、财政转移支付等杠杆，加强对职业教育发展的统筹协调和分类指导；地方政府要切实承担主要责任，结合本地实际推进职业教育改革发展，探索解决职业教育发展的难点问题。要加快政府职能转变，减少部门职责交叉和分散，减少对学校教育教学具体事务的干预。充分发挥职业教育工作部门联席会议制度的作用，形成工作合力。

（二十七）强化督导评估。教育督导部门要完善督导评估办法，加强对政府及有关部门履行发展职业教育职责的督导；要落实督导报告公布制度，将督导报告作为对被督导单位及其主要负责人考核奖惩的重要依据。完善职业教育质量评价制度，定期开展职业院校办学水平和专业教学情况评估，实施职业教育质量年度报告制度。注重发挥行业、用人单位作用，积极支持第三方机构开展评估。

（二十八）营造良好环境。推动加快修订职业教育法。按照国家有关规定，研究完善职业教育先进单位和先进个人表彰奖励制度。落实好职业教育科研和教学成果奖励制度，用优秀成果引领职业教育改革创新。研究设立职业教育活动周。大力宣传高素质劳动者和技术技能人才的先进事迹和重要贡献，引导全社会确立尊重劳动、尊重知识、尊重技术、尊重创新的观念，促进形成"崇尚一技之长、不唯学历凭能力"的社会氛围，提高职业教育社会影响力和吸引力。

中华人民共和国国务院
2014 年 5 月 2 日

现代职业教育体系建设规划（2014—2020 年）

2014 年 6 月

为全面贯彻党的十八大和十八届三中全会精神，依据《国民经济和社会发展第十二个五年规划纲要》《国家中长期教育改革和发展规划纲要（2010—2020 年）》《国家中长期人才发展规划纲要（2010—2020年）》《国务院关于加快发展现代职业教育的决定》和各产业、行业规划，特制定本规划。

一、规划背景

加快发展现代职业教育是党中央、国务院作出的重大战略决策。现代职业教育是服务经济社会发展需要，面向经济社会发展和生产服务一线，培养高素质劳动者和技术技能人才并促进全体劳动者可持续职业发展的教育类型。建立现代职业教育体系，是促进现代职业教育服务转方式、调结构、促改革、保就业、惠民生和工业化、信息化、城镇化、农业现代化同步发展的制度性安排，对打造中国经济升级版，创造更大人才红利，促进就业和改善民生，加强社会建设和文化建设，满足人民群众生产生活多样化的需求，实现中华民族伟大复兴的中国梦都具有重要意义。

随着新型工业化的推进和科学技术的发展，现代职业教育体系越来越成为国家竞争力的重要支撑。特别是国际金融危机以来，美、欧、日、俄、印等国家和地区都将完善现代职业教育体系作为增强国家竞争力特别是发展实体经济的战略选择，力求在新一轮国际竞争中建立巩固的、可持续的人才和技术竞争优势。

改革开放以来，我国职业教育改革发展取得了巨大成就，中高等职业教育快速发展，职业院校基础能力显著提高，产教结合、校企合作不断深入，行业企业参与不断加强，中高职衔接呈现良好势头。但是，必须清醒地看到，我国职业教育仍然存在着社会吸引力不强、发展理念相对落后、行业企业参与不足、人才培养模式相对陈旧、基础能力相对薄弱、层次结构不合理、基本制度不健全、国际化程度不高等诸多问题，并集中体现在职业教育体系不适应加快转变经济发展方式的要求上。抓住发展机遇，站在经济、社会和教育发展全局的高度，以战略眼光、现代理念和国际视野建设现代职业教育体系，加快发展现代职业教育，是促进教育公平、基本实现教育现代化和建设人力资源强国的必然选择。

二、总体要求

（一）指导思想。

以邓小平理论、"三个代表"重要思想、科学发展观为指导，按照"五位一体"社会主义现代化建设总体布局和加快经济发展方式转变的总体要求，坚持以立德树人为根本，以服务发展为宗旨，以促进就业为导向，深化体制机制改革，统筹发挥好政府和市场的作用，系统设计现代职业教育的体系框架、结构布局和运行机制，推动教育制度创新和结构调整，培养数以亿计的工程师、高级技工和高素质职业人才，传承技术技能，促进就业创业，为建设人力资源强国和创新型国家提供人才支撑。

（二）建设目标。

总体目标是：牢固确立职业教育在国家人才培养体系中的重要位置，到2020年，形成适应发展需求、产教深度融合、中职高职衔接、职业教育与普通教育相互沟通，体现终身教育理念,具有中国特色、世界水平的现代职业教育体系,建立人才培养立交桥,形成合理教育结构,推动现代教育体系基本建立、教育现代化基本实现。具体分两步走:

——2015年,初步形成现代职业教育体系框架。现代职业教育的理念得到广泛宣传,职业教育体系建设的重大政策更加完备,人才培养层次更加完善,专业结构更加符合市场需求,中高等职业教育全面衔接,产教融合、校企合作的体制基本建立,现代职业院校制度基本形成,职业教育服务国家发展战略的能力进一步提升,职业教育吸引力进一步增强。

——2020年,基本建成中国特色现代职业教育体系。现代职业教育理念深入人心,行业企业和职业院校(中等职业学校和高等职业学校的统称,下同)共同推进的技术技能积累创新机制基本形成,职业教育体系的层次、结构更加科学,院校布局和专业设置适应经济社会需求,现代职业教育的基本制度、运行机制、重大政策更加完善,社会力量广泛参与,建成一批高水平职业院校,各类职业人才培养水平大幅提升。

专栏1　现代职业教育体系建设量化目标

目标	单位	2012年	2015年	2020年
中等职业教育在校生数	万人	2114	2250	2350
专科层次职业教育在校生数	万人	964	1390	1480
继续教育参与人次	万人次	21000	29000	35000
职业院校职业教育集团参与率	%	75	85	90
高职院校招收有实际工作经验学习者比例	%	5	10	20
职业院校培训在校生(折合数)相当于学历职业教育在校生的比例	%	14	20	30
实训基地骨干专业覆盖率	%	35	50	80
有实践经验的专兼职教师占专业教师总数的比例	%	35	45	60
职业院校校园网覆盖率	%	90	100	100
数字化资源专业覆盖率	%	70	80	100

(三)基本原则。

坚持政府统筹规划。以提高质量、促进就业、服务发展为导向,发挥政府在职业教育体系建设中的引导、规范和督导作用,深化重要领域和关键环节的改革。中央政府加强职业教育体系的顶层设计,完善体系建设、管理、运行的法律法规和基本制度。扩大省级政府统筹权,鼓励各地根据区域经济社会发展需要,探索体系建设模式,推动职业教育多样化、多形式发展。

坚持市场需求导向。充分发挥市场在资源配置中的决定性作用,扩大职业院校办学自主权,推动学校面向社会需求办学,增强职业教育体系适应市场经济的能力。充分调动社会力量,吸引更多资源向职业教育汇聚,促进政府办学、企业办学和社会办学共同发展。进一步发挥行业、企业、学校和社会各方面的积极作用,激发职业教育办学活力,最大限度释放改革红利。

坚持产教融合发展。走开放融合、改革创新的中国特色现代职业教育体系建设道路，推动职业教育融入经济社会发展和改革开放的全过程，推动专业设置与产业需求、课程内容与职业标准、教学过程与生产过程对接，实现职业教育与技术进步和生产方式变革以及社会公共服务相适应，促进经济提质增效升级。

坚持各级各类教育协调发展。统筹职业教育和普通教育、继续教育发展，建立学分积累和转换制度，畅通人才成长通道。优化职业教育体系结构和空间布局，形成普通教育与职业教育相互沟通、全日制与非全日制协调发展，学历教育与非学历培训沟通衔接，公办民办共同发展的现代职业教育新格局。

三、体系的基本架构

按照终身教育的理念，形成服务需求、开放融合、纵向流动、双向沟通的现代职业教育的体系框架和总体布局。

专栏2 教育体系基本框架示意图

（略）

（一）职业教育的层次结构。

初等职业教育。在有需要的地方继续办好初等职业教育学校。各类职业院校、培训机构和用人单位内部开展实用技术技能培训，使学习者获得基本的工作和生活技能。

中等职业教育。中等职业教育在现代职业教育体系中具有基础作用，为初高中毕业生开展基础性的知识、技术和技能教育，培养技能人才。中等职业教育是职业教育发展的重点，今后一个时期总体保持普通高中和中等职业学校招生规模大体相当。

高等职业教育。在办好现有专科层次高等职业（专科）学校的基础上，发展应用技术类型高校，培养本科层次职业人才。应用技术类型高等学校是高等教育体系的重要组成部分，与其他普通本科学校具有平等地位。高等职业教育规模占高等教育的一半以上，本科层次职业教育达到一定规模。建立以提升职业能力为导向的专业学位研究生培养模式。根据高等学校设置制度规定，将符合条件的技师学院纳入高等学校序列。

（二）职业教育的终身一体。

职业辅导教育。普通教育学校为在校生和未升学毕业生提供多种形式职业发展辅导。普通高中根据需要适当增加职业技术教育内容。职业院校和普通教育学校开展以职业道德、职业发展、就业准备、创业指导等为主要内容的就业教育和服务。

职业继续教育。各类职业院校是继续教育的重要主体，通过多种教育形式为所有劳动者提供终身学习机会。企事业单位举办职工教育，建立制度化的岗位培训体系。社会培训机构是职业继续教育的重要组成部分，依法自主开展职业培训和承接政府组织的职业培训。

劳动者终身学习。增强职业教育体系的开放性和多样性，使劳动者能够在职业发展的不同阶段通过多次选择、多种方式灵活接受职业教育和培训，促进学习者为职业发展而学习，使职业教育成为促进全体劳动者可持续发展的教育。

(三) 职业教育的办学类型。

政府办学、企业办学和社会办学。建立政府、企业和其他社会力量共同发挥办学主体作用，公办和民办职业院校共同发展的职业教育办学体制。政府实行统一的准入制度，办好骨干职业院校，支持社会力量办学。各类主体兴办的职业院校具有同等法律地位，依法公平、公开竞争。

全日制职业教育与非全日制职业教育。增加非全日制职业教育在职业教育中的比重，发展工学交替、双元制、学徒制、半工半读、远程教育等各种灵活学习方式的职业教育。通过改革学制、学籍和学分管理制度，实现全日制职业教育和非全日制职业教育的统筹管理。

学历职业教育与非学历职业教育。职业院校同时开展学历职业教育和非学历职业教育，满足行业、企业和社区的多样化需求。职业院校和职业培训机构开展的非学历职业教育可以通过质量认证体系、学分积累和转换制度、学分银行和职业资格考试进行学历认证。

(四) 职业教育的开放沟通。

职业教育体系内部。系统构建从中职、专科、本科到专业学位研究生的培养体系，满足各层次技术技能人才的教育需求，服务一线劳动者的职业成长。拓宽高等职业学校招收中等职业学校毕业生、应用技术类型高等学校招收职业院校毕业生通道，打开职业院校学生的成长空间。在确有需要的职业领域，可以实行中职、专科、本科贯通培养。

职业教育与普通教育。建立职业教育和普通教育双向沟通的桥梁。普通学校和职业院校可以开展课程和学分互认。学习者可以通过考试在普通学校和职业院校之间转学、升学。普通高等学校可以招收职业院校毕业生，并与职业院校联合培养高层次应用型人才。

职业教育与人力资源市场。职业院校按照经济社会发展的需求确定人才培养的规格层次、专业体系、培养方式和质量标准。畅通一线劳动者继续学习深造的路径，增加有工作经验的技术技能人才在职业院校学生中的比重，建立在职人员学习—就业—再学习的通道，实现优秀人才在职业领域与教育领域的顺畅转换。

四、体系建设的重点任务

以现代教育理念为先导，加强现代职业教育体系建设的重点领域和薄弱环节。

(一) 优化职业教育服务产业布局。

大力发展现代农业职业教育。以培养新型职业农民为重点，建立公益性农民培养培训制度。推进农民继续教育工程，创新农学结合模式。以农业职业院校为主体，构建覆盖全国、服务完善的现代职业农民教育网络。依托农业高等学校、职业院校组建农业教育集团，培养多层次农业技术人才，参与农业技术推广体系建设。鼓励企业、行业协会、农业合作社举办或参与举办农业职业院校，参与涉农专业、课程和人才培养模式改革。提高农村基础教育、职业教育和成人继续教育统筹水平，促进农科教结合。推动一批县（区）在农村职业教育和成人教育改革发展方面发挥示范作用。

提升服务工业转型升级能力。根据国家发展先进制造业的战略部署，按照现代生产方式和产业技术进步要求，重点培养掌握新技术、具备高技能的高素质技术技能人才。适应战略性新兴产业、现代能源产业、海洋产业、综合交通运输体系、生态环境保护等领域的发展需要，优先发展相关新兴专业，提高中国制造和中国装备的市场竞争力，加快完善人才支撑体系。

加快培养服务现代服务业人才。根据服务业加快发展的趋势，逐步提高面向服务业的职业教育比重。重点加强服务金融、物流、商务、医疗、健康和高技术服务等现代服务业的职业教育，培养具有较高文化素质和技术技能素质的新型服务人才。深化文化艺术类职业教育改革，重点培养文化创意人才、基层文化人才，传承创新民族文化和民族工艺，推动文化产业成为国民经济支柱性产业。

加紧满足社会建设和社会管理人才需求。发挥职业教育植根社区、服务社区的重要作用，推动职业院校面向基层，积极开设城镇管理、乡村建设、社会保障、社区工作、文化体育、环境卫生、老龄服务等专业，培养下得去、留得住的有文化、懂技术、善沟通的高素质社会管理和服务工作者。

专栏3　经济和社会重点领域与技术技能人才培养

现代农业	加强农业职业教育，培养适应农业产业化和科技进步的新型职业农民。加强适应现代农业生产方式的技术人才、流通人才、经营和管理人才培养，支持农业结构战略性调整。
制造业	加快培养适应工业转型升级需要的技术技能人才，使劳动者素质的提升与制造技术、生产工艺和流程的现代化保持同步，实现产业核心技术技能的传承、积累和创新发展，促进制造业由大变强。
服务业	面向金融服务、现代物流、商务服务、社会工作服务和高技术服务领域，培养具备高尚职业道德、较高人文素养、通晓国际标准和高超技术技能的专门人才，通过人才专业化提升服务业的竞争力。适应老龄服务事业和产业发展需要，加快相关人才培养。
战略性新兴产业	坚持自主创新带动与技术技能人才支撑并重的人才发展战略，加强战略性新兴产业相关专业建设，培养、储备应用先进技术、使用先进装备和具有工艺创新能力的高层次技术技能人才。
能源产业	适应现代能源产业体系建设需要，加强新能源、可再生能源相关专业建设，加快节能环保、污染物防治与安全处置、资源回收与循环利用等相关产业技术技能人才培养。
交通运输	服务综合交通运输体系建设，改造提升交通运输相关专业，优化人才培养结构，加快轨道交通、民航、公共交通等急需技术技能人才培养，提高从业人员素质。
海洋产业	加强海洋类职业院校和专业建设，加快海洋油气业、海洋渔业、海洋船舶业等海洋传统产业；海洋交通运输业、海洋旅游业等海洋服务业，以及海洋装备制造业等海洋新兴产业急需的技术技能人才培养，为发展壮大海洋经济和增强海洋开发利用能力提供人才支撑。
社会建设与社会管理	支持职业院校围绕城乡发展、社会管理、社区服务、基层文化建设，培养基层管理和公共服务人才。
文化产业	适应文化产业的发展需要，加强文化创意、影视制作、出版发行等重点文化产业技术技能人才的培养。依托职业教育体系保护、传承和创新民族传统工艺与非物质文化遗产，培养各民族文艺人才。

展开

(二) 统筹职业教育区域发展布局。

优化职业教育区域布局。各地从本区域实际出发，规划职业教育体系布局结构。东部地区和大中城市要根据经济转型升级的需要，提高中等职业教育的核心竞争力和高等职业教育的现代化水平。中西部地区要多渠道筹措资金增强职业教育基础能力，以中等职业教育为重点普及高中阶段教育，提高服务当地特色优势产业的高等职业教育质量。民族地区要从加快区域经济社会发展和促进各民族交流交融的要求出发，加快职业教育发展步伐，着力优化结构、提高质量，加强双语、双师型教师队伍建设，提升职业教育服务当地特色优势产业、民族文化和民族工艺、基本公共服务、社会管理和贫困家庭脱贫致富的能力。

优化职业教育城乡布局。充分发挥职业教育就业导向作用，引导农村剩余劳动力向城镇和非农产业有序转移。重点加强农民工、农民工子女和城市转岗就业人员的职业教育和培训。在城镇化建设中科学规划职业教育，院校布局更加贴近所服务的产业和社区。新增高等职业学校主要向中小城市布局。根据各主体功能区的定位，推动区域内职业院校科学定位，使每一所职业院校集中力量办好当地经济社会需要的特色优势专业（集群）。推动县区职业教育中心（中等职业学校）成为区域学历教育、技术推广、扶贫开发、劳动力转移培训和社会生活教育的开放平台，将服务网络延伸到社区、村庄、合作社、农场、企业。

(三) 加快民办职业教育发展步伐。

完善鼓励社会力量办学的政策环境。充分发挥社会力量举办职业教育对加快建立现代职业教育体系、激发职业教育发展活力的重要作用。完善各类职业院校设置标准，建立公开透明规范的民办职业教育准入、审批制度，稳步扩大优质民办教育规模。鼓励企业举办或参与举办职业院校，到2020年，大中型企业参与职业教育办学的比例达到80%以上。各地要把社会力量举办的职业院校纳入教育发展规划，推动民办职业院校分类管理试点，健全政府补贴、购买服务、助学贷款、基金奖励、捐资激励等制度，鼓励社会力量参与职业教育办学。对办学规范、管理严格的民办职业院校，逐步实行在核定办学规模内自主确定招生范围和年度招生计划的制度。

创新民办职业教育办学模式。支持发展一批品牌化、连锁化和中高职衔接的民办职业教育集团。积极支持各类办学主体通过独资、合资、合作等多种形式举办民办职业教育，探索发展股份制、混合所有制职业院校。开展社会力量参与公办职业院校改革建立混合所有制职业院校试点，允许社会力量通过购买、承租、委托管理等方式改造办学活力不足的公办职业院校。鼓励民间资本与公办优质教育资源嫁接合作在经济欠发达地区扩大优质职业教育资源。鼓励企业和公办职业院校合作举办混合所有制性质的二级学院。允许社会力量以资本、知识、技术、管理等要素参与办学并享有相应权利，探索在民办职业院校实行职工持股。鼓励专业技术人才、高技能人才在职业院校建设股份合作制的工作室。

(四) 推动职业教育集团化发展。

科学规划职业教育集团发展。职业教育集团化发展是政府主导、行业指导、企业参与的职业教育办学体制的重要实现形式,对促进教育链和产业链有机融合有重要作用。完善现有职业教育集团的治理结构、发展机制,逐步扩大各类职业院校参与率,到 2020 年基本覆盖所有职业院校,初步建成 300 个富有活力和引领作用的骨干职业教育集团。开展多元投资主体依法共建职业教育集团的改革试点。

创新职业教育集团的发展机制。按照市场导向、利益共享、合作互赢的原则,吸引各类主体参与职业教育集团建设。通过中央企业和行业龙头企业牵头、骨干职业院校牵头、行业和职业院校联合、地方政府整合职业教育资源、区域内职业院校资源共享等方式多样化发展职业教育集团。鼓励各地在重大产业建设工程中,同步规划覆盖全产业链的职业教育集团。

提升职业教育集团的发展活力。研究制定促进职业教育集团发展的支持政策。支持符合条件的职业教育集团统筹中高职衔接、专业课程建设、实训基地建设、教师队伍建设。鼓励通过领导干部交叉任职、共建技术创新平台和生产性实训基地、建立混合所有制职业院校等方式强化集团内部的利益纽带。鼓励行业特色明显的普通高等学校参与职业教育集团。鼓励职业教育集团与跨国企业、境外教育机构等开展合作。

(五)加强中等职业教育基础地位。

巩固提高中等职业教育。中等职业教育是公共服务体系的重要组成部分。将普及高中阶段教育重点放在中等职业教育。坚持以就业为导向办好中等职业教育,按照系统培养、全面培养、终身教育的理念,加强思想道德和职业道德教育,强化基础文化和体育、艺术课程,加强新技术教育和技能训练,为学生全面成才、持续发展奠定扎实基础。继续探索举办职业教育和普通教育融通的综合高中。

调整优化中等职业教育布局。各地要根据本地产业、人口、教育实际和城镇化进程提出中等职业教育规划布局指导意见,指导各地从实际出发逐步优化中等职业教育学校布局和专业。鼓励优质学校通过兼并、托管、合作办学等形式,整合办学资源;对定位不明确、办学质量低、服务能力弱的学校实行调整改造或兼并重组。推动各项要素资源优化整合,逐步提高中等职业学校办学水平。

(六)优化高等职业教育结构。

推进高等学校分类管理。建立高等学校分类体系,探索对研究类型高校、应用技术类型高校、高等职业学校等不同类型的高等学校实行分类设置、评价、指导、评估、拨款制度。鼓励举办应用技术类型高校,将其建设成为直接服务区域经济社会发展,以举办本科职业教育为重点,融职业教育、高等教育和继续教育于一体的新型大学。原则上现有专科高等职业学校不升格为或并入普通高等学校。各地科学规划区域内高等教育布局结构,根据国家的有关规定设置专科阶段高等学校。

引导一批本科高等学校转型发展。支持定位于服务行业和地方经济社会发展的本科高等学校实行综合改革,向应用技术类型高校转型发展。鼓励独立学院转设为独立设置的学校时定位为应用技术类型高校。鼓励本科高等学校与示范性高等职业学校通过合作办学、联合培养等方式培养高层次应用技术人才。应用技术类型高校同时招收在职优秀技术技能人才、职业院校优秀毕业生和普通高中、综合高中毕业生。各地采取计划、财政、评估等综合性调控政策引导地方本科高等学校转型发展。

加快高等职业学校改革步伐。深化高等职业学校治理结构、专业体系、培养模式、招生入学制度等关键领域改革，提升办学活力和人才培养质量。根据区域发展需要设立的高等职业学校，要强化服务社区导向，为社区提供职业教育、继续教育和普通高等学校基础课程。行业特色明显的高等职业学校，要增强服务产业导向，发挥提升产业竞争力的作用。

探索举办特色学院。鼓励大型企业、科研机构和行业协会举办或参与举办以服务产业链为目标，主要依托企业开展教学实训，人才培养和职工培训融为一体，产教、科教融合发展，专业特色明显的特色学院，新增一批优质高等职业教育资源。

(七) 完善职业人才衔接培养体系。

加强中高职衔接。推进中等和高等职业教育培养目标、专业设置、课程体系、教学过程等方面的衔接。探索对口合作、集团化发展等多形式的衔接方式。逐步扩大职业院校自主招生权和学习者自主选择权，形成多种方式、多次选择的衔接机制和衔接路径。充分发挥开放大学在中高职衔接中的重要作用。

完善五年制高职。以初中为起点的五年制高等职业学校，主要面向学前教育、护理、健康服务、社区服务等特殊专业领域，培养兼具较高文化素质和专业技术技能的专门人才。国家发布五年制高职专业目录。支持办好重点培养产业发展和社会建设急需人才的五年制高等职业学校。

强化学历、学位和职业资格衔接。研究探索符合职业教育特点的学位制度。完善学历学位证书和资格证书"双证书"制度，逐步实现职业教育学历学位证书体系、专业学位研究生教育与职业资格证书体系的有机衔接，探索建立各级职业教育与普通教育相衔接的制度。完善职业院校合格毕业生取得相应职业资格证书的办法。

(八) 建立职业教育质量保障体系。

完善校企合作、工学结合的人才培养体系。将工学结合贯穿职业教育教学全过程，学生从入学开始就接受相应的动手和实践课程，并根据培养目标同步深化文化、技术和技能学习与训练，逐步实现就业需求和人才培养的有机衔接。加强科学素养、技术思维和实践能力教育，加强实验、实训、实习和研究性学习环节。加强工程实践中心、实训基地和企业实习基地的建设，保障学习者有质量的实习实训需求。强化实习实训环节的评价考核。在有条件的企业试行职业院校和企业联合招生、联合培养的学徒制，企业根据用工需求与职业院校实行联合招生（招工）、联合培养。完善支持政策，通过政府、企业、社会、家庭等多渠道筹集学生（学徒）培养培训经费。

加强职业院校德育工作。积极培育和践行社会主义核心价值观。弘扬民族优秀文化和现代工业文明，传承民族工艺文化中以德为先、追求技艺、重视传承的优良传统。推进产业文化进教育、企业文化进校园、职业文化进课堂，将生态环保、绿色节能、清洁生产、循环经济等理念融入教育过程，开展丰富多彩的校园文化活动，建设融合产业文化的校园文化。切实加强职业道德教育，注重用优秀毕业生先进事迹教育引导在校学生，培养具有现代职业理念和良好职业操守的高素质人才。鼓励企业与职业院校开展多种形式的文化实践活动。

健全职业教育质量评价制度。以学习者的职业道德、技术技能水平和就业质量为核心，建立职业教育质量评价体系。完善学校、行业、企业、研究机构和其他社会组织共同参与的职业教育质量评价机制。各地要加强对职业教育的督导和评估，开展以人才培养质量和服务贡献为主要内容的职业院校绩效考核。职业院校要建立内部质量评价制度，强化质量保障体系建设。注重发挥行业作用，支持行业协会开展职业院校人才培养质量评估，提高人才培养质量和机构与行业需求的匹配度。鼓励企业、用人单位开展毕业生就业质量、满意度等评价。积极支持各类专业组织等第三方机构开展质量评估。

(九) 改革职业教育专业课程体系。

建立产业结构调整驱动专业改革机制。办好特色优势专业，压缩供过于求的专业，调整改造办学层次、办学质量与需求不对接的专业，建立面向市场、优胜劣汰的专业设置机制。职业院校可以在政府和行业的指导下对接职业和岗位需求自主设置专业。支持职业院校设置反映未来产业变革和技术进步趋势的新专业。到2015年，基本完成新一轮专业设置改革，学校特色优势专业集中度显著提高。扩大学生选专业、转专业的自主权。建立专业设置信息发布平台和动态调整预警机制。探索建立区域中高职专业设置管理的宏观协调机制。

建立产业技术进步驱动课程改革机制。适应经济发展、产业升级和技术进步需要，建立国家职业标准与专业教学标准联动开发机制。按照科技发展水平和职业资格标准设计课程结构和内容。通过用人单位直接参与课程设计、评价和国际先进课程的引进，提高职业教育对技术进步的反应速度。到2020年，基本形成对接紧密、特色鲜明、动态调整的职业教育课程体系。

建立真实应用驱动教学改革机制。职业院校按照真实环境真学真做掌握真本领的要求开展教学活动。推动教学内容改革，按照企业真实的技术和装备水平设计理论、技术和实训课程；推动教学流程改革，依据生产服务的真实业务流程设计教学空间和课程模块；推动教学方法改革，通过真实案例、真实项目激发学习者的学习兴趣、探究兴趣和职业兴趣。

(十) 完善"双师型"教师培养培训体系。

改革教师资格和编制制度。根据职业教育的特点完善教师资格标准、专业技术职务（职称）评聘办法。探索在职业学校设置正高级教师职务（职称）。各地要比照普通高中和普通高等学校，根据职业教育特点核定公办职业院校教职工编制。新增教师编制主要用于引进有实践经验的专业教师，到2020年，有实践经验的专兼职教师占专业教师总数的比例达到60%以上。

改革职业院校用人制度。落实职业院校用人自主权，鼓励职业院校按照国家相关规定聘请企业管理人员、工程技术人员和能工巧匠担任专兼职教师。建立符合职业院校特点的教师绩效评价标准，绩效工资内部分配向"双师型"教师适当倾斜。探索建立行业企业举办的职业院校和民办职业院校教师年金制度。

完善教师培养制度。加强职业技术师范院校建设。依托高水平学校和大中型企业建立"双师型"职业教育师资培养基地。探索职业教育师资定向培养制度和"学历教育+企业实训"的培养办法。加强职业教育教师队伍师德建设,增强教师从事职业教育的荣誉感和责任感。

完善教师培训制度。建立职业院校教师轮训制度,促进职业院校教师专业化发展。建立一批职业教育教师实践企业基地,实行新任教师先实践、后上岗和教师定期实践制度,专业教师每两年专业实践的时间累计不少于两个月。鼓励职业院校教师加入行业协会组织。

(十一)加速数字化、信息化进程。

推进信息化平台体系建设。将信息化作为现代职业教育体系建设的基础,实现"宽带网络校校通""优质资源班班通""网络学习空间人人通"。加强职业院校信息化基础设施建设,到2015年宽带和校园网覆盖所有职业院校。加强职业教育信息化管理平台建设,到2015年基本建成职业教育信息化管理系统,并与全国公共就业信息服务平台联通,实现资源共享。加强职业教育数字化资源平台建设,到2020年,数字化资源覆盖所有专业。建立全国职业教育数字资源共建共享联盟,制定职业教育数字资源开发规范和审查认证标准,推动建设面向全社会的优质数字化教学资源库。提高开放大学信息化建设水平,到2020年信息技术应用达到世界先进水平。

加快数字化专业课程体系建设。加紧用信息技术改造职业教育专业课程,使每一个学生都具有与职业要求相适应的信息技术素养。与各行业、产业信息化进程紧密结合,将信息技术课程纳入所有专业。在专业课程中广泛使用计算机仿真教学、数字化实训、远程实时教育等技术。加快发展数字农业、智能制造、智慧服务等领域的相关专业。加强对教师信息技术应用能力的培训,将其作为教师评聘考核的重要标准。办好全国职业院校信息化教学大赛。

(十二)建设开放型职业教育体系。

扩大引进优质职业教育资源。有计划地学习和引进国际先进、成熟适用的人才培养标准、专业课程、教材体系和数字化教育资源。大力引进国外智力,支持职业院校申办聘请外国专家(文教类)许可。实施跟踪和赶超战略,鼓励职业院校与国外高水平院校建立一对一合作关系。鼓励职业院校举办高水平中外合作办学机构和项目。鼓励职业院校以团队方式派遣访问学者系统学习国外先进办学模式。加强同联合国教科文组织、世界银行等国际组织和职业教育先进国家开展职业教育领域的合作和交流。

鼓励骨干职业院校走出去。服务国家对外开放战略,培育一批具有国际竞争力的职业院校。加快培养适应我国企业走出去要求的技术技能人才。积极扩大职业院校招收海外留学生的规模,探索和规范职业院校到国(境)外办学。支持承揽海外大型工程的企业与职业院校联合建立国际化人才培养基地。鼓励沿边地区的职业院校加强与周边国家的合作,提高我国教育对周边国家的辐射力、影响力。

五、体系建设的制度保障和机制创新

以产教融合为主线,建立各级政府、行业、企业、学校和社会各方面共同参与的制度创新平台，为现代职业教育体系建设提供制度保障。

(一) 完善职业教育法律体系和标准体系。

推动加快修订《职业教育法》。依法确立现代职业教育体系基本架构，明确各级政府的职责，规范职业院校、行业、企业等主体的权利、义务，将职业教育体系建设的成果法制化。完善促进校企合作和职业教育集团化发展的法律法规。在修订教育法、民办教育促进法、高等教育法、教师法、学位条例以及劳动、社会保障、外国专家等方面的法律法规时，按照现代职业教育体系建设的要求修订完善相关条款。

建立健全职业教育标准体系。加快制定符合职业教育特点、适应经济发展和产业升级要求的各类职业院校办学标准。完善各项标准的实施和检验制度。各地要制定规划和实施方案，到2020年，使各类职业院校基本达到国家规定的办学标准。

(二) 推进职业教育管办评分离改革。

转变政府管理方式。完善分级管理、地方为主、政府统筹、社会参与的管理体制，加快政府职能转变，减少部门职责交叉和分散，减少对学校教育教学具体事务的干预。各级政府加强发展战略、规划、政策、标准等制定和实施，统筹区域职业教育发展，落实职业教育投入责任，创设有利于产教融合、校企合作和社会力量参与办学的良好制度环境。赋予省级政府更大权限，扩大省级政府在现代职业教育体系建设中的统筹权。

加强行业指导、企业参与。构建职业教育行业指导体系，发挥行业在提供政策咨询服务、发布行业人才需求、推进校企合作、参与指导教育教学、开展质量评价等方面的重要作用。加强行业指导能力建设，各地和有关部门将适宜行业组织承担的职责通过授权委托、购买服务等方式交给行业组织，给予政策支持并强化服务监管。加强职业教育行业指导委员会和教学指导委员会建设。通过法制建设、政策引导、考核评价等多种途径进一步落实企业参与校企合作、支持学生实习实训、开展职工继续教育的责任。用人单位要为职工的职业继续教育和终身学习提供条件。将国有大中型企业支持职业教育列入企业履行社会责任考核内容。

扩大职业院校办学自主权。实行"负面清单"制度，深化行政审批制度改革，推动政校分开，扩大职业院校在专业设置和调整、人事管理、教师评聘、收入分配等方面的自主权。完善职业院校治理结构、内外部约束和激励机制，确保职业院校用好办学自主权。坚持和完善中等职业学校校长负责制、公办高等职业学校党委领导下的校长负责制。完善体现职业院校办学和管理特点的绩效考核内部分配机制。

健全职业教育督导评估制度。完善中等职业教育督导评估办法，制定高等职业教育督导评估办法。建立职业教育定期督导评估和专项督导评估制度。完善督导报告制度、公报制度、约谈制度、限期整改制度、奖惩制度等制度，将督导评估结果作为地方各级政府和有关部门、职业院校绩效考核的重要内容。

(三) 深化职业教育招生考试制度改革。

建立符合职业教育特点的招生考试制度。根据高等教育招生考试制度改革总体方案，制定高等学校考试招生制度改革的实施意见和改革方案，加快推进高等职业教育分类招考，建立符合技术技能人才成长规律的选拔机制。重点探索"知识+技能"、单独招生、自主招生和技能拔尖人才免试等考试招生办法，为学生接受不同层次高等职业教育提供多样化入学形式。加快专业学位研究生入学考试制度改革，扩大招收有一定工作经历和实践经验的一线劳动者的比例。完善职业院校教学比赛制度，办好全国职业院校技能大赛，提升国际影响力，将学生比赛成绩作为升入高一级学校的重要依据。

扩大职业院校毕业生升学机会。扩大学校招生自主权，适度提高专科高等职业学校招收中等职业学校毕业生的比例、本科高等学校招收职业院校毕业生的比例，逐步扩大高等职业学校招收有实践经历人员的比例。对不同类型的学生实行不同的选拔方式，为不同来源学生、不同学习方式制定不同培养方案。积极探索非户籍生源在流入地参加考试升入高等职业学校的办法。鼓励农民工采取灵活多样的学习方式接受职业教育与培训。

（四）完善校企合作的现代职业院校治理结构。

完善校企合作各项制度。制定促进校企合作办学法规。建立健全校企合作规划、合作治理、合作培养机制，使人才培养融入企业生产服务流程和价值创造过程。职业院校和合作企业要不断完善知识共享、课程更新、订单培养、顶岗实习、生产实训、交流任职、员工培训、协同创新等制度。推动学校把实训实习基地建在企业，企业把人才培养和培训基地建在学校。探索引校进厂、引厂进校、前店后校等校企一体化的合作形式。

推动行业、企业和社区参与职业院校治理。职业院校设立理（董）事会，50%以上的成员要来自企业、行业和社区。设立专业指导委员会，50%以上的成员要来自用人单位。完善体现职业教育特色的职业院校章程和制度，明确理（董）事会、校（院）长、专业指导委员会和教职工代表大会的职权，提高职业院校治理能力。制订符合职业教育特点的校长（院长）任职资格标准，积极推进校长聘任制改革和公开选拔试点，鼓励企业家、创业家担任校长（院长），培养和造就一批职业教育家。

（五）创新校企协同的技术技能积累机制。

建立重点产业技术积累创新联合体。制定多方参与的支持政策，推动政府、学校、行业、企业的联动，促进技术技能的积累和创新。在关系国家竞争力的重要产业部门，规划建立一批企业和职业院校紧密合作的技术技能积累创新平台，促进新技术、新材料、新工艺、新装备的应用，加快先进技术转化和产业转型升级步伐。推动企业将职业院校纳入技术创新体。

中共中央办公厅　国务院办公厅印发
《关于分类推进人才评价机制改革的指导意见》

中共中央办公厅、国务院办公厅印发了《关于分类推进人才评价机制改革的指导意见》，并发出通知，要求各地区各部门结合实际认真贯彻落实。

《关于分类推进人才评价机制改革的指导意见》全文如下。

人才评价是人才发展体制机制的重要组成部分，是人才资源开发管理和使用的前提。建立科学的人才分类评价机制，对于树立正确用人导向、激励引导人才职业发展、调动人才创新创业积极性、加快建设人才强国具有重要作用。当前，我国人才评价机制仍存在分类评价不足、评价标准单一、评价手段趋同、评价社会化程度不高、用人主体自主权落实不够等突出问题，亟须通过深化改革加以解决。为深入贯彻落实《中共中央印发〈关于深化人才发展体制机制改革的意见〉的通知》，创新人才评价机制，发挥人才评价指挥棒作用，现就分类推进人才评价机制改革提出如下意见。

一、总体要求和基本原则

（一）总体要求。全面贯彻党的十九大精神，以习近平新时代中国特色社会主义思想为指导，认真落实党中央、国务院决策部署，按照统筹推进"五位一体"总体布局和协调推进"四个全面"战略布局要求，落实新发展理念，围绕实施人才强国战略和创新驱动发展战略，以科学分类为基础，以激发人才创新创业活力为目的，加快形成导向明确、精准科学、规范有序、竞争择优的科学化社会化市场化人才评价机制，建立与中国特色社会主义制度相适应的人才评价制度，努力形成人人渴望成才、人人努力成才、人人皆可成才、人人尽展其才的良好局面，使优秀人才脱颖而出。

（二）基本原则。

——坚持党管人才原则。充分发挥党的思想政治优势、组织优势、密切联系群众优势，进一步加强党对人才评价工作的领导，将改革完善人才评价机制作为人才工作的重要内容，在全社会大兴识才爱才敬才用才容才聚才之风，把各方面优秀人才集聚到党和人民的伟大奋斗中来。

——坚持服务发展。围绕经济社会发展和人才发展需求，充分发挥人才评价正向激励作用，推动多出人才、出好人才，最大限度激发和释放人才创新创业活力，促进人才发展与经济社会发展深度融合。

——坚持科学公正。遵循人才成长规律，突出品德、能力和业绩评价导向，分类建立体现不同职业、不同岗位、不同层次人才特点的评价机制，科学客观公正评价人才，让各类人才价值得到充分尊重和体现。

——坚持改革创新。围绕用好用活人才，着力破除思想障碍和制度藩篱，加快转变政府职能，保障落实用人主体自主权，发挥政府、市场、专业组织、用人单位等多元评价主体作用，营造有利于人才成长和发挥作用的评价制度环境。

二、分类健全人才评价标准

（三）实行分类评价。以职业属性和岗位要求为基础，健全科学的人才分类评价体系。

根据不同职业、不同岗位、不同层次人才特点和职责，坚持共通性与特殊性、水平业绩与发展潜力、定性与定量评价相结合，分类建立健全涵盖品德、知识、能力、业绩和贡献等要素，科学合理、各有侧重的人才评价标准。加快新兴职业领域人才评价标准开发工作。建立评价标准动态更新调整机制。

（四）突出品德评价。坚持德才兼备，把品德作为人才评价的首要内容，加强对人才科学精神、职业道德、从业操守等评价考核，倡导诚实守信，强化社会责任，抵制心浮气躁、急功近利等不良风气，从严治理弄虚作假和学术不端行为。完善人才评价诚信体系，建立诚信守诺、失信行为记录和惩戒制度。探索建立基于道德操守和诚信情况的评价退出机制。

（五）科学设置评价标准。坚持凭能力、实绩、贡献评价人才，克服唯学历、唯资历、唯论文等倾向，注重考察各类人才的专业性、创新性和履责绩效、创新成果、实际贡献。着力解决评价标准"一刀切"问题，合理设置和使用论文、专著、影响因子等评价指标，实行差别化评价，鼓励人才在不同领域、不同岗位作出贡献、追求卓越。

三、改进和创新人才评价方式

（六）创新多元评价方式。按照社会和业内认可的要求，建立以同行评价为基础的业内评价机制，注重引入市场评价和社会评价，发挥多元评价主体作用。基础研究人才以同行学术评价为主，加强国际同行评价。应用研究和技术开发人才突出市场评价，由用户、市场和专家等相关第三方评价。哲学社会科学人才评价重在同行认可和社会效益。丰富评价手段，科学灵活采用考试、评审、考评结合、考核认定、个人述职、面试答辩、实践操作、业绩展示等不同方式，提高评价的针对性和精准性。

（七）科学设置人才评价周期。遵循不同类型人才成长发展规律，科学合理设置评价考核周期，注重过程评价和结果评价、短期评价和长期评价相结合，克服评价考核过于频繁的倾向。探索实施聘期评价制度。突出中长期目标导向，适当延长基础研究人才、青年人才等评价考核周期，鼓励持续研究和长期积累。

（八）畅通人才评价渠道。进一步打破户籍、地域、所有制、身份、人事关系等限制，依托具备条件的行业协会、专业学会、公共人才服务机构等，畅通非公有制经济组织、社会组织和新兴职业等领域人才申报评价渠道。对引进的海外高层次人才和急需紧缺人才，建立评价绿色通道。完善外籍人才、港澳台人才申报评价办法。

（九）促进人才评价和项目评审、机构评估有机衔接。按照既出成果、又出人才的要求，在各类工程项目、科技计划、机构平台等评审评估中加强人才评价，完善在重大科研、工程项目实施、急难险重工作中评价、识别人才机制。深入推进项目评审、人才评价、机构评估改革，树立正确评价导向，进一步精简整合、取消下放、优化布局评审事项，简化评审环节，改进评审方式，减轻人才负担。避免简单通过各类人才计划头衔评价人才。加强评价结果共享，避免多头、频繁、重复评价人才。

四、加快推进重点领域人才评价改革

（十）改革科技人才评价制度。围绕建设创新型国家和世界科技强国目标，结合科技体制改革，建立健全以科研诚信为基础，以创新能力、质量、贡献、绩效为导向的科技人才评价体系。对主要从事基础研究的人才，着重评价其提出和解决重大科学问题的原创能力、成果的科学价值、学术水平和影响等。对主要从事应用研究和技术开发的人才，着重评价其技术创新与集成能力、取得的自主知识产权和重大技术突破、成果转化、对产业发展的实际贡献等。对从事社会公益研究、科技管理服务和实验技术的人才，重在评价考核工作绩效，引导其提高服务水平和技术支持能力。

实行代表性成果评价，突出评价研究成果质量、原创价值和对经济社会发展实际贡献。改变片面将论文、专利、项目、经费数量等与科技人才评价直接挂钩的做法，建立并实施有利于科技人才潜心研究和创新的评价制度。

注重个人评价与团队评价相结合。适应科技协同创新和跨学科、跨领域发展等特点，进一步完善科技创新团队评价办法，实行以合作解决重大科技问题为重点的整体性评价。对创新团队负责人以把握研究发展方向、学术造诣水平、组织协调和团队建设等为评价重点。尊重认可团队所有参与者的实际贡献，杜绝无实质贡献的虚假挂名。

（十一）科学评价哲学社会科学和文化艺术人才。坚持马克思主义指导地位、为人民做学问的研究立场、以人民为中心的创作导向，注重政治标准和学术标准、继承性和民族性、原创性和时代性、系统性和专业性相统一，建立健全中国特色的哲学社会科学和文化艺术人才评价体系，推进中国特色哲学社会科学学科体系、学术体系、话语体系建设，推出更多无愧于民族、无愧于时代的文艺精品。

根据人文科学、社会科学、文化艺术等不同学科领域，理论研究、应用对策研究、艺术表演创作等不同类型，对其人才实行分类评价。对主要从事理论研究的人才，重点评价其在推动理论创新、传承文明、学科建设等方面的能力贡献。对主要从事应用对策研究的人才，重点评价其围绕统筹推进"五位一体"总体布局和协调推进"四个全面"战略布局，为党和政府决策提供服务支撑的能力业绩。对主要从事艺术表演创作的人才，重点评价其在艺术表演、作品创作、满足人民精神文化需求等方面的能力业绩。突出成果的研究质量、内容创新和社会效益，推行理论文章、决策咨询研究报告、建言献策成果、优秀网络文章、艺术创作作品等与论文、专著等效评价。

（十二）健全教育人才评价体系。坚持立德树人，把教书育人作为教育人才评价的核心内容。深化高校教师评价制度改革，坚持社会主义办学方向，坚持思想政治素质和业务能力双重考察、全面考核和突出重点相结合，注重对师德师风、教育教学、科学研究、社会服务、专业发展的综合评价。坚持分类指导和分层次评价相结合，根据不同类型高校、不同岗位教师的职责特点，分类分层次分学科设置评价内容和评价方式。突出教育教学业绩评价，将人才培养中心任务落到实处，要求所有教师都必须承担教育教学工作，建立健全教学工作量评价标准，落实教授为本专科生授课制度，加强教学质量和课堂教学纪律考核。

适应现代职业教育发展需要，按照兼备专业理论知识和技能操作实践能力的要求，完善职业院校（含技工院校）"双师型"教师评价标准，吸纳行业、企业作为评价参与主体，重点评价其职业素养、专业教学能力和生产一线实践经验。

适应中小学素质教育和课程改革新要求，建立充分体现中小学教师岗位特点的评价标准，重点评价其教育教学方法、教书育人工作业绩和一线实践经历。严禁简单用学生升学率和考试成绩评价中小学教师。

（十三）改进医疗卫生人才评价制度。强化医疗卫生人才临床实践能力评价，完善涵盖医德医风、临床实践、科研带教、公共卫生服务等要素的评价指标体系，合理确定不同医疗卫生机构、不同专业岗位人才评价重点。对主要从事临床工作的人才，重点考察其临床医疗医技水平、实践操作能力和工作业绩，引入临床病历、诊治方案等作为评价依据。对主要从事科研工作的人才，重点考察其创新能力业绩，突出创新成果的转化应用能力。对主要从事疾病预防控制等的公共卫生人才，重点考察其流行病学调查、传染病疫情和突发公共卫生事件处置、疾病及危害因素监测与评价等能力。

建立符合全科医生岗位特点的评价机制，考核其掌握全科医学基本理论知识、常见病多发病诊疗、预防保健和提供基本公共卫生服务的能力，将签约居民数量、接诊量、服务质量、群众满意度作为重要评价因素。

按照强基层、保基本及分级诊疗要求，建立更加注重临床水平、服务质量、工作业绩的基层医疗卫生人才评价机制，鼓励医疗卫生人才服务基层，更好满足基层人民群众健康需求。

（十四）创新技术技能人才评价制度。适应工程技术专业化、标准化程度高、通用性强等特点，分专业领域建立健全工程技术人才评价标准，着力解决评价标准过于追求学术化问题，重点评价其掌握必备专业理论知识和解决工程技术难题、技术创造发明、技术推广应用、工程项目设计、工艺流程标准开发等实际能力和业绩。探索推动工程师国际互认，提高工程教育质量和工程技术人才职业化、国际化水平。

健全以职业能力为导向、以工作业绩为重点、注重职业道德和知识水平的技能人才评价体系。加快构建国家职业标准、行业企业工种岗位要求、专项职业能力考核规范等多层次职业标准。完善职业资格评价、职业技能等级认定、专项职业能力考核等多元化评价方式，做好评价结果有机衔接。坚持职业标准和岗位要求、职业能力考核和工作业绩评价、专业评价和企业认可相结合的原则，对技术技能型人才突出实际操作能力和解决关键生产技术难题要求，对知识技能型人才突出掌握运用理论知识指导生产实践、创造性开展工作要求，对复合技能型人才突出掌握多项技能、从事多工种多岗位复杂工作要求，引导鼓励技能人才培育精益求精的工匠精神。

（十五）完善面向企业、基层一线和青年人才的评价机制。建立与产业发展需求、经济结构相适应的企业人才评价机制，突出创新创业实践能力，推动企业自主创新能力提升。对业绩贡献突出的优秀企业家、经营管理人才、高层次创新创业人才，可放宽学历、资历、年限等申报条件。健全以市场和出资人认可为重要标准的企业经营管理人才评价体系，突出对经营业绩和综合素质的考核。建立社会化的职业经理人评价制度。

创新基层人才评价激励机制。对长期在基层一线和艰苦边远地区工作的人才,加大爱岗敬业表现、实际工作业绩、工作年限等评价权重,着力拓展基层人才职业发展空间。健全以职业农民为主体的农村实用人才评价制度,完善教育培训、认定评价管理、政策扶持"三位一体"的制度体系。完善社会工作专业人才职业水平评价制度,加强社会工作者职业化管理与激励保障,提升社会治理和社会服务现代化水平。

完善青年人才评价激励措施。破除论资排辈、重显绩不重潜力等陈旧观念,重点遴选支持一批有较大发展潜力、有真才实学、堪当重任的优秀青年人才。加大各类科技、教育、人才工程项目对青年人才支持力度,鼓励设立青年专项,促进优秀青年人才脱颖而出。探索建立优秀青年人才举荐制度。

五、健全完善人才评价管理服务制度

(十六)保障和落实用人单位自主权。尊重用人单位主导作用,支持用人单位结合自身功能定位和发展方向评价人才,促进人才评价与培养、使用、激励等相衔接。合理界定和下放人才评价权限,推动具备条件的高校、科研院所、医院、文化机构、大型企业、国家实验室、新型研发机构及其他人才智力密集单位自主开展评价聘用(任)工作。防止人才评价行政化、"官本位"倾向,充分发挥学术委员会等作用。对开展自主评价的单位,人才管理部门不再进行资格审批,通过完善信用机制、第三方评估、检查抽查等方式加强事中事后监管。

(十七)健全市场化、社会化的管理服务体系。进一步明确政府、市场、用人主体在人才评价中的职能定位,建立权责清晰、管理科学、协调高效的人才评价管理体制。推动人才管理部门转变职能、简政放权,强化政府人才评价宏观管理、政策法规制定、公共服务、监督保障等职能,减少审批事项和微观管理。发挥市场、社会等多元评价主体作用,积极培育发展各类人才评价社会组织和专业机构,逐步有序承接政府转移的人才评价职能。建立人才评价机构综合评估、动态调整机制。

(十八)优化公平公正的评价环境。加强人才评价法治建设,健全完善规章制度,提高评价质量和公信力,维护人才合法权益。严格规范评价程序,建立健全申报、审核、公示、反馈、申诉、巡查、举报、回溯等制度。加强评价专家数据库建设和资源共享,建立随机、回避、轮换的专家遴选机制,优化专家来源和结构,强化业内代表性。建立评价专家责任和信誉制度,实施退出和问责机制。强化人才评价综合治理,依法清理规范各类人才评价活动和发证、收费等事项,加强考试环境治理,落实考试安全主体责任。加强人才评价文化建设,提倡开展平等包容的学术批评、学术争论,保障不同学术观点的充分讨论,营造求真务实、鼓励创新、宽容失败的评价氛围和环境。

各地区各部门要坚持党管人才原则,切实加强党委和政府对改革完善人才评价机制的统一领导,党委组织部门要牵头抓总,有关部门要各司其职、密切配合,发挥社会力量重要作用,认真抓好组织落实。要深入调查研究,结合实际制定具体实施方案,加强分类指导,强化督促检查，确保改革任务落地见效。军队可根据本意见，结合实际建立健全军队人才评价机制。要坚持分类推进、先行试点、稳步实施，及时研究解决改革中遇到的新情况新问题。要加强政策解读和舆论引导，积极回应社会关切，为分类推进人才评价机制改革营造良好氛围。

中共中央国务院关于
全面深化新时代教师队伍建设改革的意见

百年大计，教育为本；教育大计，教师为本。为深入贯彻落实党的十九大精神，造就党和人民满意的高素质专业化创新型教师队伍，落实立德树人根本任务，培养德智体美全面发展的社会主义建设者和接班人，全面提升国民素质和人力资源质量，加快教育现代化，建设教育强国，办好人民满意的教育，为决胜全面建成小康社会、夺取新时代中国特色社会主义伟大胜利、实现中华民族伟大复兴的中国梦奠定坚实基础，现就全面深化新时代教师队伍建设改革提出如下意见。

一、坚持兴国必先强师，深刻认识教师队伍建设的重要意义和总体要求

1. 战略意义。教师承担着传播知识、传播思想、传播真理的历史使命，肩负着塑造灵魂、塑造生命、塑造人的时代重任，是教育发展的第一资源，是国家富强、民族振兴、人民幸福的重要基石。党和国家历来高度重视教师工作。党的十八大以来，以习近平同志为核心的党中央将教师队伍建设摆在突出位置，作出一系列重大决策部署，各地区各部门和各级各类学校采取有力措施认真贯彻落实，教师队伍建设取得显著成就。广大教师牢记使命、不忘初衷、爱岗敬业、教书育人、改革创新、服务社会，作出了重要贡献。

当今世界正处在大发展大变革大调整之中，新一轮科技和工业革命正在孕育，新的增长动能不断积聚。中国特色社会主义进入了新时代，开启了全面建设社会主义现代化国家的新征程。我国社会主要矛盾已经转化为人民日益增长的美好生活需要和不平衡不充分的发展之间的矛盾，人民对公平而有质量的教育的向往更加迫切。面对新方位、新征程、新使命，教师队伍建设还不能完全适应。有的地方对教育和教师工作重视不够，在教育事业发展中重硬件轻软件、重外延轻内涵的现象还比较突出，对教师队伍建设的支持力度亟须加大；师范教育体系有所削弱，对师范院校支持不够；有的教师素质能力难以适应新时代人才培养需要，思想政治素质和师德水平需要提升，专业化水平需要提高；教师特别是中小学教师职业吸引力不足，地位待遇有待提高；教师城乡结构、学科结构分布不尽合理，准入、招聘、交流、退出等机制还不够完善，管理体制机制亟须理顺。时代越是向前，知识和人才的重要性就愈发突出，教育和教师的地位和作用就愈发凸显。各级党委和政府要从战略和全局高度充分认识教师工作的极端重要性，把全面加强教师队伍建设作为一项重大政治任务和根本性民生工

程切实抓紧抓好。

2. 指导思想。全面贯彻落实党的十九大精神，以习近平新时代中国特色社会主义思想为指导，紧紧围绕统筹推进"五位一体"总体布局和协调推进"四个全面"战略布局，坚持和加强党的全面领导，坚持以人民为中心的发展思想，坚持全面深化改革，牢固树立新发展理念，全面贯彻党的教育方针，坚持社会主义办学方向，落实立德树人根本任务，遵循教育规律和教师成长发展规律，加强师德师风建设，培养高素质教师队伍，倡导全社会尊师重教，形成优秀人才争相从教、教师人人尽展其才、好教师不断涌现的良好局面。

3. 基本原则

——确保方向。坚持党管干部、党管人才，坚持依法治教、依法执教，坚持严格管理监督与激励关怀相结合，充分发挥党委（党组）的领导和把关作用，确保党牢牢掌握教师队伍建设的领导权，保证教师队伍建设正确的政治方向。

——强化保障。坚持教育优先发展战略，把教师工作置于教育事业发展的重点支持战略领域，优先谋划教师工作，优先保障教师工作投入，优先满足教师队伍建设需要。

——突出师德。把提高教师思想政治素质和职业道德水平摆在首要位置，把社会主义核心价值观贯穿教书育人全过程，突出全员全方位全过程师德养成，推动教师成为先进思想文化的传播者、党执政的坚定支持者、学生健康成长的指导者。

——深化改革。抓住关键环节，优化顶层设计，推动实践探索，破解发展瓶颈，把管理体制改革与机制创新作为突破口，把提高教师地位待遇作为真招实招，增强教师职业吸引力。

——分类施策。立足我国国情，借鉴国际经验，根据各级各类教师的不同特点和发展实际，考虑区域、城乡、校际差异，采取有针对性的政策举措，定向发力，重视专业发展，培养一批教师；加大资源供给，补充一批教师；创新体制机制，激活一批教师；优化队伍结构，调配一批教师。

4. 目标任务。经过 5 年左右努力，教师培养培训体系基本健全，职业发展通道比较畅通，事权人权财权相统一的教师管理体制普遍建立，待遇提升保障机制更加完善，教师职业吸引力明显增强。教师队伍规模、结构、素质能力基本满足各级各类教育发展需要。

到 2035 年，教师综合素质、专业化水平和创新能力大幅提升，培养造就数以百万计的骨干教师、数以十万计的卓越教师、数以万计的教育家型教师。教师管理体制机制科学高效，实现教师队伍治理体系和治理能力现代化。教师主动适应信息化、人工智能等新技术变革，积极有效开展教育教学。尊师重教蔚然成风，广大教师在岗位上有幸福感、事业上有成就感、社会上有荣誉感，教师成为让人羡慕的职业。

二、着力提升思想政治素质，全面加强师德师风建设

5. 加强教师党支部和党员队伍建设。将全面从严治党要求落实到每个教师党支部和教师党员，把党的政治建设摆在首位，用习近平新时代中国特色社会主义思想武装头脑，充分

发挥教师党支部教育管理监督党员和宣传引导凝聚师生的战斗堡垒作用，充分发挥党员教师的先锋模范作用。选优配强教师党支部书记，注重选拔党性强、业务精、有威信、肯奉献的优秀党员教师担任教师党支部书记，实施教师党支部书记"双带头人"培育工程，定期开展教师党支部书记轮训。坚持党的组织生活各项制度，创新方式方法，增强党的组织生活活力。健全主题党日活动制度，加强党员教师日常管理监督。推进"两学一做"学习教育常态化制度化，开展"不忘初心、牢记使命"主题教育，引导党员教师增强政治意识、大局意识、核心意识、看齐意识，自觉爱党护党为党，敬业修德，奉献社会，争做"四有"好教师的示范标杆。重视做好在优秀青年教师、海外留学归国教师中发展党员工作。健全把骨干教师培养成党员，把党员教师培养成教学、科研、管理骨干的"双培养"机制。

配齐建强高等学校思想政治工作队伍和党务工作队伍，完善选拔、培养、激励机制，形成一支专职为主、专兼结合、数量充足、素质优良的工作力量。把从事学生思想政治教育计入高等学校思想政治工作兼职教师的工作量，作为职称评审的重要依据，进一步增强开展思想政治工作的积极性和主动性。

6. 提高思想政治素质。加强理想信念教育，深入学习领会习近平新时代中国特色社会主义思想，引导教师树立正确的历史观、民族观、国家观、文化观，坚定中国特色社会主义道路自信、理论自信、制度自信、文化自信。引导教师准确理解和把握社会主义核心价值观的深刻内涵，增强价值判断、选择、塑造能力，带头践行社会主义核心价值观。引导广大教师充分认识中国教育辉煌成就，扎根中国大地，办好中国教育。

加强中华优秀传统文化和革命文化、社会主义先进文化教育，弘扬爱国主义精神，引导广大教师热爱祖国、奉献祖国。创新教师思想政治工作方式方法，开辟思想政治教育新阵地，利用思想政治教育新载体，强化教师社会实践参与，推动教师充分了解党情、国情、社情、民情，增强思想政治工作的针对性和实效性。要着眼青年教师群体特点，有针对性地加强思想政治教育。落实党的知识分子政策，政治上充分信任，思想上主动引导，工作上创造条件，生活上关心照顾，使思想政治工作接地气、入人心。

7. 弘扬高尚师德。健全师德建设长效机制，推动师德建设常态化长效化，创新师德教育，完善师德规范，引导广大教师以德立身、以德立学、以德施教、以德育德，坚持教书与育人相统一、言传与身教相统一、潜心问道与关注社会相统一、学术自由与学术规范相统一，争做"四有"好教师，全心全意做学生锤炼品格、学习知识、创新思维、奉献祖国的引路人。

实施师德师风建设工程。开展教师宣传国家重大题材作品立项，推出一批让人喜闻乐见、能够产生广泛影响、展现教师时代风貌的影视作品和文学作品，发掘师德典型、讲好师德故事，加强引领，注重感召，弘扬楷模，形成强大正能量。注重加强对教师思想政治素质、师德师风等的监察监督，强化师德考评，体现奖优罚劣，推行师德考核负面清单制度，建立教师个人信用记录，完善诚信承诺和失信惩戒机制，着力解决师德失范、学术不端等问题。

三、大力振兴教师教育，不断提升教师专业素质能力

8. 加大对师范院校支持力度。实施教师教育振兴行动计划，建立以师范院校为主体、高水平非师范院校参与的中国特色师范教育体系，推进地方政府、高等学校、中小学"三位一体"协同育人。研究制定师范院校建设标准和师范类专业办学标准，重点建设一批师范教育基地，整体提升师范院校和师范专业办学水平。鼓励各地结合实际，适时提高师范专业生均拨款标准，提升师范教育保障水平。切实提高生源质量，对符合相关政策规定的，采取到岗退费或公费培养、定向培养等方式，吸引优秀青年踊跃报考师范院校和师范专业。完善教育部直属师范大学师范生公费教育政策，履约任教服务期调整为6年。改革招生制度，鼓励部分办学条件好、教学质量高院校的师范专业实行提前批次录取或采取入校后二次选拔方式，选拔有志于从教的优秀学生进入师范专业。加强教师教育学科建设。教育硕士、教育博士授予单位及授权点向师范院校倾斜。强化教师教育师资队伍建设，在专业发展、职称晋升和岗位聘用等方面予以倾斜支持。师范院校评估要体现师范教育特色，确保师范院校坚持以师范教育为主业，严控师范院校更名为非师范院校。开展师范类专业认证，确保教师培养质量。

9. 支持高水平综合大学开展教师教育。创造条件，推动一批有基础的高水平综合大学成立教师教育学院，设立师范专业，积极参与基础教育、职业教育教师培养培训工作。整合优势学科的学术力量，凝聚高水平的教学团队。发挥专业优势，开设厚基础、宽口径、多样化的教师教育课程。创新教师培养形态，突出教师教育特色，重点培养教育硕士，适度培养教育博士，造就学科知识扎实、专业能力突出、教育情怀深厚的高素质复合型教师。

10. 全面提高中小学教师质量，建设一支高素质专业化的教师队伍。提高教师培养层次，提升教师培养质量。推进教师培养供给侧结构性改革，为义务教育学校侧重培养素质全面、业务见长的本科层次教师，为高中阶段教育学校侧重培养专业突出、底蕴深厚的研究生层次教师。大力推动研究生层次教师培养，增加教育硕士招生计划，向中西部地区和农村地区倾斜。根据基础教育改革发展需要，以实践为导向优化教师教育课程体系，强化"钢笔字、毛笔字、粉笔字和普通话"等教学基本功和教学技能训练，师范生教育实践不少于半年。加强紧缺薄弱学科教师、特殊教育教师和民族地区双语教师培养。开展中小学教师全员培训，促进教师终身学习和专业发展。转变培训方式，推动信息技术与教师培训的有机融合，实行线上线下相结合的混合式研修。改进培训内容，紧密结合教育教学一线实际，组织高质量培训，使教师静心钻研教学，切实提升教学水平。推行培训自主选学，实行培训学分管理，建立培训学分银行，搭建教师培训与学历教育衔接的"立交桥"。建立健全地方教师发展机构和专业培训者队伍，依托现有资源，结合各地实际，逐步推进县级教师发展机构建设与改革，实现培训、教研、电教、科研部门有机整合。继续实施教师国培计划。鼓励教师海外研修访学。

加强中小学校长队伍建设，努力造就一支政治过硬、品德高尚、业务精湛、治校有方的校长队伍。面向全体中小学校长，加大培训力度，提升校长办学治校能力，打造高品质学

校。实施校长国培计划,重点开展乡村中小学骨干校长培训和名校长研修。支持教师和校长大胆探索,创新教育思想、教育模式、教育方法,形成教学特色和办学风格,营造教育家脱颖而出的制度环境。

11. 全面提高幼儿园教师质量,建设一支高素质善保教的教师队伍。办好一批幼儿师范专科学校和若干所幼儿师范学院,支持师范院校设立学前教育专业,培养热爱学前教育事业、幼儿为本、才艺兼备、擅长保教的高水平幼儿园教师。创新幼儿园教师培养模式,前移培养起点,大力培养初中毕业起点的五年制专科层次幼儿园教师。优化幼儿园教师培养课程体系,突出保教融合,科学开设儿童发展、保育活动、教育活动类课程,强化实践性课程,培养学前教育师范生综合能力。

建立幼儿园教师全员培训制度,切实提升幼儿园教师科学保教能力。加大幼儿园园长、乡村幼儿园教师、普惠性民办幼儿园教师的培训力度。创新幼儿园教师培训模式,依托高等学校和优质幼儿园,重点采取集中培训与跟岗实践相结合的方式培训幼儿园教师。鼓励师范院校与幼儿园协同建立幼儿园教师培养培训基地。

12. 全面提高职业院校教师质量,建设一支高素质双师型的教师队伍。继续实施职业院校教师素质提高计划,引领带动各地建立一支技艺精湛、专兼结合的双师型教师队伍。加强职业技术师范院校建设,支持高水平学校和大中型企业共建双师型教师培养培训基地,建立高等学校、行业企业联合培养双师型教师的机制。切实推进职业院校教师定期到企业实践,不断提升实践教学能力。建立企业经营管理者、技术能手与职业院校管理者、骨干教师相互兼职制度。

13. 全面提高高等学校教师质量,建设一支高素质创新型的教师队伍。着力提高教师专业能力,推进高等教育内涵式发展。搭建校级教师发展平台,组织研修活动,开展教学研究与指导,推进教学改革与创新。加强院系教研室等学习共同体建设,建立完善传帮带机制。全面开展高等学校教师教学能力提升培训,重点面向新入职教师和青年教师,为高等学校培养人才培育生力军。重视各级各类学校辅导员专业发展。结合"一带一路"建设和人文交流机制,有序推动国内外教师双向交流。支持孔子学院教师、援外教师成长发展。

服务创新型国家和人才强国建设、世界一流大学和一流学科建设,实施好千人计划、万人计划、长江学者奖励计划等重大人才项目,着力打造创新团队,培养引进一批具有国际影响力的学科领军人才和青年学术英才。加强高端智库建设,依托人文社会科学重点研究基地等,汇聚培养一大批哲学社会科学名家名师。高等学校高层次人才遴选和培育中要突出教书育人,让科学家同时成为教育家。

四、深化教师管理综合改革,切实理顺体制机制

14. 创新和规范中小学教师编制配备。适应加快推进教育现代化的紧迫需求和城乡教育一体化发展改革的新形势,充分考虑新型城镇化、全面二孩政策及高考改革等带来的新情况,根据教育发展需要,在现有编制总量内,统筹考虑、合理核定教职工编制,盘活事业编制存量,优化编制结构,向教师队伍倾斜,采取多种形式增加教师总量,优先保障教育发展

需要。落实城乡统一的中小学教职工编制标准，有条件的地方出台公办幼儿园人员配备规范、特殊教育学校教职工编制标准。创新编制管理，加大教职工编制统筹配置和跨区域调整力度，省级统筹、市域调剂、以县为主，动态调配。编制向乡村小规模学校倾斜，按照班师比与生师比相结合的方式核定。加强和规范中小学教职工编制管理，严禁挤占、挪用、截留编制和有编不补。实行教师编制配备和购买工勤服务相结合，满足教育快速发展需求。

15. 优化义务教育教师资源配置。实行义务教育教师"县管校聘"。深入推进县域内义务教育学校教师、校长交流轮岗，实行教师聘期制、校长任期制管理，推动城镇优秀教师、校长向乡村学校、薄弱学校流动。实行学区（乡镇）内走教制度，地方政府可根据实际给予相应补贴。

逐步扩大农村教师特岗计划实施规模，适时提高特岗教师工资性补助标准。鼓励优秀特岗教师攻读教育硕士。鼓励地方政府和相关院校因地制宜采取定向招生、定向培养、定期服务等方式，为乡村学校及教学点培养"一专多能"教师，优先满足老少边穷地区教师补充需要。实施银龄讲学计划，鼓励支持乐于奉献、身体健康的退休优秀教师到乡村和基层学校支教讲学。

16. 完善中小学教师准入和招聘制度。完善教师资格考试政策，逐步将修习教师教育课程、参加教育教学实践作为认定教育教学能力、取得教师资格的必备条件。新入职教师必须取得教师资格。严格教师准入，提高入职标准，重视思想政治素质和业务能力，根据教育行业特点，分区域规划，分类别指导，结合实际，逐步将幼儿园教师学历提升至专科，小学教师学历提升至师范专业专科和非师范专业本科，初中教师学历提升至本科，有条件的地方将普通高中教师学历提升至研究生。建立符合教育行业特点的中小学、幼儿园教师招聘办法，遴选乐教适教善教的优秀人才进入教师队伍。按照中小学校领导人员管理暂行办法，明确任职条件和资格，规范选拔任用工作，激发办学治校活力。

17. 深化中小学教师职称和考核评价制度改革。适当提高中小学中级、高级教师岗位比例，畅通教师职业发展通道。完善符合中小学特点的岗位管理制度，实现职称与教师聘用衔接。将中小学教师到乡村学校、薄弱学校任教1年以上的经历作为申报高级教师职称和特级教师的必要条件。推行中小学校长职级制改革，拓展职业发展空间，促进校长队伍专业化建设。

进一步完善职称评价标准，建立符合中小学教师岗位特点的考核评价指标体系，坚持德才兼备、全面考核，突出教育教学实绩，引导教师潜心教书育人。加强聘后管理，激发教师的工作活力。完善相关政策，防止形式主义的考核检查干扰正常教学。不简单用升学率、学生考试成绩等评价教师。实行定期注册制度，建立完善教师退出机制，提升教师队伍整体活力。加强中小学校长考核评价，督促提高素质能力，完善优胜劣汰机制。

18. 健全职业院校教师管理制度。根据职业教育特点，有条件的地方研究制定中等职业学校人员配备规范。完善职业院校教师资格标准，探索将行业企业从业经历作为认定教育教学能力、取得专业课教师资格的必要条件。落实职业院校用人自主权，完善教师招聘办法。推动固定岗和流动岗相结合的职业院校教师人事管理制度改革。支持职业院校专设流动岗位，适应产业发展和参与全球产业竞争需求，大力引进行业企业一流人才，吸引具有创新实践经验的企业家、高科技人才、高技能人才等兼职任教。完善职业院校教师考核评价制度，双师型教师考核评价要充分体现技能水平和专业教学能力。

19. 深化高等学校教师人事制度改革。积极探索实行高等学校人员总量管理。严把高等学校教师选聘入口关，实行思想政治素质和业务能力双重考察。严格教师职业准入，将新入职教师岗前培训和教育实习作为认定教育教学能力、取得高等学校教师资格的必备条件。适应人才培养结构调整需要，优化高等学校教师结构，鼓励高等学校加大聘用具有其他学校学习工作和行业企业工作经历教师的力度。配合外国人永久居留制度改革，健全外籍教师资格认证、服务管理等制度。帮助高等学校青年教师解决住房等困难。

推动高等学校教师职称制度改革，将评审权直接下放至高等学校，由高等学校自主组织职称评审、自主评价、按岗聘任。条件不具备、尚不能独立组织评审的高等学校，可采取联合评审的方式。推行高等学校教师职务聘任制改革，加强聘期考核，准聘与长聘相结合，做到能上能下、能进能出。教育、人力资源社会保障等部门要加强职称评聘事中事后监管。深入推进高等学校教师考核评价制度改革，突出教育教学业绩和师德考核，将教授为本科生上课作为基本制度。坚持正确导向，规范高层次人才合理有序流动。

五、不断提高地位待遇，真正让教师成为令人羡慕的职业

20. 明确教师的特别重要地位。突显教师职业的公共属性，强化教师承担的国家使命和公共教育服务的职责，确立公办中小学教师作为国家公职人员特殊的法律地位，明确中小学教师的权利和义务，强化保障和管理。各级党委和政府要切实负起中小学教师保障责任，提升教师的政治地位、社会地位、职业地位，吸引和稳定优秀人才从教。公办中小学教师要切实履行作为国家公职人员的义务，强化国家责任、政治责任、社会责任和教育责任。

21. 完善中小学教师待遇保障机制。健全中小学教师工资长效联动机制，核定绩效工资总量时统筹考虑当地公务员实际收入水平，确保中小学教师平均工资收入水平不低于或高于当地公务员平均工资收入水平。完善教师收入分配激励机制，有效体现教师工作量和工作绩效，绩效工资分配向班主任和特殊教育教师倾斜。实行中小学校长职级制的地区，根据实际实施相应的校长收入分配办法。

22. 大力提升乡村教师待遇。深入实施乡村教师支持计划，关心乡村教师生活。认真落实艰苦边远地区津贴等政策，全面落实集中连片特困地区乡村教师生活补助政策，依据学校艰苦边远程度实行差别化补助，鼓励有条件的地方提高补助标准，努力惠及更多乡村教师。加强乡村教师周转宿舍建设，按规定将符合条件的教师纳入当地住房保障范围，让乡村教师住有所居。拿出务实举措，帮助乡村青年教师解决困难，关心乡村青年教师工作生活，巩固乡村青年教师队伍。在培训、职称评聘、表彰奖励等方面向乡村青年教师倾斜，优化乡村青年教师发展环境，加快乡村青年教师成长步伐。为乡村教师配备相应设施，丰富精神文化生活。

23. 维护民办学校教师权益。完善学校、个人、政府合理分担的民办学校教师社会保障

机制,民办学校应与教师依法签订合同,按时足额支付工资,保障其福利待遇和其他合法权益,并为教师足额缴纳社会保险费和住房公积金。依法保障和落实民办学校教师在业务培训、职务聘任、教龄和工龄计算、表彰奖励、科研立项等方面享有与公办学校教师同等权利。

24. 推进高等学校教师薪酬制度改革。建立体现以增加知识价值为导向的收入分配机制,扩大高等学校收入分配自主权,高等学校在核定的绩效工资总量内自主确定收入分配办法。高等学校教师依法取得的科技成果转化奖励收入,不纳入本单位工资总额基数。完善适应高等学校教学岗位特点的内部激励机制,对专职从事教学的人员,适当提高基础性绩效工资在绩效工资中的比重,加大对教学型名师的岗位激励力度。

25. 提升教师社会地位。加大教师表彰力度。大力宣传教师中的"时代楷模"和"最美教师"。开展国家级教学名师、国家级教学成果奖评选表彰,重点奖励贡献突出的教学一线教师。做好特级教师评选,发挥引领作用。做好乡村学校从教30年教师荣誉证书颁发工作。各地要按照国家有关规定,因地制宜开展多种形式的教师表彰奖励活动,并落实相关优待政策。鼓励社会团体、企事业单位、民间组织对教师出资奖励,开展尊师活动,营造尊师重教良好社会风尚。

建设现代学校制度,体现以人为本,突出教师主体地位,落实教师知情权、参与权、表达权、监督权。建立健全教职工代表大会制度,保障教师参与学校决策的民主权利。推行中国特色大学章程,坚持和完善党委领导下的校长负责制,充分发挥教师在高等学校办学治校中的作用。维护教师职业尊严和合法权益,关心教师身心健康,克服职业倦怠,激发工作热情。

六、切实加强党的领导,全力确保政策举措落地见效

26. 强化组织保障。各级党委和政府要满腔热情关心教师,充分信任、紧紧依靠广大教师。要切实加强领导,实行一把手负责制,紧扣广大教师最关心、最直接、最现实的重大问题,找准教师队伍建设的突破口和着力点,坚持发展抓公平、改革抓机制、整体抓质量、安全抓责任、保证抓党建,把教师工作记在心里、扛在肩上、抓在手中,摆上重要议事日程,细化分工,确定路线图、任务书、时间表和责任人。主要负责同志和相关责任人要切实做到实事求是、求真务实、善始善终、善作善成,把准方向、敢于担当,亲力亲为、抓实工作。

各省、自治区、直辖市党委常委会每年至少研究一次教师队伍建设工作。建立教师工作联席会议制度,解决教师队伍建设重大问题。相关部门要制定切实提高教师待遇的具体措施。研究修订教师法。统筹现有资源,壮大全国教师工作力量,培育一批专业机构,专门研究教师队伍建设重大问题,为重大决策提供支撑。

27. 强化经费保障。各级政府要将教师队伍建设作为教育投入重点予以优先保障,完善支出保障机制,确保党和国家关于教师队伍建设重大决策部署落实到位。优化经费投入结构,优先支持教师队伍建设最薄弱、最紧迫的领域,重点用于按规定提高教师待遇保障、提升教师专业素质能力。加大师范教育投入力度。健全以政府投入为主、多渠道筹集教育经费

的体制，充分调动社会力量投入教师队伍建设的积极性。制定严格的经费监管制度，规范经费使用，确保资金使用效益。

各级党委和政府要将教师队伍建设列入督查督导工作重点内容，并将结果作为党政领导班子和有关领导干部综合考核评价、奖惩任免的重要参考，确保各项政策措施全面落实到位，真正取得实效。

参考文献

[1] 罗建河,陈梅. 似而不同:瑞士、德国职业教育体系中的"学徒期制"比较分析[J]. 职业技术教育,2015.

[2] 李小峰."工学结合"的相关表述及其历史渊源[J]. 职业教育研究,2007.

[3] 康自立. 建教合作教育原理[M]. 台北:精华书局,1985.

[4] 萧锡锜. 职业教育与职业训练的理论与实务[M]. 台北:师大书苑,1999.

[5] Evans, RN. Foundations of vocational education[M], Charles E Merrill Publishing Co., 1971.

[6] 黄慧琴. 工学结合系统动力机制初探[J]. 当代经济,2015.

[7] 庞嘉萍,辛宝英. 基于CDIO理念的高等成人教育工学结合培养模式研究[J]. 中国成人教育,2018.

[8] 张成涛. 职业教育工学结合运行机制的构建[J]. 教育与教学,2015.

[9] 房曙光,唐日照,李艳,李海波,蔡雯. 高等职业教育可持续发展策略研究[J]. 中国教育技术装备,2018.

[10] 李小文,夏建国. 新时代 新高职 新征程——新时代我国高职教育改革发展的新思考[J]. 高等工程教育研究,2018.

[11] 方颖,王伟麟. 产教融合背景下基于校企"双主体"育人机制的创新与实践[J]. 经济研究导刊,2018.

[12] 杜箫乐. 深化校企合作 提升高职院校竞争力[J]. 职业,2018.

[13] 吴军. 高职院校校企合作长效机制探讨[J]. 教育教学论坛,2018.

[14] 郭红芳. 高职院校校企深度合作长效机制的构建探讨[J]. 经贸实践,2018.

[15]《国务院关于加快发展现代职业教育的决定》(国发〔2014〕19号).

[16] 周建松. 高等职业教育人才培养目标下的课程体系建设[J]. 教育研究,2014.

[17] 赵志群. 职业成长的逻辑发展规律[J]. 职教论坛,2008.

[18] 管平. 职业教育国家主导模式的建立——对校企合作、工学结合的再认识[J]. 中国高教研究,2013.

[19] 姜静青. 加拿大产学合作教育及其对我国高校实习制度的启示[J]. 辽宁教育研究,2008.

［20］彭道林．教学目标与教学管理［J］．现代大学教育，2013．

［21］关晶．全国职业院校现代学徒制校企合作人才培养新模式培训．专题讲座——现代学徒制：理论与实践．上海．2014．

［22］［美］莱因贝格．动机心理学［M］．王晚蕾，译．上海：社会科学院出版社，2012．

［23］［美］皮特里．动机心理学［M］．郭本禹，译．西安：陕西师范大学出版社，2005．

［24］白逸仙．美国德雷赛尔大学合作教育的实践及启示［J］．中国高校科技，2014．

［25］刘素梅．大国工匠培养，从职教师资培训开始［J］．师资培养，2018．

［26］周秀峰，李伟华，任雪浩．德、美、澳三国职业教育师资培养的主要特点及启示［J］．职业教育研究，2018．

［27］邵敏，王杜春，任雪浩．德日职业教育教师准入制度比较及对我国的启示［J］．黑龙江教育，2018．

［28］王骏．国外工学结合专班及其借鉴［J］．中国高校科技，2011．

［29］潘玲珍．基于产教融合的高职教师专业发展研究［J］．高等工程教育研究，2015．

［30］戴艳玲．民办高职教育师资管理机制建设的探讨［J］．江西电力职业技术学院学报，2018．

［31］邵建东，徐珍珍．现代职教体系下高职师资队伍建设的诉求、问题与路径［J］．中国高教研究，2018．

［32］卢荷．校企合作下的"双师型"职教师资培养［J］．教育与职业，2016．

［33］张朝晖，腾勇．新加坡职教师资培养对我国双师型教师培养的借鉴与启示［J］．陕西教育，2017．

［34］焦美莲．战略人力资源管理角度下的高职师资队伍建设探讨［J］．管理科学，2018．

［35］赵继新，吴永林，郑国强．管理学［M］．北京：北京交通大学出版社，2012．

［36］田晓娜．中国学校校长工作使用全书［M］．北京：国际文化出版公司，1994．

［37］吴志宏，冯大鸣，魏志春．新编教育管理学［M］．上海：华东师范大学出版社，2015．

［38］叶澜．教育学原理［M］．北京：人民教育出版社，2007．

［39］陈常晖，刘必广．建立与工学结合培养模式相适应的学生成绩评价体系［J］．交通职业教育，2007．

［40］徐伟，梁晓丹．工学结合专班学生自我管理路径探索［J］．江苏建筑职业技术学院学报，2013．

［41］石建水．工学结合专班学生管理初探——以登云科技职业学院机电一体化宏全专班为例［J］．商业经济，2012．

［42］刘银景，王佐成．登云学院工学结合专班管理机制探讨［J］．成都师范学院学

报,2014.

[43] 史玉霞. "工学结合模式下"学生管理工作问题研究[J]. 文教资料,2015.

[44] 姜黎红. 工学结合专班学生心理问题的分析——以昆山登云科技职业学院为例[J]. 统计与管理,2014.

[45] 梁晓丹. 认知心理学与工学结合专班学生心理调适对策研究[J]. 岳阳职业技术学院学报,2015.

[46] 李源泉,袁艳红. 高职院校工学结合专班学生权益保障研究——以昆山登云科技职业学院为例[J]. 江苏开放大学学报,2014.

[47] 王志平. 工学结合专班涉企突发事件的研究与预防——以昆山登云科技职业学院为背景[J]. 文教资料,2015.

[48] 刘银景. 工学结合下高职辅导员处理学生涉企事务能力研究[J]. 职教通讯,2016.